피케티 패닉

피케티 패닉

PIKETTY PANIC

『21세기 자본』을 둘러싼 전 세계 논쟁지도

김동진 지음

"피케티는 촘스키를 연상시킨다. 생존하는 가장 중요한 지성
으로 여겨지는 촘스키의 글들은 포획된 시장체제와 대중매
체의 치부까지 드러내다. '빌어먹을 촘스키!' 소리를 듣는다.
불평등은 조금만 잘못 들어가도 서로에게 선악의 잣대를 들
이대기 쉬운, 한 치의 양보가 없는 사안이다. 우리 사회는, 피
케티 현상을 어떻게 받아들이게 될까?"

—버클리의 노천카페에서, 2014. 8. 31

옥스퍼드 시내에는 'The Eagle and the Child'라는 오래된 선술집이 있다. 'The Bird and the Bastard'라는 애칭으로 불리는데, 경제사를 세부 전공하는 대학원생들은 매주 금요일 오후 6시 즈음 이곳에 모여 맥주나 뜨거운 사이다를 마시며 온갖 잡담 및 험담을 털어내고 한 주를 마친다. 필자 역시 갈 곳 없는 유학생인지라 여기에 종종 참석한다. 그런데 지난 5월에는 평소의 잡담이 피케티의 저서 『21세기 자본』에 대한 격렬한 토론으로 바뀌었다. 찬반이 극명하게 갈렸고, 경쟁적으로 책을 읽었다. 전 세계 지식인과 언론이 쏟아내는 비판과 반박을 따라가려 애쓰며 열띤 토론을 벌였다. 이 경험이 이 책을 집필하게 된 첫 번째 계기였다.

피케티는 책에서 부의 불평등은 지금까지 늘 존재했으므로 그냥 놔두면 되는 문제가 아니라, 실은 거대한 굴곡을 보여왔으며 세율정책에 따라서 그 정도가 상당히 바뀌어왔음을 실증했다. 책의 핵심은 단순히 '불평등을 없애고 착하게 살자'는 무의미한 구호glittering generality가 아니라, 부와 소득이 지나치게 편중될 때 발현될 수 있는 부작용에 대한 경계임을 행간에서 읽어낼 수 있었다. 복지국가 논쟁은 차치하고 시장체제 자체를 제대로 확립하기 위해서라도, 피케티 담론은 큰 가치가 있으며 그의 저서가 매우 유용한 시점이다.

부의 불평등이 정치적인 사안인 만큼, 우리나라에서도 피케티 논쟁은 격렬한 양상을 띠었다. 이런 상황을 지켜보면서 여권, 야권에 다 투표를 해본 경험이 있는 필자는 진영 논리보다는 중립적 시각으로 피케티 현상과 논쟁을 국내 독자에게 전달하고 싶다는 생각을 갖게 되었다. 한국에 소개되는 과정이 궁금해 영미권에서 이 책을 출간한 하버드대출판부에 연락했고, 국내 출판사인 글항아리와 인연이 닿았다. 이후 『21세기 자본』의 한국어 번역과정에 교열자로 참여했고 이 책까지 집필하게 되었다.

불평등 문제는 2013년을 기점으로 이미 세계적 이슈로 대두되었고 2014년에는 피케티의 저서를 통해 더욱 대중에게 알려지게 되었다. 우리나라에서도 누구를 위해 사회의 룰을 조정할 것인지, 또 어떻게 유지하거나 변화시킬 것인지에 대한 민주적 토론이 앞으로 중요해질 것으로 보인다. 어떻게 하면 진영 논리에 빠져버리거나 선악의 잣대를 들이대는 파국을 넘어선 토론이 활성화될 수 있을까? 필자는 소모적인 대립각이 세워지는 세율에 대한 논의보다는, 보다 많은 이가 공감할 만한 사전 작업에 대한 토론을 시작하는 것이 생산적이라고 생각한다. 정해진 룰을 투명하게 지킬 수 있도록 유도 및 제재를 하는 방안에 대한 토론이 하나의 시작점이 될 수 있을 것이다. 또한 불평등이 실제로 심각해지고 있는지를 파악하기 위해 정보의 투명성을 높이자는 피케티의 의견에 대해서도 토론이 가능할 것이다. 한국이 장기적으로 낮은 세율로 선택적 복지를 추구하든 아니면 높은 세율로 전면적 복지를 지향하든 간에 시장체제를 투명하게 만드는 방안에 대한 토론은 반드시 필요하다. 어느 쪽이든, 시장체제와 자본주의가 밑바탕이라는 근본적 사실에는 변함이 없기 때문이다. 부의 편중 및 초부유층의 사회포획 현상을 소신 있게 보도하고 심도 있게 토론할 책무를 지닌 언론과 지식인이, 이해관계를 넘어서 활발한 역할을 할 수 있기를 기대한다.

집필 과정에서 피케티, 『이코노미스트』의 에번트, 드롱, 리드, 앳킨슨, 스타인바움, 촘스키, 『가디언』, 디턴, 『파이낸셜타임스』, 맨큐, 로그리니 등 전 세계의 다양한 지식인과 언론이 진영 논리를 떠나 유용한 조언을 해주었고, 그들은 필자의 필요에 따라 서면 인터뷰 또는 분석을 이 책에 전문 사용할 수 있도록 배려해주었다. 한국에서 책을 교정하고 출간하는 과정에서 김애리 씨, 김용범 씨, 김진희 씨, 선대인 소장, 이강국 교수, 이두루 씨, 전병석 씨, 정현민 씨, 정선섭 대표 그리고 아버지로부터 수준한 의견을 들었다. 다시 한 번 감사의 마음을 전한다. 개인적으로는, 지난해까지 함께해주셨고 삶의 향기를 남겨주신 어머니를 기리는 책으로 여기고자 한다.

2014년 11월 10일
김동진

제1장

피케티 패닉

베스트셀러가 되었지만 가장 읽히지 않은 저서는 단연 스티븐 호킹 박사의 『시간의 역사』였다. 편의상 이를 호킹 지수로 불렀는데, 앞으로는 피케티 지수라 부를 참이다. 피케티의 『21세기 자본』이 가장 읽히지 않는 베스트셀러로 등극했고, 대부분의 독자들은 700페이지 저서의 26페이지 즈음에서 멈춘다.

(『월스트리트저널』, 2014. 7. 3)

피케티는 분명히 우리의 심금을 울렸습니다. 그의 책을 구입하는 많은 사람 중 오직 일부만이 책을 읽겠지만, 그의 핵심 메시지가 사람들의 삶 속에서 진실로 받아들여지고 있습니다.

(노엄 촘스키, 필자에게 보낸 편지에서)

노벨경제학상 수상자인 폴 크루그먼Paul Krugman의 표현을 빌리자면, 그야말로 피케티 패닉panic이다(『뉴욕타임스』, 2014. 4. 24).[1] 프랑스 경제학자 토마 피케티Thomas Piketty의 저서 『21세기 자본』이 던진 화두 '심화되는 불평등'이 전 세계를 거세게 휩쓸고 있고, 보수진영은 래디컬한 저서의 주장에 경악했다. 영국의 유서 깊은 경제 전문지 『파이낸셜타임스』는 이를 좌시하지 않고 저서에 통계 조작이 있어 보인다는 강력한 문제제기로 비판의 포문을 열었으나, 저서에 치명타를 입히려다가 오히려 치명타를 입는다(『파이낸셜타임스』, 2014. 5. 23; 『가디언』, 2014. 5. 26).[2] 한국에서는 피케티 열풍을 잠재우기 위해 쓰였다는 책이 피케티의 저서보다도 먼저 서점에 등장했을 정도인데, 열풍의 근원지인 영미권에서도 이러한 책이 등장하지는 않았다(『조선비즈』, 2014. 9. 21).[3] 논란의 중심에서 피케티는, 자신의 책을 문제 삼기보다는 심화되는 불평등을 문제화하라고 응수한다(『조선비즈』, 2014. 9. 19).[4]

한 권의 책에서 불평등의 역사를 실증하면서 피케티는 주류 경제학계에서 오랫동안 근간이 되어온 이론들을 실증적으로 반박하며 전복을 시도한다. 15년의 실증연구를 바탕으로 치밀하게 기획된 듯 보이는 그의 저서는 경제학계의 세계적 석학들조차도 반론하기에 녹록치 않다. 피케티는 주류경제학계 이론뿐만 아니라 주류경제학자들 자체도 비판하는데, 이들이 그동안 수학적 풀이에만 집착한 나머지 정작 모두에게 중요한 불평등과 같은 문제는 외면했다고 일갈한다. 그런 피케티 자신은 수학에 능통하며 22살에 유럽에서 박사학위를 마치고 바로 MIT에서 경제학 교수

가 되었으며, 그가 비판한 주류경제학계의 풍토에 염증을 느끼고
는 주류에서 선망하는 교수직을 떨치고 프랑스로 돌아갔다. 이런
이력은 그가 하는 이야기에 흥미를 더하는 요인이다. 이 정도면
사회의 보수층뿐 아니라 주류 학계의 심기를 동시에 건드린 이단
아라고 봐야 하는데, 그동안의 논문들이 각종 주류경제학계 저
널에 빼곡히 실려 있고 주류경제학계의 마에스트로인 노벨경제
학상 수상자들이 그의 책을 지지하고 있다.

피케티는 논쟁의 방법 역시 프랑스식으로 다시 짜놓았다. 경
제학자의 말이니 그러려니 하고 수긍하던 분위기는 이제 논쟁 속
에 없고, 현학적 이론이나 강한 가정을 잘못 들이댔다가는 자칫
논쟁의 흐름에서 정직한 브로커 역할을 자처하는 석학들에게 반
박을 당하기 십상이다. 피케티 관련 논쟁에서는, 필요할 경우 수
식을 이용한 주는 따로 준비하더라도 자신의 주장을 논리로 풀어
서 지식인과 언론을 납득시킬 수 있어야만 인정되도록 틀이 짜였
다. 피케티는 책을 저술하면서 불필요한 수식은 온라인 참조로
빼고 쉬운 논리와 문학작품들로 내용을 풀어감으로써 불평등이
라는 주제를 모두가 논의할 수 있도록 했다. 그동안 학습기 기면
에서 수학적 모델을 가지고 논의하던 학자들이 이제는 블로그나
언론을 통해 자신의 생각을 펼치고 논리로써 청중을 설득해야 하
는 상황이 된 것이다. 불평등은 모두에게 너무나 중요한 주제여
서, 경제학계나 전문가를 자처하는 어느 한 그룹에게만 맡겨놓아
서는 안 된다는 것이 피케티의 생각이다. 책은 폭발적인 인기를
끌었고 이제 그는 사회적으로도 무시하기 어려운 지성인으로 자

리 잡았다. 향후 10년 동안 가장 중요한 경제학 저서로 자리매김
할 것이라고 공언한 크루그먼의 예언이 어쩌면 현실이 될지도 모
르겠다(『뉴욕타임스』, 2014. 3. 23).[5] 최소한 지난 10년 동안, 그리
고 실은 그보다 훨씬 오랫동안, 이 정도의 열풍과 논쟁을 일으킨
경제학(그리고 사회과학) 서적은 없었다.

　　피케티 열풍의 원인은 무엇일까? 불평등이 심화되었고, 책
이 읽을 만하게 쓰였다는 것은 들었다. 석학들과 칼럼니스트들이
다양한 의견을 내놓았다. 이를 나열하기보다는, 필자의 생각에
가장 부합하는 미 버클리대 경제학 교수인 브래드 드롱Bradford
DeLong의 해석을 소개한다(『가디언』, 2014. 9. 21).[6] 드롱 교수는 케
인스주의 거시경제학자이자 저명한 경제사학자이며, 피케티 담론
에서는 정직한 브로커 역할을 자처하면서 논의를 중재해오고 있
는 석학이다. 드롱은 피케티의 책이 "더 먼 미래를 가늠하기 위해
서는, 더 이전의 과거까지 고찰할 수 있어야 한다"는 로런스 서머
스Lawrence Summers*의 현명한 조언을 충실히 담아내었다고 보았
다. 또한 그는 열풍의 근원이 책을 주로 구입한 미국 중상위 소득
계층 독자들이 사회를 바라보는 시각에 있다고 본다. 첫째로, 기
술과 생산성의 폭발적인 향상에도 불구하고 지금의 삶은 한 세대
이전에 비해 갈수록 녹록치 않다. 드롱의 첫 번째 관찰 포인트를
저서와 연관 지어보면, 기술과 생산성이 향상했지만 중산층의 임
금이 과연 그만큼 올랐는지에 대한 의문으로 해석할 수 있다. 또

• 　하버드대 경제학자로, 피케티의 실증연구는 지지하고 이론에는 반대한다.

다른 한편으로는, 지난 세대 이전까지 불평등도는 역사적 저점을 기록했지만 성장률은 오히려 지금보다 높았다는 점을 들 수 있다. 축약하면, 드롱은 지난 세대 동안의 생산성 향상이 누구를 위한 성장이었는가를 되묻고 있다. 둘째로 그는 초부유층이 정치와 제도를 포획해나가는 현상이 갈수록 눈에 띄며 중산층이 이를 우려하고 있다고 말한다. 이 두 번째 관찰 포인트는 제7장에서 자세히 다룰 것이다. 지금의 피케티 열풍은 불평등 자체보다는, 계속 자연스러운 것인 양 받아들여졌던 불평등 안에서 새롭게 진행되어온 두 가지 현상에 대한 우려를 반영하는 것이다.

　그러나 적절한 우려에도 불구하고 피케티의 거대 담론은 결국 틀린 것으로 판명될 수 있다고 드롱은 말한다. 미래에는 예기치 않게 자본이 노동친화적으로 변모할 수 있고, 이윤율의 감소로 초부유층이 쇠퇴할 수 있다. 부익부의 동학이 작동하지 않는 금융환경으로 바뀔 수도 있고, 얼마를 더 대물림하는지보다 얼마나 더 사회에 환원하는지가 계층을 나타내는 데 중요해지는 등, 초부유층의 집체적인 성향이 변모할 수도 있다. 드롱은 초부유층이 앞으로 3세대에 걸쳐 정책과 제도의 변화를 자신들의 입맛에 맞게 유지하는 데 성공한다 해도, 피케티의 시나리오가 실제로 들어맞을 가능성은 절반에 불과하다고 생각한다. 하지만 이 절반의 잠재적 위협은 피케티가 상정하는 시나리오를 우려할 만한 충분한 이유가 되며, 이를 어떻게 예방할 수 있을지 토론해야 한다고 강조한다.

　이 책은 『21세기 자본』이 촉발한 주요 논쟁을 제3자의 시각에서 관찰하듯 분석한다. 각 논쟁이 좀더 정밀하게 발전할 수 있도록 비평적인 분석을 하고자 했다. 정치적 성향을 떠나 애널리스트의 시각으로 논쟁이 되는 부분들을 좀더 깊게 파고들고자 하는 모든 사람, 입장은 다르더라도 지성인으로서 진솔하게 논쟁을 바라볼 수 있는 모든 이를 잠재적 독자로 여기고 집필했다. 필자는 피케티의 책과 관련하여 지금 학계에서 일어나는 일과 그가 일으킨 논쟁을 진영논리에서 벗어나 최대한 객관적인 시각에서 국내 독자에게 알리고 싶었다. 무엇이 맞고 틀렸나를 주장하기보다는, 논쟁과 관련해 독자가 좀더 다양한 분석을 참고할 수 있도록 하여 생각을 확장시키고 자유로운 토론에 도움이 되는 것을 목표로 했다.

어디서부터 시작하면 좋을까? '따라서 피케티는 틀렸다'라고 말하고 싶은 독자라면? 피케티의 주장이 워낙 다양하므로 자신의 주장이 어느 사안에 관한 것인지 구체적으로 언급할 필요가 있다. 정밀하게 주제를 좁혀서 논증할수록 반증의 가능성을 높일 수 있다. '피케티가 결국 틀릴 수도 있다'라는 생각은 누구에게나 필요하다. 미래는 정해진 것이 아니기 때문이다. '피케티의 래디컬한 제안에는 반대하지만 초부유층의 금권적 포획 현상은 우려된다'라고 말할 수 있는 독자라면, 『위대한 탈출』의 저자 디턴과 비슷한 관점에서 피케티를 바라보고 있다고 말할 수 있다. 피케티와 얽힌 논쟁에 대해서 함께 사색하고 분석하다 보면, 논쟁의 프레임이 왜곡된 부분이 보일 수 있고 이를 시정해서 논하면 될 것이다. 피케티는 저서에서 초부유층에게 80퍼센트의 자본세를 부과하자는 제안을 함으로써 패닉을 불러일으켰는데, 그가 정보의 투명성을 위해 현실적으로 제안하는 자본세는 명목적인 세율 0.1퍼센트다. 이는 민감한 이슈다. 자본세율 0~80퍼센트 사이에서 한국에 적합한 정책적인 결론은 무엇일지, 독자가 애널리스트의 입장에서 스스로 생각해보기를 권한다.

　필자의 개인적인 생각은 다음과 같다. 한국에서는 소득이나 상속세율을 올리자는 논의에 앞서, 피케티가 초부유층을 연구한 근본적 취지에 부합하고 진보나 보수 그리고 정부에서도 공감할 만한 정책 제안이 가능하다. 초부유층의 사회포획 현상을 엄단하고 예방하는 정책을 눈에 띄게 강화하는 것이다. 고도로 부를 축적한 초부유층이 이러한 부를 바탕으로 민주주의의 제도와 정치 그리고 지식인과 언론에 영향력을 행사하면서, 기득권을 유지하기 위해서 조세체계와 시장체제를 자신들에게 유리하도록 정책이나 법을 바꾸어가는 현상을 이 책에서는 '초부유층의 사회포획 현상plutocratic capture'이라 번역했다. 이 용어는 주로 금권정치로 번역되는데, 그럴 경우 초부유층과 정치권의 관계로 의미가 축소되어 초부유층이 사회문화와 시장체제 그리고 구체적으로는 조세체계에 끼치는 실제의 포획력을 과소평가하도록 만들 수 있다. 이는 왜 피케티의 저서가 열풍을 일으켰는지에 관한 드롱의 분석에서 두 번째 포인트이기도 한데, 이에 대한 자세한 논의는 제7장에서 다룬다. 피케티는 저서에서 극심한 불평등이 민주주의를 훼손할 수 있다고 말하는데, 이러한 주장의 이면에는 초부유층의 사회포획 현상에 대한 우려가 깔려 있다(『조선비즈』, 2014. 9. 19).[7]

피케티의 자본세 주장에는 반대하는 학자라도, 초부유층의 사회포획 현상에 대한 우려는 깊이 공감하고 있음을 어렵지 않게 확인할 수 있다. 한국에서는 증여, 상속 과정에서 이러한 현상이 집중적으로 관찰되는데, 최근 판례나 정부의 입장을 보면 금권적 사회포획에 대한 우려는 진보와 보수를 떠나 사회 전반에서 나타나고 있다. 피케티가 우려하는 내용 중에서 한국의 진보와 보수 양측 그리고 대다수의 사회구성원이 공감할 만한 이슈를 먼저 찾고 논의하는 것이 생산적이라고 생각한다. 금권적 사회포획 현상은 민주주의의 가치를 훼손할 뿐만 아니라 조세 및 시장의 질서를 교란한다. 이는 부의 불평등이 정당하지 않다는 생각을 갖게 만들고, 피케티의 연구를 단지 초부유층에 대한 질시로 치부하기 어려운 이유를 제공한다. 참고로 이는 필자의 주장이 아니라 디턴이 자신의 저서 『위대한 탈출』 제5장에서 초부유층 연구에 초점을 맞춘 피케티의 연구가 시사하는 중요성을 해설하면서 밝힌 입장이다.

필자는 초부유층은 악하고 중상위층 및 중산층은 선하다는 식의 이분법적인 생각을 경계한다. 진영논리나 선악의 잣대로 사회현상을 단정 짓는 것은 문제의 본질을 흐린다. 초부유층의 사회포획 현상 또한 최대한 편견을 배제한 상태에서 현상을 바라보고, 진단과 해결책을 강구할 필요가 있다. 피케티는 부를 가진 자가 자신의 부를 지키고 더 축적하고 싶어하는 행위는 자연스러운 것으로 인식한다. 다만, 초부유층의 경우 막대한 부를 유지하기 위해서 '룰 메이킹'에 영향을 끼치거나 합의된 룰마저 거슬릴 경우 편법적으로 회피하려 할 유인이 클 것으로 짐작되는데, 이러한 행위는 일반인의 그것과 달리 사회에 큰 파장을 일으키고 부의 정당성까지 약화시킨다. 더 중요하게는, 시장체제 그리고 민주주의의 가치까지 훼손시킨다는 데 문제의 심각성이 있다.

초부유층의 사회포획 현상은, 공손하게 '그렇게 하지 말아달라'고 부탁한다고 해서 해결될 사안이 아니다. 먼저 사회적인 공감대를 형성하고, 초부유층이 악용할 수 있는 제도의 허점들을 메우려는 노력을 시작해야 한다. 초부유층이 포획을 시도하는 것보다 사회와 타협하는 것이 유리하다는 생각이 들게끔 제도의 인센티브를 조정해나가야 한다. 이를 통해 부의 축적이 사회적 정당성을 확보해나가면, 여전히 불평등은 존재하더라도 사람들이 그에 대해 느끼는 불편함을 완화할 수 있다는 생각이다. 이를 통해 자유방임적 시장체제의 규칙들에 대한 신뢰를 높이고, 불평등의 순기능이 실제로 작동하게 될 수도 있을 것이다. 사회 전반에 신뢰와 투명성을 실질적으로 높이는 이러한 과정은 한국이 장기적으로 복지국가로 나아간다고 할지라도 우선 선행되어야 할 변화다. 각 논쟁으로 몰입하기에 앞서 먼저 피케티와 관련하여 세계 보수진영에서 나타나고 있는 미묘한 흐름의 변화를 살펴보자.

글로벌 자본세는 현재로서는 실현 가능성이 낮은데, 피케티의 이론이 검증되어야 비로소 논의될 사안이며 이는 불평등 및 조세의 영역이 그만큼 국가의 내부적 사안임을 방증하기도 한다. 피케티가 현실적으로 생각하는 시나리오는 국제공조를 통해서 각국 납세의무자가 조세피난처나 타국에 숨겨놓은 자산에 대한 금융 정보의 투명성을 우선 철저히 높여나가는 것이다. 이미 경제협력개발기구OECD와 G20 등 국제경제협력을 조율하는 기구들에서 금융 투명성을 위한 국제적 협조를 강화하는 방향으로 정책들이 흐름을 타고 있으며, 피케티는 이러한 국제공조가 점차적으로 실현 가능할 것이라 생각한다(『매일경제』, 2014. 9. 17).[8] 세계 금융 자산의 상당 부분은 이미 여러 곳의 조세피난처에 은닉되어 있다. 저서에서 피케티가 신중하게 계산한 추정치에 따르면 이 은닉 자산의 총액은 전 세계 GDP의 약 10퍼센트에 달하며, 이는 매우 보수적으로 추정한 수치다. 필요한 변화는 조세피난처에 제재를 가하는 것인데, 유의미한 시도로서 미국이 2010년 채택한 해외 금융계좌신고법Foreign Account Tax Compliance Act을 들고 있다. 이 법은 모든 외국 은행이 미국 납세자들의 해외 은행계좌와 투자 내역 그리고 다른 모든 수익원에 관한 정보를 미국 재무부에 제공하도록 요구한다(토마 피케티, 『21세기 자본』, 글항아리, 2014, 626쪽). 국제공조를 통한 투명한 금융 정보를 토대로 각 국가가 민주적 토론을 거쳐서 국내 세율을 점차적으로 조정해나가는 것이 피케티가 생각하는 현실적 시나리오다. 국제공조에 대한 흐름과 함께, 불평등이나 피케티의 연구에 대한 국제적인 시각은 어떻게 변화하고 있을까?

지난 봄, 피케티가 미 백악관과 국제통화기금IMF으로부터 초빙을 받아 강연했다는 뉴스를 접했다. 진보 성향의 오바마 행정부가 피케티를 백악관으로 초빙했다는 소식은 흥미롭지만 놀랍지는 않다. 다소 의외인 것은 IMF에서 피케티의 연구에 관심을 갖기 시작했다는 점이다. IMF는 자유방임적 시장체제와 탈규제를 유도해온 강력한 국제기구이며 'IMF 위기'를 몸소 겪어본 우리는 이를 잘 알고 있다. IMF에서는 연구원들에 의해 여러 연구가 자유롭게 이루어지지만 그 연구가 IMF의 정책을 대변하지는 않는다. 한시적 자본세 징수를 고려하는 연구도 지난해인 2013년 10월 IMF 보고서를 시작으로 진행되고 있다(IMF, *Fiscal Monitor*, 2013. 10).[9] 많은 국가에서 누진적인 세율의 쇠퇴 경향과 불평등의 심화가 궤적을 함께했다는 점이 위 IMF 보고서에서 언급되고 있다. IMF에서 말하는 자본세는 불평등 완화를 1차적 정책 목표로 삼는 것은 아니다. 주로 미국 발 금융위기 이후 악화된 상태로 정체되어 있는 국가별 공공부채를 해소하기 위함인데, 대체 수단으로는 인플레이션을 유발시키는 정책이 고려되고 있다. 그런데 당시에도 『포브스』에서 누진적 세율 변화를 비판하는 소규모의 "IMF 패닉"이 있었다(『포브스』, 2013. 10. 15; 10. 23).[10] 패닉을 불러일으키는 것은 심화되는 불평등보다는 조세 변화의 가능성이라는 생각을 하게 하는 대목이다. 이때만 해도 피케티와 IMF 자유연구의 인센티브는 달랐고 자본세라는 정책적 수단이 공유된 정도였는데, 2014년 들어서는 불평등이 아예 IMF의 주요 의제 중 하나로 자리매김한 흐름의 변화가 보였다.

　연초부터, 시장체제의 수호자 격인 IMF의 총재 크리스틴 라가르드Christine Lagarde는 소득불평등이 세계 경제를 위협하고 있다며 2014년 세계경제포럼World Economic Forum에 모이는 지도자들에게 대책을 촉구하기 시작했다(『파이낸셜타임스』, 2014. 1. 19).[11] 피케티와 연구의 취지까지 비슷한 IMF 논문들이 연달아 발표되고 있다. 불평등이 성장을 저해할 정도가 되었다는 보고서들이다.

> IMF가 점점 커지는 빈부격차에 경종을 울렸다. 소득불평등 증가가 세계 경제성장에 압박을 가하고 정치 불안정을 부추기고 있다는 경고다. IMF의 최신 논문은 국가별로 구체적인 조치를 처방하지는 않지만 논란을 불러일으킬 만한 제안을 여러 개 내놓는다. 가장 눈에 띄는 것은 많은 선진국 및 신흥경제국이 재산세를 적극적으로 부과하고 소득 증가에 따라 인상되는 "누진적" 개인 소득세를 도입함으로써 불평등을 줄일 수 있다고 설명하는 대목이다(『월스트리트저널』, 2014. 3. 17).[12]

시장체제와 성장을 중시하는 IMF가 불평등이 성장에 방해가 될 정도라는 담론을 노골적으로 형성하고 연구하기 시작했다는 사실은, 그동안 한국에서 불평등 담론을 좌파의 부추김 정도로 치부해온 극우진영에서도 냉정하게 직시해야 할 현실이다. 또한 경제사적 관점에서도 누진세에 대한 주장을 소위 '좌파 빨갱이'만의 것이라 몰고 가기 어려운 사실이 있다. 피케티가 자주 인용하는 20세기 중반의 미국은 강한 누진세율과 경제성장을 동시에 구가했는데, 당시 미국에서는 매카시즘 광풍이 한창이었고 공산주의자 척결에 혈안이 되어 좌파와 대립각을 세웠지만 당시 최상위 부유층에 대한 누진소득세율은 80퍼센트 이상으로 유지되었다. 불평등은 더 이상 진영논리의 프로파간다가 아니라 성장과 결부된 경제적 문제가 되고 있다. 2014년 8월에는 IMF가 70주년을 맞이하여 차세대 주목해야 할 경제학자 25명을 선정했는데, 피케티와 그의 공동연구자인 미 버클리대의 이매뉴얼 사에즈Emmanuel Saez가 함께 포함되었다는 점 역시 눈에 띈다(『중앙일보』, 2014. 8. 29).[13]

피케티가 불러온 '불평등의 경제학' 그것도 '초부유층의 소득과 부의 비중에 대한 연구'는 앞으로 학문적인 검증을 거치면서 주류경제학으로 인식될 가능성이 높다고 봐야 한다. 사에즈는 피케티와의 오랜 공동연구를 통해 『21세기 자본』 제1~3부에 소개되는 실증연구에 심대한 기여를 한 인물이다. 피케티와 마찬가지로 학부에서는 수학을 전공했고 피케티와는 달리 수줍은 성격의 소유자로서 주로 연구에만 매진하는데, 2009년 존 베이츠 클라크 메달을 받았다. 이 메달은 정통 주류경제학계의 산실인 미경제학회에 의해 '경제학 사상과 지식에 명백한 기여를 했다고 간주되는 40세 미만의 미국 경제학자'에게 수여된다.[14] 이 상을 받은 경제학자 중 상당수가 노벨경제학상을 수상했다는 통계가 있다. 피케티의 이론에 대한 논란은 진행형이지만, 그들의 실증연구는 정통 주류경제학에서 학문적으로 인정받고 있는 것이다. 로런스 서머스Lawrence Summers는 그들의 이론에 반대하더라도 그들의 실증연구에는 노벨상을 수여할 만하다는 서평을 냈는데, 그러한 평의 이면에는 사에즈의 수상 경력이 하나의 현실적인 척도로 작용하는 것으로 보인다(『데모크라시』, 2014, 이슈 33).[15] 피케티의 연구를 주류가 아니라는 식으로 폄하하기는 이미 어려워졌다.

흐름의 변화는, IMF 같은 기관 외에 자유방임적 시장경제를 옹호해온 보수적인 금융기관이나 언론에서도 보인다. 월스트리트의 대표적 금융기관 중 하나인 스탠더드&푸어스Standard & Poors는 최근 보고서에서 소득불평등이 미국의 경제성장을 방해하고 있다는 연구결과를 발표했다(『스탠더드&푸어스』, 2014. 8. 5).[16] 친기업적인 신용평가회사로서는 이례적인 주제를 다룬 것인데, 불평등이 경제성장에 방해가 될 정도로 심화되었으므로 이제는 성장을 위해서라도 불평등을 완화시켜야 할 필요성을 시사하는 내용이었다. 세계적인 투자은행인 모건스탠리는 전 세계 억만장자의 통계를 분석했다(『월스트리트저널』, 2014. 10. 8, 『조선일보』가 재기사화, 2014. 10. 11).[17] 이 분석에 따르면 나라별로 억만장자의 재산축적구조를 파악하는 것이 그 나라 경제의 특성을 진단하는데 유용할 수 있다. 여기서 한국은 억만장자의 84퍼센트가 부모로부터 부를 물려받은 대표적 상속·세습·승계형 경제로 분류되었다. 보고서는 한국과 같은 상속형이 반드시 나쁜 것은 아니라고 말한다. 상속형이든 아니든, 러시아나 말레이시아처럼 심각한 부의 편중이 미래를 어둡게 만드는 핵심이라고 보고서는 강조했다. 부의 축적보다는 부의 편중을 우려하는 피케티와 문제의식을 함께하는 부분이다. 상속이 곧 부의 편중으로 이어지는 사회가 바로 세습자본주의 사회다. 우연히도 같은 날 한국에서는 부의 편중과 그로 인한 자본소득을 가늠할 수 있는 국세청의 2012년 기준 자본소득 100분위 자료가 최초로 공개되었다. 대표적인 자본소득인 배당소득과 이자소득 중 상위 1퍼센트의 몫은 배당소

득의 72퍼센트, 이자소득의 45퍼센트에 이른다는 내용이었다(『한겨레』, 2014. 10. 8).[18]

친기업적인 금융권의 애널리스트들은 미래의 경제 상황을 예측하며 평판을 쌓는다. 이들이 부의 편중과 성장의 관계를 중요한 이슈로 인식한다는 점은 불평등의 현 상태가 이미 이념적인 문제를 넘어서 실체적이고 경제적인 문제가 되었음을 시사한다. 영국의 유서 깊은 경제주간지 『이코노미스트』는 '신자유주의의 대변지'라고 불릴 정도로 보수적이며 친시장적인 가치를 중시한다. 그러나 아이러니컬하게도, 피케티가 얽힌 논쟁에서는 『이코노미스트』가 오히려 관련 오해들을 해소하고 홍보해주는 역할을 하고 있음을 문장들 사이에서 읽어낼 수 있다(『이코노미스트』, 2014. 6. 17).[19] 『이코노미스트』는 여전히 중국식 국가자본주의나 큰정부를 비판하지만, 최근 2~3년에 걸쳐 시장의 효율과 불평등 완화를 조율할 수 있는 정책이나 사례에 대한 칼럼을 게재하고 있다. 이러한 흐름의 변화 속에서, 그 변화와 논란의 중심에 서 있는 피케티의 주장을 쉽게 파악하기 위해 제2장에 인터뷰 형식으로 이를 정리했다. 독자가 부의 불평등에 관해 토론하고자 할 경우 그 시작점으로 유용할 것이다.

제 2 장

피케티가 문제시하는
불평등 개념 해부

- 불평등을 왜 자꾸 문제 삼나요? 불평등은 성장을 촉발시켜 주기 때문에 반드시 필요합니다.

피케티: 물론입니다. 불평등은 경제 인구의 의욕을 자극하기 위해서도, 경제성장을 위해서도 반드시 필요하지요. 문제는 불평등이 아니라 극심한 불평등입니다. 오해를 피하기 위해 미리 말씀 드리면, 전 몰락한 공산주의에 대해 털끝만큼의 향수도 느끼지 않습니다. 자본주의적인 성장을 통해서 중국이나 인도 같은 개발 도상대국들이 절대적 빈곤을 벗어나고 있고요. 하지만, 그러한 성장을 가져다준 자본주의 안에서도 정책에 따라 덜 불평등하고 더 불평등한 변화가 있었다는 점을 주목해야 합니다. 중국이나

인도와 달리 성장 시기의 '따라잡기catch up'가 끝나고 저성장 국면으로 접어든 자본주의 국가들에서 특히 불평등이 심화되고 있다는 점도 함께 주목할 필요가 있고요. 1980년 이후 성장을 외치면서 부자 감세를 시행했지만, 성장은 부진했고 불평등은 심화되었습니다. 그 과정에서 낙수효과에 대한 환상도 사라졌습니다.

고성장의 환상을 계속적으로 호도하기보다는 낮더라도 지속적인 성장을 계획하고 극심한 불평등은 완화시키는 정책을 펼 때라고 생각합니다. 절대적 빈곤을 벗어나려는 노력과 함께, 우리는 심화되고 있는 상대적 불평등 역시 외면할 수 없습니다. 불평등은 경제학만의 문제가 아닌 정치경제학적인 사안이기 때문입니다. 이 점을 외면하고 극심한 불평등을 방치한다면, 민주주의 제도가 원활히 발현되기 어렵고 경제성장에도 방해가 될 수 있습니다. 극심한 불평등 현실에서는 내수가 촉진되기도 어렵고요. 자본주의에는 이러한 불평등을 스스로 회복시키는 동학이 보이지 않습니다. 상대적 불평등 현실에 대한 비판을 부유층에 대한 질투심이라며 왜곡할 문제가 아닙니다. 민주주의가 발달했다고 자처하는 자본주의 선진국에서도 정치과정이 소수의 부유층에게 포획되었다는 생각이 점점 더 정치 전문가들 사이에서 지지를 얻고 있어요. 문제는 불평등이 아니라 극심한 불평등입니다.

• 어느 정도의 불평등이 극심하다고 누가 말할 수 있습니까? 누군가가 '극심한 불평등'의 정도를 정하는 게 오히려 문제가 될 것 같은데요.

피케티: 극심한 불평등을 정의내릴 수 있는 수학적 공식 따위가 있는 건 아닙니다. 다만 경제사적 시각에서 그 수준을 가늠해볼 수는 있습니다. 물론 역사도 불완전한 지침이지만 우리가 근거를 가지고 불평등을 이야기할 수 있는 최고의 자료라고 볼 수 있습니다. 역사에서 배울 수 있는 한 가지 교훈은, 19세기 세습사회의 불평등은 민주주의에도 경제성장에도 도움이 되지 않았다는 사실입니다. 중산층은 아예 존재하지도 않았고 부는 최상위층에만 집중되었던 당시의 불평등을 쓸모없는, 극심한 불평등이라고 부를 수 있겠습니다. 제1차 세계대전 이전의 영국과 프랑스를 살펴보면, 90퍼센트의 부가 상위 10퍼센트에 집중되어 있었어요. 불평등의 실제 모습을 드러낼 수 있는 정확한 연구에 기반을 두고 민주적인 토론을 통해서, 성장에 도움이 되는 불평등과 그렇지 않은 극심한 불평등의 경계를 정해나가야 할 것입니다.

· 지금 19세기 역사를 가지고 21세기를 논하자는 건가요? 당시와 지금은 경제구조가 매우 다릅니다. 우리는 지식기반 사회에 살고 있고, 지금의 경제에서는 스티브 잡스 같은 혁신적인 인물이 미래를 주도합니다.

피케티: 글쎄요, 제1차 세계대전 이전의 시기에서 혁신이라 할 만한 것이라곤 자동차, 전기, 라디오를 발명한 정도라서 페이스북보다 중요성이 떨어진다고 생각하실지 모르겠습니다만, 19세기는 충분히 혁신적인 시기였고 불평등에 관한 역사적인 교훈을

배울 수 있는 시기라고 생각합니다. 당시에도 경제성장과 혁신이 있었지만 경제성장률이 낮아서 부의 집중화를 막지 못했습니다.

· 그럼 지금의 불평등이 극심하다고 보는 이유는 무엇인가요?

피케티: 지금의 상황을 말씀드리자면, 국가에 따라 다소 차이가 있지만 하위 50퍼센트의 국민이 국가 전체 부의 2~5퍼센트 정도를 나눠 쓰고 있습니다. 물론 50퍼센트의 국민이라면 반드시 50퍼센트의 부를 가져야 된다는 이야기를 하는 것은 아니지만, 국민의 절반이 5퍼센트도 안 되는 부에 의존하는 것은 너무 적지요. 경제성장이나 민주주의의 발전 모두를 위해서 심화된 불평등이 완화되어야 하는 상황입니다.

· 대단히 사회주의자적인 발언인데요? 누구나 부를 더 많이 갖기를 원합니다. 그런 논리 아래 재분배가 이루어진다면 사회 전체의 성장 의욕을 떨어뜨릴 수 있지 않을까요.

피케티: 물론 불평등은 의욕을 고취시킵니다. 하지만 하위 50퍼센트에게 2~5퍼센트 정도의 부를 쥐어주는 것이 경제가 잘 돌아가기 위해 어쩔 수 없는 최선이라고 말씀하시는 건가요? 말씀드렸듯이 불평등의 적정선을 산출하는 수학적 공식 따위는 없습니다만, 우리는 지난 30년 동안 이루어진 부자 감세와 더불어 유럽과 미국에서 중산층이 감소하고 있는 현실에 주목해야 합니다.

- 그게 정확히 어떻게 문제가 되나요? 자본주의의 영향으로 지난 30년 동안 전 세계의 수많은 사람이 절대적 빈곤을 벗어났어요.

피케티: 저는 결코 자본주의를 부정하는 것이 아닙니다. 다만 자본주의 안에서의 변화에 주목하는 것뿐이지요. 지난 30년 동안도 자본주의였고 그 이전의 30년(1945~1975)도 자본주의였습니다. 자본주의 선진국에서 누진적 정책을 시행하여 불평등이 낮았던 1945~1975년과 비교했을 때 지난 30년 동안에는 그만한 경제성장도 제대로 이루어지지 않았기 때문에 문제가 됩니다. 수많은 사람을 절대적 빈곤으로부터 벗어나게 해주었던 성장이 이전 세대의 누진적 자본주의에서 더 높았다는 사실에 우리는 주목해야 합니다. 소련이 아닌 미국에서 말입니다. 루스벨트 대통령이 누진세율과 상속세율을 전폭적으로 높인 이후 약 50년 동안 미국은 높은 세율을 유지하면서도, 성장을 구가했습니다. 미국의 자본주의가 쇠퇴하지도 않았습니다. 오히려 발전했지요. 반면 지난 30년은 세계화와 탈규제화가 진행된 시기였는데, 성장의 과실이 주로 경제엘리트층에게 돌아갔습니다. 누구를 위한 성장이었는지 되묻지 않을 수 없습니다.

- 왜 세금을 더 걷어야 한다고 생각하나요?

피케티: 제가 말씀드리는 세제 개혁은 국민 모두로부터 세금

을 더 걷어 복지국가를 지향하자는 것이 아닙니다. 그것은 각 국가의 경제시스템과 정치적인 합의에 따라서 국가별로 결정할 사안이지요. 제가 말씀드리는 세제 변화는 한 나라에서 거둬들이는 세수는 지금처럼 유지하더라도 누진성을 매우 강화하여, 초부유층이 훨씬 더 많은 세금을 내고 중산층은 오히려 덜 냄으로써 중산층을 보호하자는 것으로 이해하셔도 무방합니다. 또는 초부유층으로부터 추가적인 세수를 걷고 이를 통해 가난한 집안의 자제들이 고등교육에 무상으로 접근할 수 있는 지원을 하는 것도 가능합니다. 가장 중요한 목적은 중산층의 쇠퇴를 막고 하위 50퍼센트에게도 현재의 말도 안 되는 수준보다는 좀더 납득이 가는 양의 부가 돌아가도록 하여 부의 혜택을 사회 전반으로 확대할 수 있는 세율구조를 만들어나가자는 것입니다. 지나친 불평등은 민주주의뿐만 아니라 자본주의의 성장에도 긍정적이지 않습니다. 19세기식의 극단적 불평등은 경제성장에 불필요하다는 것, 이것이 바로 20세기가 전하는 경제사의 교훈입니다.

· 국제공조를 통한 글로벌 자본증세를 언급하셨는데 이는 상당히 비현실적인 제안이라고 생각하지 않으십니까?

피케티: 쉽지 않겠지요. 하지만 불가능한 문제는 아닙니다. 생각해보세요. 불과 5년 전만 해도 스위스 은행이 고객명단을 타국 정부에게 넘기게 될 거라고는 아무도 상상하지 못했습니다. 그런데 미국 정부가 나서서 스위스 은행에 자금을 예치한 미국 납

세자의 명단과 내역을 공개하지 않을 경우 스위스 은행의 미국 내 지점 허가를 취소하겠다고 공언하니까 바로 입장을 바꾸더군요. 저는 미래가 어떻게 될지 안 될지 단언하는 사람들로부터는 별다른 감흥을 받지 않습니다. 역사는 놀라운 반전을 보여주는 경향이 있으니까요. 저는 국제적 공조하에 국가별로 독자적인 누진적 자본세가 이루어질 수 있다고 생각합니다. 물론 이러한 정책을 이야기하기에 앞서 조세체계와 맞물린 정보의 투명성이 분명히 선행되어야 합니다. 부의 불평등의 정도가 과연 어느 정도로 심각한지를 모두가 알 수 있어야 하고, 좀더 정확한 정보에 기반을 두고 체계적 연구와 토론이 이루어지기를 바랍니다.•

•   이상의 인터뷰는 피케티가 『21세기 자본』에서 밝힌 내용을 토대로 피케티 방한 시 필자가 피케티와 3일 간 동행하면서 진행한 면담의 내용을 필자의 언어로 재정리한 내용이다. 영국 『BBC뉴스나잇』과 미국 『블룸버그』와의 인터뷰를 통해 피케티가 밝힌 내용을 기본 골자로 했으며, 피케티는 이 내용을 이 책에 사용할 수 있도록 배려해주었다.

제 3 장

『파이낸셜타임스』
통계 조작 의혹 심층 분석

『21세기 자본』과 관련하여 세간의 관심을 가장 크게 불러일으킨 논쟁은 단연 영국『파이낸셜타임스』가 피케티의 저서에 통계적 조작 의혹을 정면으로 제기한 사건일 것이다. 『21세기 자본』에서 피케티는 3세기에 걸쳐 부의 불평등이 어떻게 변화했는지 그 양상을 보여주며 특히 지난 한 세대 동안 유럽과 미국에서 부의 편중이 심화되었음을 나타내면서 이는 부가 소수에게 집중되었기 때문이라고 밝힌다. 그런데 이를 보여주기 위해 사용된 데이터에 심각한 오류가 있음을『파이낸셜타임스』가 제시한 것이다(『파이낸셜타임스』, 2014. 5. 23).[1]『파이낸셜타임스』는『이코노미스트』『가디언』과 더불어 그야말로 영국을 대표하는 유서 깊은 언론지다. 『파이낸셜타임스』는 피케티의 저서가 다양한 수치 조작의 결과이며 여기에 여러 수법이 동원되었다고 보도했다. 사소한 실수처럼 보이는 팻 핑거링fat fingering, 수치를 조작한 트위킹tweaking, 마음대로 평균을 내고, 없는 데이터를 가공하고, 잘못된 연도를 비교하고, 정의를 만들어서 사용하고, 결과에 도움 되는 데이터만 선택적으로 이용하는 등 다양한 조작이 동원되었는데, 이러한 통계적 조작을 교정하면 전혀 다른 모습의 불평등의 양상이 나타난다는 것이다.

한국에도 그동안 언론을 통해 여러 차례 소개되었듯이, 이 중 가장 극명한 문제로 떠오른 사안은 1970~2010년 기간 중 영국에서 진행된 불평등의 추세다. 상위 10퍼센트가 차지하는 부의 비중 변화가 양측의 분석에서 너무나 달랐다. 피케티의 분석은 상위 10퍼센트가 차지하는 부의 비중이 1970년 이후 점차적으로 심화되면서 71퍼센트까지 증가하는 추세를 보이는 데 반해서, 『파이낸셜타임스』의 분석은 불평등이 주목할 만하게 완화되면서 오히려 44퍼센트까지 하락하는 매우 대조적인 그래프를 제시한 것이다. 피케티의 적절한 해명이 있지 않을 경우 연구 조작으로 보일 수 있는 심각한 문제제기였고 이것이 사실이라면 저서뿐 아니라 향후 연구자로서의 생명에도 치명적일 수 있는 내용이었다.

흥미로운 현상은 이때부터 시작된다. 『파이낸셜타임스』의 문제제기에 대해 전 세계의 주요 언론들이 관련 논란을 보도하고 여러 논평을 쏟아냈다. 그런데 이들은 주로 옹호나 비판의 입장에 머무를 뿐 정작 논쟁에 대해 제3자의 입장에서 직접적으로 분석을 시도한 경우는 의외로 찾아보기 어려웠다. 마치 의견으로 사실관계를 정하려는 듯, 피케티가 맞다 또는 조작이 만천하에 드러났다는 식의 진영논리가 기사들을 채웠다. 피케티의 저서를 옹호해온 크루그먼은 '피케티가 명확히 답변해야 하겠지만, 지난 30년 동안 선진국에서 부의 불평등이 심화되어왔다는 점은 가릴 수 없는 사실'이라는 논평을 냈다(『뉴욕타임스』, 2014. 5. 24).[2] 이는 평소 그의 날카로운 사설들과는 다르게 논란이 된 부분을 전혀 건드리지 못했다. 피케티에 반대하는 논평자들은 『파이낸셜타임스』의 문제제기를 따라 피케티의 조작이 거의 확실하다는 논조로 논란을 키우면서, '따라서 피케티는 틀렸다'는 식의 논평을 냈다. 그들은 중국이나 인도에서 쏟아져나오는 중산층을 보면 알 수 있듯이, 자본주의의 발전과 더불어 범지구적 불평등은 완화되고 있다는 소식을 전하기도 했다. 돌이켜 생각해보면, 이 역시 논란이 된 부분을 직접적으로 파헤쳐 규명하지 못했고 피케티가 주장한 내용과도 관련이 없었다.

통계 조작 논란에 대한 진위는 결국 어떻게 가려졌을까? 이 장은 독자들과 함께 애널리스트의 시각에서 문제의 내용을 따져보고자 구성했다. 피케티, 『파이낸셜타임스』 그리고 『가디언』 모두 필자의 필요에 따라 관련 내용을 전문 인용할 수 있도록 배려해주었다. 『가디언』의 제3자 분석이 논쟁의 폐부를 직접 건드리면서도 피케티와 『파이낸셜타임스』의 입장 차이를 명쾌하게 해설하고 있다. 때문에 여기서는 우선 『가디언』에 탁월한 제3자 분석을 제공한 경제분석가 하워드 리드Howard Reed의 시각으로 쟁점을 직접 분석해보고자 한다. 또한 리드와의 서신교환과 더불어 『파이낸셜

타임스』 기사의 분석상 문제점을 마지못해 인정한 미국 보수진영
경제학자이자 피케티 이론의 저격수라 여겨지는 저스틴 울퍼스
Justin Wolfers와 보수진영의 대표적인 파워블로거 타일러 코웬Tyler
Cowen의 코멘트를 통해서, 쉽게 끝날 것 같지 않던 『파이낸셜타임
스』 논쟁의 결말을 지어보겠다.

피케티, 『파이낸셜타임스』 그리고 부의 불평등
(『가디언』, 2014. 5. 29)[3]

경제분석가 하워드 리드에 따르면, 논쟁이 되고 있는 양측의 입
장 차이를 이해하기 위해서는 데이터의 불연속성에 주목할 필요
가 있다. 전문 인용을 기본으로 하되 필요한 부분에서는 부연 설
명을 했다. 여기서 불연속성이란, 부를 측정하는 내용이나 방법
이 다른 두 시계열 자료를 길게 연결해서 장기간의 변화를 분석
할 때 발생하는 두 자료의 체계적인 차이를 의미한다. 값이 없는
구간에 임의적으로 데이터를 삽입하는 내삽이나, 자료가 없는 구
간에 기울기로 추정한 값을 삽입하는 외삽과는 다른 개념이다.
예를 들어, 부의 수준을 추적하는 시계열 자료가 1980~2006년
까지의 값을 보유하고 또 다른 자료는 2003~2014년까지 값을 보
유한다고 하자. 새로운 시계열에서는 기존에 측정하던 부의 내용
중 일정 항목을 제외하거나 추가하여 자료에 불연속성이 생길 수
있고, 조사 방법을 세금자료에서 가계조사로 바꾸면서 불연속성

이 생기기도 한다. 불연속성이 없다면, 1980~2014까지 단 하나의 시계열이 존재했을 것이다. 자료의 구성이 바뀔 때, 이렇듯 두 자료에 몇 년의 겹치는 시기가 있으면 두 시계열의 차이를 파악하는 데 도움이 된다.

이러한 불연속성을 어떤 방법으로 다뤄야 할까? 우선 이때 2003~2006년의 기간이 겹치므로 이 기간을 통해 두 자료가 체계적으로 어떻게 다른지 파악할 수 있다. 두 자료의 세부적 측정 내용과 측정치가 이질적인 경우에 두 자료를 연결해서 시계열 자료를 구성하기로 결정하면, 이러한 체계적인 편차에 대한 조정이 반드시 필요하게 된다. 물론 어떻게 조정할 것인지에 관해서는 활발한 학문적 토론이 예상되며, 피케티는 투명한 학문적 토론을 위해서 모든 데이터를 온라인에 공개했다. 그런데 자료가 이질적임에도 불구하고 이러한 성질을 고려하지 않고 조정 자체를 하지 않을 경우 시계열 자료는 체계적으로 편향을 보이게 되며, 2003~2006년의 기간에 모순이 존재하게 된다. 참고로 이질적인 자료에 대한 조정의 필요성은 피케티의 이론을 비판하는 미국 브루킹스연구소의 저스틴 울퍼스 같은 보수진영 경제학자들 역시 당연히 공감하고 있으며 『파이낸셜타임스』가 이를 고려하지 않은 점을 난감한 오류라고 인정했다.

아래 『파이낸셜타임스』 논쟁에 대한 『가디언』의 제3자 분석은 통계 조작 논란을 면밀히 이해하고 싶어하는 독자들을 위해 준비했다. 피케티의 저서 중 오해를 일으킬 만한 지점을 먼저 이해하고 싶거나 한국과 관련된 내용에 관심이 깊은 독자라면 제

5장으로, 피케티를 둘러싼 전 세계 지식인과 언론의 분석을 읽고 싶은 독자라면 제6장으로 건너뛰어도 좋다.

『파이낸셜타임스』의 경제 담당 편집자 크리스 자일스Chris Giles에 따르면, 피케티는 데이터를 취합하고 게재하는 과정에서 여러 가지 실수를 범했고 이러한 실수를 교정하면 상위 1퍼센트와 10퍼센트가 전체 부에서 차지하는 몫은 1980년 이후 영국과 다른 국가들에서도 상대적으로 안정적이었다. 자일스는 피케티가 공개한 데이터를 올바르게 재취합하는 과정을 거쳤고, 그 결과 선진국에서 상위 1퍼센트와 10퍼센트로 부가 편중되는 경향은 찾아볼 수 없었다고 밝힌다.

경제 분석가 리드는 영국의 불평등 자료를 다시 분석하여 『가디언』에 게재했는데, 영국은 피케티의 원래 데이터와 『파이낸셜타임스』가 수정한 결과가 가장 극명하게 대조되는 케이스이므로 특히 주목할 만하다.

아래 도표 3.1은 1810~2010년 동안 영국의 상위 1퍼센트 및 10퍼센트의 부가 전체에서 차지하는 비중을 나타낸다. 1970년 이후, 피케티의 시계열에서는 영국의 상위 1퍼센트 및 10퍼센트 부유층이 전체 부에서 차지하는 몫이 증가하는 데 반해서 『파이낸셜타임스』의 자료에서는 그 몫이 오히려 감소하고 있음을 알 수 있다.•

• 『파이낸셜타임스』의 시계열은 도표에서 FT로 나타냈다. 1970년 이후 기간에서 피케티의 시계열보다 급격히 하락함을 알 수 있다. 특히 2000~2010년 기간에 자일스가 권장하는 대안을 굵은선으로 표시하였는데, 매우 급격히 하락함을 알 수 있다.

도표 3.1. 영국에서의 부의 불평등 1810~2010: 피케티 vs 『파이낸셜타임스』

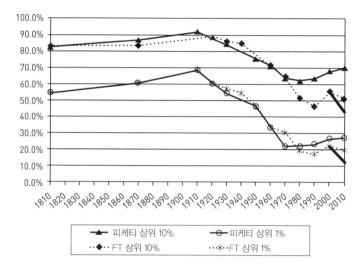

    (1970년 이후의 시기에서) 그 차이가 너무 극명했기 때문에 경제분석 전문가 리드는 원래 데이터를 다시 조사했고 그 결과를 『가디언』에 게재했다. 피케티의 원래 데이터와 『파이낸셜타임스』의 수정 데이터는 둘 다 웹사이트에 공개되어 있어서 이러한 제3자 조사가 투명하게 이루어질 수 있었다. 조사를 통해 리드는 양측의 주요한 차이는 양측 모두가 사용하고 분석의 토대가 되는 5가지 시계열 데이터를 취합하면서 생기는 방법론의 차이 때문임을 밝혀낸다.

    불평등에 관하여 200년의 기간을 일관성 있게 측정한 시계열 데이터는 없기 때문에, 피케티는 영국의 데이터를 연구할 때 아래의 6가지 출처를 사용했다.

a) 린더트(Lindert, 2000), 소득분배편람(1810~1870), 공증된 재산, 토지, 빚, 직업에 관한 역사적 자료를 사용

b) 앳킨슨, 고든, 해리슨(Atkinson, Gordon, & Harrison, 1989), "영국 상위부유층이 전체 부에서 차지하는 비율의 경향, 1923~1981"에서 국세청Inland Revenue 재산 데이터. 표 1(1923~1981)

c) 앳킨슨, 고든, 해리슨(Atkinson, Gordon, & Harrison, 1989), 국세청Inland Revenue 시리즈 C 데이터. 표 2(1966~1981)

d) 국세청Inland Revenue 통계 2005, 테이블 13 시리즈 C(1976~2005)

e) 국세청HMRC 개인재산통계(2002~2009)•

f) 통계청ONS 재산과 자산 설문조사(2006~2010)

위에 언급한 데이터들은 시계열을 수집하고 부의 분배 상태를 추정했지만 제각기 다른 방법을 사용했고, 특히 상위 10퍼센트의 부유층이 전체 부에서 차지하는 비율에 대한 추정에서 상당한 방법론적인 차이를 보인다. 『파이낸셜타임스』의 자일스는 온라인을 통해 여섯 가지 데이터의 시계열을 개별적으로 보여준다.[4]

리드는 이 자료의 세 곳에서 시계열이 불연속되고 있음을 밝힌다. 첫째, 1974~1981년 기간은 자료 b와 c 모두 시계열을 제공하고 있어 비교가 가능한데, 상위 10퍼센트의 부유층이 전체

• Inland Revenue가 2005년 신설된 HMRC로 통합됨.

부에서 차지하는 몫이 c의 시계열의 경우 b의 시계열보다 평균 6퍼센트포인트 낮은 추정치를 보여준다. 둘째, 1976~1981년 동안 자료 c와 d 모두 시계열을 제공하는데, 상위 10퍼센트의 부유층이 전체 부에서 차지하는 몫이 d의 시계열의 경우 c의 시계열보다 평균 6퍼센트포인트 낮은 추정치를 보여준다. 셋째, 자료 f의 시계열이 시작되는 2006년도 추정치는 자료 d의 시계열이 끝나는 2005년도 추정치보다 약 11퍼센트포인트 낮은 추정치를 보여준다. [설명을 조금 덧붙이면, 시계열이 불연속될 때 통계를 수집하던 기관은 이전 시계열과 새로운 시계열이 겹치는 시기를 만들어 놓곤 하는데, 이렇듯 겹치는 시기를 통해서 두 시계열 데이터 간에 높낮이 차이를 파악하고 조정할 수 있다. 예를 들어, 이전 시계열에서 부의 한 종류로 포함되었던 항목이 새로운 시계열에서는 제외될 경우, 다른 모든 조건이 같다면 새로운 시계열은 이전의 시계열보다 부를 더 낮게 측정하게 될 수가 있다. 이전 시계열의 수집 방식이 더 정확하다고 판단한다면 새로운 시계열을 그만큼 상향 조정해줄 필요가 발생하는 것이다. 물론, 새로운 시계열이 더 정확하다고 판단될 경우에는 새로운 시계열을 기준으로 이전의 시계열을 그만큼 하향 조정해주면 된다. 이를 통해 같은 연도에 두 자료가 공존하는 모순이 해소되고 시계열 데이터는 주어진 정보 안에서 일관성을 유지할 수 있다. 물론 이처럼 두 시계열 데이터의 공존 시기를 기준으로 편차를 조정함에 있어 어떻게 조정할 것인지는 연구자마다 이견이 생길 수 있고, 이미 언급했듯이 피케티는 열린 토론을 위해 모든 자료를 온라인에 공개했다.]

이렇듯 연결해서 사용해야 하는 시계열 데이터들 간에 체계적인 차이 및 겹치는 시기가 존재한다는 사실을 통해 다음과 같은 점을 알 수 있다. 1974년 이전의 방식을 기준으로 부를 집계하여 그 이후의 시계열을 (상향)조정한 경우와 비교한다면, 이러한 조정을 거치지 않을 경우 상위 10퍼센트의 부유층이 전체 부에서 차지하는 몫은 2010년까지 약 23퍼센트포인트만큼 낮게 추정된다. 영국의 불평등 데이터에 관하여 피케티와『파이낸셜타임스』의 자일스가 보이는 가장 큰 차이는 피케티는 부를 측정하는 방법이 변화함으로써 발생하는 이질적인 시계열 자료들 간의 불연속성, 즉 상위 10퍼센트의 경우 23퍼센트포인트의 하락을 반영하여 자료를 상향조정한 데 반해서,『파이낸셜타임스』의 자일스는 조정하지 않고 사용했다는 점이다.•

상위 1퍼센트에 관한 데이터에서 불연속성으로 인한 하락의 정도는 주로 데이터 d와 f의 차이에서 기인하고 그 정도는 약 10퍼센트포인트로 작은 편인데, 이 시계열에서도 피케티는 차이를 조정하고『파이낸셜타임스』의 자일스는 조정하지 않는 방법론상의 차이를 보인다.

아래의 도표 3.2에서는 자일스가 제안한 시계열의 추정치와 위에 언급된 출처들의 데이터를 함께 나열했는데, 특정 시점별로는 다음의 데이터들이 사용되었다.

• 『가디언』의 분석 기사가 나간 이후『파이낸셜타임스』의 자일스는 리드에게 개인적으로 연락을 취해서, 이질적인 시계열 자료들 간의 불연속성을 인지하고 있었다는 말을 남겼다.

시계열 (a): 1810~1870

시계열 (b): 1923~1974

시계열 (c): 1974~1976

시계열 (d): 1976~2005

시계열 (e): HMRC의 권고로 사용하지 않음

시계열 (f): 2006~2010

전체적으로, 두 시계열은 상당히 유사하다. 원자료의 시계열은 1960~1980년 기간에 변동성을 보이지만, 1960~1990년 기간의 전체 패턴은 유사하게 나타난다. 즉, 『파이낸셜타임스』의 자일스는 다른 방법으로 취합된 이질적인 데이터들 간의 차이를 본인의 선택으로 조정하지 않기로 결정한 것으로 파악된다. 자일스는 자료 e에 기반을 둔 시계열*도 점선을 통하여 맨 오른편에 상세히 표시를 해주고, 본인이 선호하는 방법이 아니라고 밝힌다.

『파이낸셜타임스』에서 자일스가 제안한 시계열 자료가 지난 50년 동안 영국에서 나타난 부의 불평등 변화를 잘 나타낸다고 보기 위해서는, 상위 10퍼센트의 부유층이 전체 부에서 차지하는 몫이 1970년대에 갑자기 12퍼센트포인트 하락했고, 2005~2006년 사이에도 갑자기 11퍼센트포인트의 급락을 보인 점을 납득시켜야 하는 문제가 발생한다.

이걸 정말로 믿는 사람이 있을까? 그보다는 부의 불평등을

• 권고로 사용하지 않기로 한 2002~2009년 시계열.

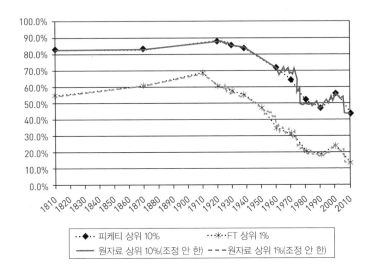

도표 3.2. 영국에서의 부의 불평등:
『파이낸셜타임스』 자일스의 시계열과 (조정하지 않은) 원자료의 시계열

범례
··◆·· 피케티 상위 10%
··✱·· FT 상위 1%
—— 원자료 상위 10%(조정 안 한)
- - - 원자료 상위 1%(조정 안 한)

측정하는 방법이 체계적으로 달라지면서 데이터들 간에 이질성이
발생했고, 그러한 차이로 인해서 추정치가 특정 시점(도표 3.2의
1974년, 1976년, 2006년)에 뛰어내리듯이 하락했다고 파악하는
것이 타당한 분석으로 보인다. 그리고 바로 이러한 데이터들 간의
이질성이 자일스가 대안으로 제시한 시계열이 그처럼 하락한 이
유다.

도표 3.3은 자료 간 불연속성을 조정하여, 상위 1퍼센트와
10퍼센트의 부유층이 전체 부에서 차지하는 비중을 보여주는 교
정된 버전이다. 다시 말해서, 도표 3.2에서 보여준 조정되지 않은
시계열과 대비할 때 2006년까지 23퍼센트포인트가 상향 조정되
었다.

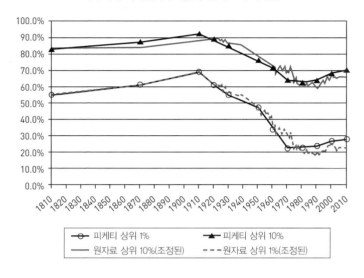

도표 3.3. 영국에서의 부의 불평등:
피케티의 시계열과 (조정된) 원자료의 시계열

- ─○─ 피케티 상위 1%　　　─▲─ 피케티 상위 10%
- ─── 원자료 상위 10%(조정된)　　　- - - 원자료 상위 1%(조정된)

　　이 조정된 데이터는 피케티가 책(제10장 도표 10.3)에서 보여
준 부의 불평등 시계열과 상당히 비슷한 패턴을 보이지만 똑같지
는 않으며, 다음과 같은 세 가지 점에서 차이를 보인다.

　　첫째, 위와 같이 조정된 데이터는 피케티의 상위 10퍼센트
데이터와 1810~1920년 기간에서 약간의 차이를 보인다. 이는 자
일스가 지적한 대로 피케티가 1870년대 자산통계 데이터에서 실
수를 한 것으로서 1910년도에도 추가적인 데이터 값을 포함시킨
것 같다. 하지만 보다시피, 이 부분 때문에 그래프의 전체적인 패
턴이 유의미하게 바뀌지는 않는다.

　　둘째, 피케티의 시계열은 위의 조정된 데이터와 비할 때

1970년대에는 다소 낮고 1990년대에는 다소 높다는 차이를 보인다. 하지만 보다시피, 1960~2000년에 걸쳐 매우 비슷한 패턴을 보인다.

셋째, 조정된 데이터에서는 상위 1퍼센트 및 10퍼센트의 부유층이 전체 부에서 차지하는 몫이 2000~2010년에는 상승추세를 보이지 않는 반면에, 피케티의 데이터는 이 기간에 약간의 상승세를 보인다. 하지만 상위 10퍼센트의 몫은 1980년대 이후 상당히 상승했음을 알 수 있고, 상위 1퍼센트의 몫 역시 그 정도까지는 아니지만 (하락이 아니라) 증가했음을 알 수 있다.

정리해보면, 피케티의 시계열은 자일스의 시계열과 비교했을 때 완벽하게는 아니어도 자료 간 불연속성을 교정한 패턴과 훨씬 잘 들어맞으며, 자일스가 제안한 시계열의 하향추세는 출처가 다른 데이터들 간의 불연속성으로 인한 결과물임을 알 수 있다.

『파이낸셜타임스』의 자일스는 영국의 상위 10퍼센트가 전체 부에서 차지하는 몫과 관련하여, 피케티의 2010년도 추정치(71퍼센트)가 영국통계청ONS의 추정치(44퍼센트)와 큰 차이를 보인 것이 그가 피케티에게 처음 문제제기를 하게 된 계기라고 밝혔다. 하지만 이러한 차이의 대부분(27퍼센트포인트 중 23)은 데이터의 불연속성을 적절히 교정한 결과임을 알 수 있다.

자일스는 통계청의 '재산과 자산 설문조사WAS(2006~2010)'가 이전 시기의 시계열데이터로 사용된 국세청Inland Revenue의 통계데이터보다 더 정확하게 부의 불평등 정도를 측정한 데이터라고 주장했다. 전체 인구를 놓고 보았을 때 그의 이러한 주장은 사실일지도 모른다. 하지만 자일스가 주장한 대로 상위 10퍼센트가 전체 부에서 차지하는 비율이 2010년도에 44퍼센트 수준이었다는 점에 동의하기 위해서는, 여전히 그 이전 시기의 시계열을 하향 조정해야 한다. 즉, 상위 10퍼센트의 시계열은 총 23퍼센트포인트, 상위 1퍼센트의 시계열은 총 10퍼센트포인트 하향 조정함으로써 자일스가 선호한 통계청의 WAS 데이터가 그 이전 시기의 시계열과 최소한의 일관성을 유지하도록 할 필요가 있는 것이다. 자일스는 이러한 조정 역시 하지 않았다. [피케티는 통계 조작 논란에 대한 당일의 1차 답변에서 자일스 분석의 문제점을 직접적으로 드러내지 않았다(『파이낸셜타임스』, 2014. 5. 23).[5] 하지만 사태가 진정되지 않자 며칠 후 2차 반박문을 냈고 『파이낸셜타임스』가 제기한 문제점들에 조목조목 반박했다(피케티, 2014. 5. 28).[6] 이 장에서 중점적으로 다룬 영국의 시계열에 관해, 피케티는 『파이낸셜타임스』의 문제를 다음과 같이 설명한다. 먼저 그는 상위층의 부를 측정함에 있어 『파이낸셜타임스』는 대부분의 시기에서는 세금 데이터에 기반한 시계열로 상위층의 부를 측정하다가, 문제가 된 최근의 기간에 이르러서는 어떠한 조정도 없이 가계조사 데이터에 기반한 시계열로 바꾸고는 마치 상위층의 부가 실제로 하락한 것처럼 주장했다는 점을 지적한다. 자일스는 피케티가 자신의 입맛대로 데이터를 골라서 사용했다고 주장했지만, 피케티는 세금 데이터를 일관성 있게 사용했고 가계조사 자료 또한 조정하여 사용했으며 모든 조정 내용을 온라인에 공개했다. 하지만 자일스는 세금 데이터가 존재함에도 불구하고 가계조사 자료만을 사용하고는, 마치 실제로 부가 하락한 것처럼 주장했다. 여기에 더해 오히려 피케티가 통계를 조작했다고 주장했다는 데에 문제의 심각성이 있다. 해프닝에 가까운 일이다. 크루그먼은 피케티의 2차 반박과 『가디언』의 기사가 나간 후, 비로소 내용을 진단하는 칼럼을 기고해 다음과 같이 해설한다. WAS와 같은 설문조사 방식은 세금을 내지 않는 저소득층의 불평등 정도를 이해하는 데에는 적절할 수 있지만, 초고소득층의 부를 연구할 때에는 그들이 설문에 제대로 응하지 않음으로써 부의 정도가 하향 측정되는 이미 잘 알려진 경향을 고려해야 하며, 피케티가 연구에서 사용했듯 국세청의 세금자료가 중요하다(『뉴욕타임스』, 2014. 5. 30).[7] 피케티는 2세기에 걸친 자료를 연구하면서 국세청의 세금 자료를 일관성 있게 사용하면서도 새로운 자료들 또한 사용했고, 시계열 데이터의 출처가 바뀌면서 발생하는 차이를 조정했다.]

지금까지 피케티와 『파이낸셜타임스』가 가장 논쟁적인 입장 차이를 보인 영국의 데이터에 초점을 맞추어 분석했다. 부의 국가별 비교와 관련하여 부언하자면, 자일스가 제안했던 WAS 데이터를 사용하면 다른 국가의 데이터들과 비교가 더 어려워진다. 그 이유는 불평등의 추정을 위한 WAS의 계산 방식이 HMRC의 상속세 환급자료를 사용하여 계산하는 역추적 방법estate multiplier method보다 훨씬 낮은 추정치를 주게끔 설계되어 있고, 따라서 HMRC 방식으로 추정된 다른 국가들의 추정치와 이질성이 커지기 때문이다.

요약하자면, 『파이낸셜타임스』의 조사는 피케티의 데이터에서 사소한 몇 가지 실수를 잡아냈고 피케티는 향후 작업에서 이

점들을 반영할 것으로 생각된다.[*] 이번 논란은 통계분석 결과들을 재점검하고 분석의 모든 결과물을 제3자가 점검해보는 과정의 중요성을 시사한다. 엑셀 시트에서는 실수가 유발되기 더욱 쉬우므로 특히 더 조심할 필요가 있다.

그러나 『파이낸셜타임스』의 자일스는 가장 큰 논란이 된 영국 데이터를 분석하면서 스스로 매우 심각한 오류를 범했다. 정확히 말하자면, 그는 지난 수십 년 동안 부의 불평등을 측정하는 방법이 바뀌면서 생겨난 시계열 자료들 간의 변화를 마치 (동일하게 측정된) 부의 불평등이 실제로 변화한 것으로 여겼다. 이러한 오류는 그로 하여금 매우 잘못된 결론을 내리게 만드는데, 자일스는 『파이낸셜타임스』의 기사에서 1980~2010년 영국에서 부의 불평등이 하락한 것으로 결론을 내린다. 『가디언』의 분석은 피케티가 보여준 만큼은 아니어도 매우 유사하게 같은 기간 영국에서 불평등의 정도가 심화되었음을 확인시켜준다.[**]

앞서 언급했듯이, 피케티는 2회에 걸쳐서 『파이낸셜타임스』가 제기한 문제에 답했다. 필자의 생각에 1차 답변은 너무 짧았을 뿐 아니라 『파이낸셜타임스』의 오류를 본인이 명확하게 드러내지 않았다. 논란이 가중되자 피케티는 2차 답변을 통해 각 조목

---

[*] 피케티는 『가디언』이 직접 분석하지 않고 사소한 실수라고 여긴 점들에 대해서도, 위에서 언급한 2차 반박을 통해 조목조목 답변했다. 시계열의 모양에 별다른 영향을 주지 않은 팻 핑거링으로 보이는 실수 외에, 『파이낸셜타임스』가 주장한 통계 조작은 보이지 않았다.

[**] 영국의 『가디언』과 경제분석가 리드 씨의 배려로 여기까지 전문 인용했다. [ ] 부분은 필자의 부연이다.

별로 답하면서 의식적인 선택의 결과로 자료를 조정한 것이지 조작이 아니라고 강하게 반박한다(피케티, 2014. 5. 28).[8]

하지만 답변이 워낙 상세해서 전문이 기사화되지는 못했고 피케티 논쟁을 따라가는 분석가들 사이에서만 회자되었다. 이 2차 답변은 『가디언』의 분석보다 훨씬 상세하고 다른 문제들에 대한 반박이 포함되어 있으니, 다른 지적들에 대한 피케티의 답변이 궁금한 독자들은 이를 참고하기 바란다. 필자의 생각에 기사로써 논란을 일단락시키는 데에는 위에서 전문 인용한 『가디언』의 분석이 피케티의 2차 답변과 함께 중요한 역할을 한 것으로 보인다. 필자와의 서신에서도 피케티 교수는 『가디언』의 정제된 분석이 가장 논쟁이 되었던 쟁점을 탁월하게 기사화했다고 확인해주었다.

『가디언』에 분석 기사를 게재한 리드에 따르면, 제3자 분석을 기사화하면서 『파이낸셜타임스』와 자일스에게 공식적인 답변을 요구했지만 기사를 통한 『파이낸셜타임스』의 공식적인 답변은 없었다. 대신 자일스가 시계열 자료들 간의 불연속성을 최소한 인지하고 있었다는 점을 리드에게 보낸 이메일 서신을 통해 밝혔다. 기사가 나가고 사흘 뒤, 『파이낸셜타임스』는 그들이 보도한 피케티 관련 기사가 마치 피케티가 큰 실수라도 저지른 것 같은 느낌을 조성해 오해의 소지가 있어 보인다는 어느 독자의 불만을 게재한다(『파이낸셜타임스』, 2014. 6. 2).[9] 기사 제목은 「(피케티의) 오류에 대한 (우리의) 비평은 이정도로 충분하다」였고 이후 『파이낸셜타임스』는 오류에 대한 기사는 더 내지 않았다.

이후의 기사부터 『파이낸셜타임스』는 논조의 변화를 보였다. 피케티의 『21세기 자본』이 『파이낸셜타임스』와 컨설팅업체 맥킨지가 공동으로 수여하는 '올해의 경영서'의 수상작이 될 가능성이 높다고 보도하면서, 지난 5월 피케티의 인용 자료에 오류가 있다는 자신들의 문제제기가 있었지만 피케티 교수가 오류를 조목조목 반박하며 대응했다고 전했다(『파이낸셜타임스』, 2014. 8. 6). 또 다른 최근 기사에서는 『21세기 자본』이 수상작 후보군에 안착했다고 보도하면서 『파이낸셜타임스』의 마틴 울프Martin Wolf가 지난 4월 발표한 "뛰어나게 중요한 저서"라는 서평을 다시 인용했다(『파이낸셜타임스』, 2014. 9. 24).[10]

필자의 생각으로는, 『파이낸셜타임스』가 피케티의 저서에 대해 문제를 제기한 것은 언론으로서 당연히 시도해야 하는 매우 바람직한 활동이고 우리의 알 권리를 위해서도 이러한 과정은 반드시 필요하다. 하지만 『파이낸셜타임스』가 '따라서 피케티는 틀렸다'와 같은 결론을 성급하게 시도하면서 오히려 궁지에 몰리게 되었다는 점은 분명해 보인다. 제3자 분석을 진행한 리드는 필자와의 서신에서 『파이낸셜타임스』의 기사가 논리적 비약 없이 오류로 보이는 내용들만 있는 그대로 지적했더라면 훌륭한 기사로 남았을 것이라고 말한다. 그가 보내온 서신 내용을 일부 인용하겠다.

『파이낸셜타임스』의 자일스 씨는 피케티 교수의 19세기 후반과 20세기 초의 자료에서 팻 핑거링으로 보이는 몇 가지 실수들을 잡아냈지만, 설명했듯이 이는 도표의 모양이 바뀌는 정도가 아님을 알 수 있습니다. 자일스 씨의 문제는 이걸 가지고 너무 큰 결론을 내리려고 한 것이지요. 만약 자일스 씨가 피케티 교수의 자료에서 몇 가지 실수와 원자료와 다른 조정이 있어보이므로 이에 대한 답변을 요구한다는 정도의 균형 잡힌 기사를 썼더라면, 매우 훌륭한 기사로 남았을 것이며 본인이 궁지에 몰리지도 않았을 것입니다. 아시다시피 자일스 씨는 피케티 교수의 대결론을 뒷받침하는 자료에 문제가 있다고 주장하고는 결론에 대한 반박을 해낸 것처럼 썼지요. 자일스 씨는 시계열 자료를 연결하면서 가장 문제가 있다고 주장한 부분에 대해서 스스로 논리적 오류를 범해서 본인이 비판하려던 내용보다 더 큰 문제를 안게 되었고요. 이번 이야기에서 교훈이 있다면, '본인의 연구나 조사로부터 너무 많은 결론을 내리려고 하지 마라' 정도가 되겠습니다. 100퍼센트(아니면 최소한 95퍼센트) 이상의 확신을 가질 수 있는 해석만을 분석으로부터 이끌어내야겠지요 (2014. 7. 30 서신교환 중에서).

『파이낸셜타임스』 기사가 평화롭던 금요일 오후의 퇴근 시간에 연예인 폭로성 기사와 같은 스타일로 쓰인 것도 논란을 한층 더 가중시켰는데, 결과적으로는 피케티의 이름을 더 알리는 역할을 한 것 같다. 피케티의 입장에서는 아마 인생에서 가장 긴 주말이 아니었을까 싶다. 문제는 『파이낸셜타임스』 기사가 너무 유명해져서, 정작 더 중요하고 더 세련되게 피케티의 이론을 비판한 내용들이 한동안 언론에서 아예 묻혀버렸다는 점이다. 뿐만 아니라 피케티의 이론을 건설적으로 비판하던 보수진영의 경제학자들은 『파이낸셜타임스』 해프닝으로 인해서 정작 자신들의 문제제기가 『파이낸셜타임스』처럼 비춰지지 않도록 신경을 써야 하게 되었다. 미국 브루킹스연구소의 저스틴 울퍼스는 보수 진영에서 피케티의 이론을 정밀하게 비판하는 대표적인 경제학자 중 한 사람인데 그 역시 이질적인 자료들 간의 조정 필요성을 표명하며 『파이낸셜타임스』가 이를 고려하지 않은 점을 난감한 문제점으로 인식한다. "(통계 조작 논란의 핵심으로 떠오른 영국의 데이터를 논의해보면) 『파이낸셜타임스』의 재분석은 데이터들 간의 차이점을 충분히 반영하지 않았고, (고소득층의) 재산 기록과 가계조사를 같은 것으로 여긴 것은 납득이 되지 않는다(울퍼스, 「NBER 프레젠테이션」, 25쪽, 2014. 6. 12)."[11] 울퍼스는 미 국립경제리서치센터NBER 플랫폼에 게재한 프레젠테이션에서 피케티의 이론을 비판하면서도 이러한 『파이낸셜타임스』 분석의 문제점을 언급하는 공정성을 보였다. 우연히도 울퍼스는 이러한 논란이 일단락 된 이후의 시점에서 IMF가 선정한 차세대 경제학자 25인에 피케티와 함께 포함되었고, 피케티에 대한 여러 비판에서 피케티 이론의 저격수로 자주 인용된다. 보수진영의 비판을 자신의 블로그에서 해설해주는 대표적인 보수진영 경제학자 타일러 코웬은 『파이낸셜타임스』 자일스의 분석이 많은 관심을 받게 된 것은 수치라고 표현하며, 그로 인해 정작 중요한 논쟁점이 한동안 묻히게 되었다고 노골적으로 불쾌감을 드러냈다(코웬, 2014. 6. 13).[12]

피케티는 15년간 통계자료를 다루어왔다. 주어진 자료가 불완전한 가운데 그 자료 안에서 오랫동안 고심했고 자료의 사용 방법론에 대해 자유로운 토론을 하고자 아예 자료를 온라인에 공개하고 있다. 실증연구 부분에는 자신뿐 아니라 동료들의 공동연구가 걸려 있어서인지, 결과물을 매우 민감하게 지켜내려는 태도와 자신감을 보이고 있다. 이와 대조적으로 피케티는 자본세를 주장한 자신의 이론 부분이나 미래 예측에 대해서는 매우 겸허한 자세를 취하며 자신이 틀릴 수 있다는 가능성을 열어놓고 있다. 끝날 것 같지 않았던 『파이낸셜타임스』 논란은 이렇게 결말이 났고, 현재는 불평등의 추세는 인정하되 불평등을 자본과 연결지어 담론화하는 것이 타당한지로 담론의 무게중심이 바뀌고 있다. 또한 비판의 방식도 대결론을 내리기보다는, 저서의 문제점을 국소적으로 집중하여 논하는 식으로 세련되어지고 있다. 영국의 보수적 경제 주간지 『이코노미스트』 또한 피케티를 비판할 때 '따라서 피케티는 틀렸다'는 식의 성급한 비약은 신중하도록 권하고 있다.

『파이낸셜타임스』 논란은 주어진 조건 안에서 피케티가 더 일관성 있게 자료를 다루었다는 점을 보여주지만, 더 중요한 시사점은 그 논란만큼이나 부의 불평등에 대한 정보가 턱없이 부족하다는 사실이다. 자본세를 도입할지 말지를 논하기 이전에, 최소한 민주주의의 알 권리를 보장하기 위해서라도 불평등의 정도가 어떻게 변화하고 있는지를 체계적으로 모니터링하고 연구할 수 있는 정보의 확보와 그에 대한 투명성이 필요하다고 피케티는 강조한다. 그는 『파이낸셜타임스』와 같은 세계적 수준의 경제 전문

매체조차 현재의 불평등 수치에 대해 제대로 된 인식을 하지 못하고 있다는 점은 안타까운 일이라고 말한다. 최상위층의 재산 내역은 『포브스』 같은 잡지에 의존해야만 하는 상황을 지적하며 피케티는 IMF나 세계은행 같은 곳에서 각국의 정부와 공조하여 불평등에 관한 자료를 체계적으로 쌓아나가서 좀더 정확한 데이터를 기반으로 정책논의가 이루어져야 한다고 주장한다.

강화되는 세습자본주의와 그 안에서 심화되는 불평등은 능력에 기반을 둔 민주주의를 위협하므로, 그 변화에 대해 최소한 정확히 알 권리가 있다. 이러한 피케티의 실제적 요구를 반박할 수 있을까? 피케티는 초부유층의 부에 관한 통계자료를 체계화하고 정보의 투명성을 보장해서 정확한 자료에 기반한 사회과학적 연구가 이루어질 수 있어야 한다고 제언한다. 자본세를 논하기에 앞서, 불평등의 정확한 모습에 대해 알 수 있는 권리를 보장하는 것이 심도 있는 논의를 위해 반드시 필요하다는 것에 이견을 달기는 어려워 보인다. 이미 존재하는 관련 자료에 대한 투명한 정보 공개 요구는 자본 담론을 위해 필요한 권리장전의 성격을 지니게 될 것으로 예상되며, 자본주의와 민주주의의 조율을 시도하는 이러한 알 권리에 대한 요구는 점차적으로 정치권에서 고려할 만한 의제로 인식될 것이다.

크루그먼이 자신의 두 번째 칼럼에서 비로소 관련 내용을 분석하며 예상했듯이, 『파이낸셜타임스』가 제기한 통계 조작 논란은 그 드라마틱한 결말과는 상관없이 일부 칼럼니스트들에 의해 그들이 "알고 있는" 사실인 것처럼 피케티 공격의 "충실한" 근거로 활용되었다(『뉴욕타임스』, 2014. 5. 30).[13] 한국에서도 한동안 통계 조작 논란이 떠돌아다니면서 이를 근거로 활용하더니, '아니면 말고' 식으로 어느새 사라졌다. 토론의 수준을 높이려는 모든 이에게는 매우 난감한 일이다.

제 4 장

디턴의 『위대한 탈출』과
관련한 논의들

프린스턴대 우드로윌슨스쿨의 백전노장 경제학자 앵거스 디턴An-
gus Deaton의 저서 『위대한 탈출』이 한국에 출간되었다.(한국경제신
문, 2014) 이는 불평등이 어떻게 성장을 촉발시켰는가에 관한 책
으로 소개되고 있다. 역작이며, 필자 역시 경제사를 공부하면서
디턴의 논문과 그의 저서 『위대한 탈출』을 먼저 접했고 나중에 피
케티의 논문과 『21세기 자본』을 읽었다. 그런데 『위대한 탈출』의
한국어판 표지에 '피케티 vs 디턴'으로 광고가 되어 있어 다소 의
아했다(『한국경제』, 2014. 9. 12).[1] 그 문구만 들여다보면 자칫 디턴
의 『위대한 탈출』이 피케티의 『21세기 자본』과 대립 구도에 있으
며, 독자에게 둘 중 하나는 맞고 하나는 틀리다는 인식을 심어줄
수 있기 때문이다.

필자의 생각은 다르다. 자본주의에 대해 폭넓게 이해하고자 하는 독자라면, 두 책을 모두 접해보기를 권한다. 그리고 두 책을 함께 읽어보면 『위대한 탈출』과 『21세기 자본』은 어느 한 쪽이 옳고 다른 쪽은 그른 대체적인 책이 아니라 서로 보완적이라는 점을 쉽게 파악할 수 있다. 피케티가 연구하는 선진국 자본주의에서 심화되는 불평등에 대해 읽으며 다소 침울해졌을 때, 디턴의 저서를 통해 잠시나마 기분을 전환할 수도 있을 것이다. 자본주의의 강점인 성장과 더불어 우리는 우리의 선조들보다 더 건강해졌다. 지금 이 순간에도 기아와 질병으로부터 탈출하고 있는 세계인들이 있다는 사실은 분명 어느 정도 위안이 된다. 더 중요하게는 『위대한 탈출』을 통해 디턴이 (초부유층에 초점을 맞춘) 피케티의 연구를 어떻게 받아들이는지를 정통 주류경제학자의 시각에서 객관적으로 읽어볼 수 있는데, 여기서도 '피케티 vs 디턴' 구도는 적절한 설정이 아니라는 점을 단번에 알 수 있다.

디턴의 저서 『위대한 탈출』 제5장은 자본주의 선진국에서 진행되고 있는 불평등을 다루고 있어 피케티의 주제와 겹치는 부분이다. 디턴은 피케티의 연구를 직접적으로 언급하고 관련된 논의에 관한 자신의 생각을 밝힌다(『위대한 탈출』, 230~244쪽). 디턴은 피케티(와 사에즈)의 연구를 언급하면서 노동시장과 자본시장, 정치에서 무슨 일이 발생했는지 이해하는 일의 엄청난 중요성 때문에 그들의 연구 자료를 마지막까지 아껴두었다고 밝힌다. '상위소득 점유율 변화' 연구의 중요성을 시사한 것이다. 디턴은 부자에 대한 "배아픔"은 쓸모가 없음을 시사하는 파레토법칙*에 강한 애착을 보여온 정통 주류경제학자들의 시각을 포괄적으로 소개하고는, 또 한 명의 정통 주류경제학자로서 그들과는 다르게, 파레토법칙이 말하지 않는 초부유층의 사회포획 현상(금권정치로 번역되어 있다)을 논의하기 시작한다. 그리고 이에 대한 역사적 근거, 현재의 세태 그리고 자신의 우려를 표명한다.

이는 디턴이 정통 주류경제학자들과 대조적으로 피케티와 공감대를 형성하는 대목이고 바로 디턴이 그렇게 직접 설명하고 있다. 그런데 우리는 왜 '피케티 vs 디턴' 구도로 디턴을 접하게 되는 것일까? 디턴이 초부유층의 사회포획 현상에 대해 오랫동안 우려해왔다는 점을 인지한다면 그리고 선진국에서 진행되는 불평등에 관하여 디턴이 피케티 연구에 대해 내리는 높은 평가의 의미를 이해한다면, '피케티 vs 디턴'의 구도는 부적절하다. 아니면, 적어도 디턴이 자신의 저서에서 피케티의 연구를 매우 높게 평가하고 있다는 점을 밝혀주는 것이 두 저서의 관계 분석으로서 공정하지 않을까?

이들이 대결구도에 서게 된 근거는 아마도 성장과 불평등의 역사에 관해 디턴은 글로벌 불평등이 절대적인 수준에서 평평해지고 있다는 점을 보여주고, 피케티는 국가별 불평등이 상대적인 수준에서 심화되었다고 말하기 때문일 것이다. 디턴은 경제성장

● 파레토법칙으로 불리는 개념이 두 가지 있다. 디턴이 여기서 말하는 파레토법칙은 파레토 개선Pareto improvement을 의미하며, 이는 부자가 돈을 더 버는 게 타인에게 해를 끼친 것은 아니므로 괜히 배 아파하지 말라고 시사한다. 디턴은 이러한 주장이 간과하는 문제점을 책에서 상세히 논의했고, 이는 제7장에서 파레토법칙으로 혼용되어 불리는 파레토 분포와 함께 소개했다.

을 통해서 인류가 죽음과 기아로부터 어떻게 탈출할 수 있었는지를 절대적 수치들로 보여주며 이러한 성장이 행복과도 상관관계가 깊다는 점을 효과적으로 나타낸다. 한편 피케티는 그러한 따라잡기 성장이 끝나고 저성장 체제로 접어드는 자본주의 국가들에서 소수 부유층으로 부가 편중되고 불평등이 심화되는 현실을 보여준다. 하지만 이 둘은 모순되지 않으며 실제로 둘 다 진행 중에 있음을 관심 있는 독자라면 누구나 이해할 수 있다. '피케티 vs 디턴' 구도에 대해서 디턴은 "각자 다른 것을 썼을 뿐입니다. 피케티는 부에 대해서, 저는 건강과 소득에 대해 썼습니다"라고 답한다(『한국경제』, 2014. 9. 17).[2] 방한 시 피케티 역시 어느 기자의 같은 질문에 대해 두 저서가 왜 그렇게 틀지어졌는지 이해할 수 없는 일이라고 답했다. 이에 대한 논의는 다음 장에서 다시 조명하겠다.

분명 디턴과 피케티의 이론은 독자들이 택일해야 하는 지식 체계가 아니며, 상호보완적이므로 둘 다 접해보는 것이 바람직하다. 그렇더라도, 두 저서에서 같은 내용에 관한 의견 차이를 확인할 수 있는 부분은 없을까? 저성장 체제로 접어든 선진국에 관한 연구는 피케티의 책에 주로 상세하게 쓰여 있지만 디턴의 책 제5장에서도 다뤄진다. 그렇다면 이와 관련해 피케티와 대립 구도에 놓여버린 디턴은 선진국에서 심화되고 있는 불평등에 대해서 어떠한 분석을 내렸을까? 심화되는 불평등도 성장을 촉발시킨다거나, 아니 최소한 유해하지는 않다고 말할까? 불평등에 대해 호의적인 디턴의 시각에서, 현재의 불평등은 어느 정도일까? 디턴은 이렇게 답한다.

> 미국의 경우 현재와 같은 극단적인 소득과 부는 100년 이상 본
> 적이 없다. 부의 엄청난 집중 현상은 성장을 가능하게 하는 창
> 조적 파괴의 숨통을 막아 민주주의와 성장의 기반을 약화시킬
> 수 있다. 그만한 불평등은 앞선 탈주자들이 뒤에 남겨진 탈출
> 경로를 막도록 장려할 수 있다(『위대한 탈출』, 352쪽).

창조적 파괴란 시장경제의 핵심인 기업가정신을 통해 시장질
서가 끊임없이 탈바꿈하면서 혁신하는 과정을 일컫는다. 디턴은
불평등의 정도가 지금의 미국처럼 심각하다면, 불평등이 성장을
촉발시키는 것이 아니라 오히려 그 "숨통을 막는다"고 매우 과격
하게 표현하면서 심대한 우려를 나타냈다. 그는 오랫동안 초부유
층의 사회포획 현상을 염려해왔다. 피케티와 디턴이 한목소리로
우려하는 이 현상은 단지 현재의 정치적 문제일 뿐 아니라 앞으
로의 성장까지 가로막을 수 있는 경제적 문제로 인식되고 있다
디턴의 표현대로, 현재의 미국이 겪는 극심한 불평등이 성장까지
저해할 정도라면, 이는 피케티나 디턴뿐만 아니라 자유방임 시장
체제를 수호하고 싶어하는 보수진영에서 실은 더 걱정해야 할 문
제다. 이미 언급했듯이, 시장체제의 수호자 역할을 하는 IMF의
총재가 전 세계 CEO, 정치인, 언론사 대표가 모인 다보스 연례회
의에서 부의 심각한 편중을 알리고 변화를 촉구할 정도다. 기업
가정신의 숨통까지 막을 정도의 불평등이라면, 시장체제의 정당

성 또한 급격히 훼손될 수 있는 것이다.

이제, '피케티 vs 디턴'이라는 대립 구도가 어디떤 부분에서 성립하는지를 찾아보자. 우선 디턴은 피케티에 비해서 불평등의 순기능을 높이 평가한다. 불평등은 경제성장의 유인이고 성장의 원동력이다. 불평등에는 성장을 촉발시키는 순기능이 분명히 있고, 불평등 자체가 성장의 결과이기도 하다. 디턴은 경제를 성장시키고 삶을 개선시켜 많은 이들을 기아와 죽음으로부터 탈출시킨 것은 바로 불평등이라고 본다. 피케티 역시 불평등이 자본주의의 성장을 위한 인센티브로써 필요하다는 점에 동의한다. 그러나 피케티의 방점은 '하지만 극심한 불평등은 성장을 위해서도 필요하지 않다'는 데 있다. 그러면 이 두 학자의 접점은 어디일까? '미국과 같은 극심한 불평등이 창조적 파괴의 숨통까지 끊을 수 있다'는 언급으로 볼 때 디턴 역시 미국과 같은 정도의 극심한 불평등은 성장을 위해서 필요하지 않다고 생각하는 것으로 보인다. 한국의 경우는 어떨까? 김낙년 교수의 연구에 따르면, 한국의 소득불평등은 1990년대까지는 유럽·일본형의 비교적 낮은 소득집중도를 유지해오다가 최근 급속히 영미형으로 접근하고 있으며 현재에는 그 중간 위치에 있다(김낙년, 2012. 9).[3]

디턴과 피케티는 선진국에서 진행되는 극심한 불평등과 초부유층의 금권적 포획을 함께 우려한다. 하지만 이에 대한 해법에서 정도의 차이를 보인다. 피케티는 매우 누진적인 세제를 주장하는 반면, 디턴은 지금보다는 누진적이어야 하지만 피케티가 주장하는 매우 누진적인 세제로의 개편에는 반대한다.

저는 부자들에게 더 많은 세금을 걷는 것에 찬성하지만 피케티의 주장에 동의하진 않습니다. 피케티의 숫자(세율)를 보면 아주 높은 세금을 별로 많지 않은 소득에 부과합니다. 그의 주장대로라면 저는 연금의 50퍼센트를 매년 세금으로 내야 합니다(『한국경제』, 2014. 9. 17).[4]

필자 역시 디턴의 의견에 일정 부분 공감하며, 구체적인 세율을 어떻게 누진적으로 정해나갈지는 민주적 토론의 과정을 거쳐서 정할 일이다. 피케티 역시 국가별 민주적 토론을 권장한다. 조세피난처 등으로 자본이 도피하는 현상을 막기 위한 제언으로 그는 국제공조를 이야기했고, 구체적으로 어느 정도의 누진세율을 적용할지는 각 국가가 민주적 토론과정을 거쳐서 정할 일이라고 말했다(『블룸버그』, 2014. 6. 13).[5] 증여나 상속에서 초부유층의 포획 현상이 흔하게 관찰되는 한국의 경우, 세율의 변화를 논하기에 앞서 정해진 세율을 무의미하게 만드는 제도의 허점이나 지나친 공제부터 보완해나가야 한다고 생각한다.

두 책을 모두 접한 하버드대의 경제학자 케네스 로고프Kenneth Rogoff는 대표적인 보수진영 경제학자인데, 그는 『21세기 자본』에 대한 서평에서 다음과 같이 균형 잡힌 촌평으로 두 저서에 대한 비교를 마친다. "최상위 0.1퍼센트의 부자들이 더 많은 세금을 내야 하는 것은 맞지만 그와 동시에 전 세계적 불평등을 줄이는 데 있어서 자본주의가 지난 30년간 놀라운 성과를 내었다는 사실을 잊지 맙시다(로고프, 2014. 5. 8)."[6] 첨언하자면, 자본주의는 그 이전의 30년(1945~1975) 동안에는 지난 30년보다도 더 놀랄 만한 성장을 거두었고, 누진세율의 도입과 함께 불평등은 역사적 최저점을 기록했다. 이는 피케티가 자주 언급하는 경제사의 한 기간에 있었던 일이다. 결국 그가 생각하는 자본주의의 대안은 자본주의인 것이다.

필자와의 서신(2014. 9. 25, 10. 11)에서 디턴 교수는 피케티의 저서와 자신의 저서는 상호보완적이며 자신의 어떠한 주장도 피케티의 저서와 모순되지 않는다고 밝히면서 자신은 피케티의 연구에 반대하지 않는다고 답했다. 피케티의 연구를 정통 주류경제학자의 시각에서 살펴보기 위해서라도, 필자는 독자들이 디턴의 『위대한 탈출』 역시 일독하기를 권한다.

제5장
피케티 관련 국내 언론 보도의 오해와 진실

한국 언론에 투영된 피케티

필자는 이 책을 집필하면서『조선일보』『중앙일보』『동아일보』『연합뉴스』『한겨레』『매일경제』『한국경제』에 실린 피케티의 인터뷰 및 칼럼을 자주 인용했다. 특히 이 장에서는 몇 가지 칼럼을 집중적으로 분석했다. 이 과정에서 느낀 점은,『조선일보』『중앙일보』『동아일보』는 중도 보수의 입장에서 피케티의 생각을 독자에게 중립적으로 전달했다는 느낌을 받았다.『연합뉴스』는 분석보다는 사실 전달 위주의 기사들이 보였고, 조세피난처에 관한 내용 등 좀더 폭넓은 기사들을 접할 수 있어서 좋았다.

　『한겨레』는 방한 시 피케티에 관한 날카로운 질문들이 눈에 띄었고(『한겨레』, 2014. 9. 21),[1] 이후에는 한국 자료에 관한 기사 한 편이 눈에 들어왔다. 국세청의 2012년 기준 자본소득 100분위 자료가 최초로 공개되었다는 단독기사였는데, 대표적인 자본소득인 배당소득과 이자소득 중 상위 1퍼센트의 몫은 배당소득의 72퍼센트, 이자소득의 45퍼센트에 이른다는 내용이었고 이는 피케티가 저서에서 중요시하는 부의 불평등에 관한 한국 사회의 단면을 자본소득의 불평등을 통해 엿볼 수 있는 자료다(『한겨레』, 2014. 10. 8).[2]

『매일경제』는 피케티를 심층 취재하며 다양한 의견을 낸 매체다. 피케티 열풍 초기에는 '성장으로 불평등을 해결할 수 있다'는 등 피케티 저서의 취지와는 다른 방향의 기사제목이 우려스럽게 눈에 띄었지만, 피케티 방한을 주도한 매체답게 피케티에 관한 중립적인 평가를 시도하며 비판적이지만 다양한 시각의 기사를 꾸준히 써내고 있어서 읽어볼 거리가 많다. 피케티에 대한 비판적인 글들은 독자들이 더 깊게 생각할 수 있게 도와주므로 필요하다고 생각한다.

『한국경제』는 피케티와 관련하여 틀을 짓자면, 영국의『파이낸셜타임스』보다는 미국의『포브스』와 비슷하다는 느낌을 받았다. 영국의『파이낸셜타임스』는 피케티를 비판하지만, 미국의『포브스』는 주로 비난을 하는 느낌이 행간에서 읽힌다. 비판적 근거를 가지고 비판을 하는지 아니면 논리적 비약을 감수하고서라도 단정적 결론을 내리는지에 둘의 차이가 있을 것이다. 논조를 통해서도 비판과 비난의 차이를 느낄 수 있다.

『한국경제』는 회사 실적이나 합병 등에 관한 분석 기사들에 관해서는 빠르고 탁월하여 필자가 즐겨보던 신문인데, 앞서 제4장에서 자세히 분석하였듯이 유독 피케티와 관련한 기사들은 비난에 가까운 편향적 색채를 강하게 띠었다. 이렇듯, 시장체제를 지지하는 보수진영 안에서도 온도차이가 분명히 있다는 점을 명확히 인지할 필요가 있다.

피케티에 관한 오해 풀기

피케티의 저서가 일종의 패닉을 불러일으킨 만큼, 피케티라는 인물이나 사상에 대한 오해도 많아 보인다. 『월스트리트저널』이 비꼬았듯이, 책은 열풍을 불러일으키며 베스트셀러 반열에 올랐지만 실제로 읽은 독자의 비율은 그에 미치지 못한다. 따라서 책에 이미 나와 있는 내용이라도 독자가 지나친 부분들이 있을 수 있다. 불평등이라는 사안은 워낙 정치적이기 때문에 누구나 이에 대해 강한 의견을 가지고 있다고 피케티는 말한다. 그만큼 오해도 커질 수 있다. 어떠한 오해들이 있을까? 피케티가 저술한 모든 내용에 동의할 필요는 없지만, 진솔한 논의를 위해 오해는 풀고 갈 필요가 있다. 이 장에서는, 피케티 방한에 즈음하여 언론이나 강연에 투영된 내용들을 중심으로 오해를 풀어보았다. 그 과정에서 부에 대한 피케티의 인식, 자본/소득 비율에 대한 그릇된 해석, 자본주의에 대한 피케티의 생각, 교육을 통해 해소될 수 있는 불평등과 그렇지 못한 부분, 현실적으로 지속가능한 성장의 개념 등을 함께 다루겠다.

- 피케티는 부, 자본, 돈 혹은 개인의 재산권에 대해 부정적인 시각을 가지고 있는가? 자본에 세금을 매기고 부자에게 부유세를 걷자는 것을 보면, 부를 부정적으로 보는 것이 아닌가?

전혀 그렇지 않다. 피케티는 다음과 같이 말했다.

자본 축적이 더 필요한 것은 한국뿐만 아니라 프랑스, 다른 선진국도 마찬가지다. 어디나 자본 축적은 필요하다. 나는 자본 축적을 지지하는 사람이다. 자본을 아주 좋아한다. 자본은 성장을 위해 아주 유용하다. 자본은 더 많아야 한다. 하지만 그 부는 중산층에서 나와야 한다. 중산층과 하위층에 의해 자본이 축적되는 것이 아주 중요하다. 자본 축적을 위해 부의 불평등이 극단까지 가서는 안 된다는 것이다(『조선비즈』, 2014. 9. 19).[3]

이상의 인터뷰 내용을 그의 책에서 오해를 받곤 하는 자본/소득 비율과 연결하여 해석해보자.

『21세기 자본』에서 가장 많이 알려진 그래프를 꼽으라면 지난 2세기에 걸친 선진국의 자본/소득 비율의 변화 그래프일 것이다. 자본/소득 비율은 한 국가가 1년 동안 벌어들인 국민소득과 대비하여 그해까지 쌓여 있는 자본총량의 규모가 그해에 어느 정도인지를 비율로 나타내주는 그래프다. 비율이기 때문에 시간을 넘나들며 비교를 하더라도 물가 등의 시계열 변화로부터 자유롭게, 한 사회에서 자본이 차지하는 중요성을 측정할 수 있는 유용한 방법이다. 피케티는 이를 베타β라고 칭한다. 도표 5.1을 보면 20세기 초 프랑스의 β는 7에 근접했고 두 차례 세계대전을 겪으면서 역사적 최저점을 기록했다. 1945~1975년 전후 '영광의 30년' 동안 뚜렷한 회복세를 보이지 못하다가, 1980년 이후 다시 꾸준히 상승하여 β는 현재 6의 수치에 이르렀다.

쉽게 오해가 쌓이는 지점이 바로 여기인데, β의 변화가 불평등의 변화와 그 궤적을 같이하다 보니 β를 낮춰서 불평등을 완화시켜야 한다고 잘못 생각할 수 있다. 자본이 불평등을 불러일으킨 요인이므로 자본이나 자본의 축적이 좋지 않은 것이라 오해하는 것이다. 물론 피케티가 실증했듯이 자본 소유의 불평등은 노동소득의 불평등보다 언제나 더 극심한 경향을 보였다. 따라서 β의 값이 높아진 사회에서는, 자본 소유의 불평등이 그만큼 심대하고 중요할 개연성이 매우 높다. 하지만 이때 매우 주의해서 이해할 점은, 그렇다고 β를 낮추는 것이 올바른 해결 방안은 아니라는 점이다. 신문을 보면, 정책전문가들도 피케티를 해석하면서 β를 낮춰서 불평등을 완화해야 한다고 진단하기도 한다. β가 낮을 때 부의 불평등이 낮았고, β가 높을 때 부의 불평등이 높았기 때문에 충분히 그렇게 생각할 수 있다. 하지만 이러한 해석은 피케티의 생각과 다르다. 좀더 분석해보자.

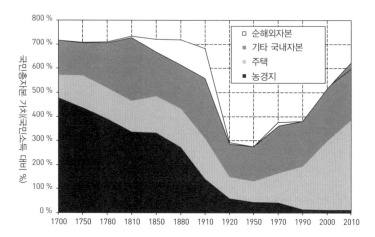

도표 5.1. 프랑스의 자본, 1700~2010 [●]

국민총자본 가치(국민소득 대비 %)

800 %
700 %
600 %
500 %
400 %
300 %
200 %
100 %
0 %

1700 1750 1780 1810 1850 1880 1910 1920 1950 1970 1990 2000 2010

□ 순해외자본
■ 기타 국내자본
░ 주택
■ 농경지

1910년 프랑스의 총자본은 국민소득의 거의 7배에 해당된다(한 해 국민소득과 맞먹는 해외투자 포함).

출처 및 통계: piketty.pse.ens.fr/capital21c

피케티는 자본 소유로 인한 자본소득의 불평등이 노동소득의 불평등에 대비해서 다시 중요해지고 있다는 경향성을 보여주고자, β의 반등을 부각시켰다. 하지만 β의 수치만으로는 그 사회가 얼마나 심한 자본 소유의 불평등을 겪고 있는지 알 수 없다. β라는 수치에 내재한 자본 소유의 불평등을 시각적으로 나타내기 위해서 피케티는 『21세기 자본』 제10장에서 상위 1퍼센트 및 10퍼센트가 소유하는 부의 몫을 제시했다.

위에 인용했듯 피케티는 방한 시 인터뷰에서 한국뿐만 아니라 다른 선진국에서도 자본 축적은 더 필요하다고 말했다. 다른

● 토마 피케티, 『21세기 자본』, 143쪽.

모든 조건이 같을 때, β 자체가 높은 것은 좋은 것이고 더 필요하다고 말하는 것이다. 왜 그럴까? 피케티가 정의하는 자본은 경제학에서 사용하는 부wealth와 거의 같은 개념으로 봐도 무방하다. 피케티는 한 사회가 축적한 부의 규모가 클수록 좋다고 파악하는 것이다. 당연하지 않은가? 다만, 그 부는 중산층에서 나와야 한다고 말한다. 예를 들어 같은 정도의 β 수치를 보이는 두 사회라고 할지라도, 자본의 축적이 초부유층에 의해 주도되어 부의 불평등이 극심한 사회가 있는 반면 상대적으로 중산층과 하위층에 의해서도 자본이 축적되는 사회가 있을 수 있다. β가 커지는 것은 좋지만, β를 키운다는 명목으로 부의 편중을 용인하는 방향으로 정책이 편향되어서는 안 된다는 것이 피케티의 생각이다. 피케티는 누진적 자본세가 이러한 부의 편중을 점차적으로 해소시켜줄 수 있는 해결책이라고 말한다. 피케티가 인식하는 문제는 β의 크기가 아니라 그 안에서 심화되어온 부의 편중이다.

정리해보면, $β = \dfrac{\text{자본총량}}{\text{한 해 국민소득}}$ 이다. β의 윗변인 자본총량, 즉 국부를 누가 얼마나 소유하느냐에 따라 그 사회 안에서 부의 불평등이 비로소 윤곽을 드러낸다. β가 낮은 사회라도 소수가 대부분의 자본을 점유하고 있다면, 그 사회가 경험하는 부의 불평등도는 높을 것이다. β가 높은 사회라도 다수가 좀더 골고루 자본을 소유하고 있다면, 부의 불평등도가 낮을 뿐 아니라 사회 구성원이 향유하는 부는 더욱 풍성할 수 있을 것이다. 따라서 정책은 β를 낮추거나 부의 축적을 방해하는 방향으로 논의될 것이 아니라, 부가 소수에게 편중되기 보다는 중산층에 쌓일 수 있는 방향으로 논의될 필요가 있다.

혹자는 한 사람의 부는 그의 능력으로 쌓은 것이니 남이 정책적으로 왈가왈부해서는 안 된다는 의견을 제기할 수도 있을 것이다. 그러나 한 개인이 국가의 국민임을 감안하면, 개인의 부의 축적과 그 국가의 경제제도와의 관계를 재고해볼 필요가 있다.

국부의 소유는 어떻게 결정되어왔을까? 부의 소유는 한편으로는 능력에 따라서, 시장경쟁을 통해서, 증여나 상속에 의해서 분배되고 쌓여왔다. 하지만 다른 한편으로는 세율에 대한 역사적, 정치적 합의에 따라 결정되어왔다는 것이 피케티가 던지는 핵심 메시지다. 대다수의 시민이 조세제도의 변화에 합의함으로써 국부의 분배를 점진적으로 바꾸어나갈 수 있는 지점이 존재하는 것이다. 피케티는 말했다.

나는 총체적인 부의 축적이 줄어들기를 원하는 게 아니다. 자본축적은 좋다고 생각한다. 우리에게는 자본과 건물, 설비가 필요하다. 이런 것들은 유용하다. 다만, 성장하기 위한 유일한 방법으로서 국부의 더욱 더 큰 몫을 소수의 지배층이 가져야 한다는 보수적 관점은 내가 제시한 경험적, 이론적 증거와 부합하지 않는다(『한겨레』, 2014. 9. 21).[4]

피케티는 국내에서 이루어진 첫 강연 서두에서, 책을 집필하면서 소득의 불평등에 대한 관심을 부의 불평등에 대한 관심으로 확장시키는 것을 가장 중요한 목표로 했다고 전했다. β에서 밑변인 국민소득에 해당되는 소득세 이야기만 하다 보면, 윗변인 국부에 쌓여가는 부의 불평등은 간과된다. 시장경쟁이나 상속을 통해 축적된 부는 당연히 인정하더라도, 세율의 변화를 통해 부의 체계적인 편중을 교정해나가자는 것이 피케티의 주장이다. 불평등의 경제사를 고찰함으로써 민주적 방법으로 세율을 다시 누진적으로 바꾸어나갈 수 있다는 사실을 자각하자는 것이다.

하지만 현실에서 이러한 합의가 설령 이루어진다 하더라도, 기존 입법자들이 만들어놓은 제도의 허점을 이용하여 국부가 조세피난처로 유출되거나 편법적 증여 등이 이루어짐으로써 민주적 합의점들이 훼손되기도 한다. 참고로 글로벌 컨설팅 기업 매킨지에서 수석 이코노미스트를 역임한 제임스 헨리는 1970년대부터 2010년까지 한국에서 해외의 조세피난처로 이전된 자산이 7790억 달러(한화 약 888조 원)로 세계 3위 규모라고 밝혔다(『연합뉴스』, 2012. 7. 24).[5] 선진국의 자료가 체계적으로 누락되는 경향이 있기 때문에 필자는 위의 랭킹을 있는 그대로 받아들이지는 않는다. 하지만 그렇다 해도 한국 정부가 조세피난처에 숨겨진 국부로부터 정당하게 받아낼 수 있는 세수는 상당할 것으로 생각된다.

한국에서 초부유층의 사회포획 현상은 증여나 상속에서 흔히 관찰되고 있다. 몇 년 전 가업을 승계하려는 어느 재벌 3세가 윤리경영을 위해 법에서 정한대로 증여세를 내겠다고 선언하여 화제가 된 적이 있다. 이는 부의 정당성을 확보하기 위해 바람직한 일이다. 하지만 그런 선언이 뉴스로 다루어진다는 사실 자체가 막대한 부의 증여나 상속 과정에서 여러 편법이 자행되는 것을 당연한 것으로 여기는 현실을 방증한다. 이러한 우려는 보수 진영이나 정부에서도 공감하기 시작한 것으로 보이며, 최근 판례를 보면 의미 있는 변화도 관찰되고 있다. 한국에서는 세율을 논하기에 앞서, 이런 현실적 문제에 대한 공감대를 형성하고 증여나 상속 과정에서 나타나는 사회포획 현상을 엄단하면서 제도의 허점을 보완하는 일이 필요할 것이다.

부는 풍성할수록 좋다고 피케티는 말한다. 그는 "사회적 불평등이 정당화될 수 있다면 이를 비난할 근거는 없다"고 밝혔다. 굳이 나누자면 우파적 분위기까지 풍긴다는 분석이다(『매일경제』, 2014. 9. 4).[6] 제대로 된 시장체제를 위해서라도, 부의 정당성을 확보하는 작업이 필요하다. 그렇지 않을 경우 심화되는 불평등은 지속적인 의제가 될 것으로 보인다. 소수가 부를 독점한다고 성장이 나아진다는 근거는 없다. 부의 정당성이 약화될수록 부의 불평등을 완화하자는 피케티의 주장은 그만큼 설득력을 얻을 수밖에 없다.

• 피케티는 모든 불평등이 부의 편중 때문이라고 주장하는가?

사실이 아니다. 피케티는 저서를 통해 소득의 불평등에서 부의 불평등으로 대중의 관심을 넓히고자 했다. 21세기에 19세기와 같은 부익부의 동학이 재현될 수 있다는 점을 강조하다 보니, 마치 부의 불평등으로 노동소득의 불평등까지 설명한다고 오해

하는 경우가 생기기도 한다. 충분히 그럴 수 있다. 하지만 피케티
는 자본 소유로 인한 불평등과 노동소득으로 인한 불평등을 개
별적으로 파악하고 있으며, 책의 제9장에서 노동소득의 불평등
을 독립적으로 다룬다. 노동소득이 불평등한 원인에 대해서도 기
술의 변화나 세계화 등의 정설을 다룰 뿐만 아니라 이러한 요인만
으로는 설명이 되지 않는 1980년 이후의 미국 노동시장을 분석한
다. 이 부분에서 역시 기술의 변화나 세계화만으로는 설명이 되지
않는 부분이 있다. 이에 대해서도 그는 부의 불평등 때문이라고
해석하지 않고 역진적인 세제 안에서 슈퍼경영자의 연봉이 폭발적
으로 증가했기 때문이라는 해석을 내놓는다. 아래는 피케티 방한
시 세계지식포럼 토론에 참가했던 논객의 칼럼인데, 밑줄 부분에
서 피케티의 주장에 대해 오해가 있어 보이므로 살펴보자.

> 피케티는 소득에 비해 부가 매우 급속도로 증가하고 있으며 소
> 수에게 집중된 것이 소득불평등의 원인이라고 주장한다. 앞으
> 로 최상위 계층이 가진 부의 증가와 집중은 더욱더 진행될 것
> 이기 때문에 부에서 창출되는 소득의 크기가 커질수록 소득분
> 배는 더욱 악화될 것이라고도 전망한다. 그러나 부의 크기만으
> 로 소득불평등의 악화를 설명하는 데에는 무리가 있다. 미국은
> 소득이 가장 불평등하게 분배되는 나라 중 하나임에도 불구하
> 고 피케티 책에 따르면 다른 선진국에 비해 부가 훨씬 적게 증
> 가했다. 미국의 소득분배가 악화된 가장 중요한 원인은 부의
> 차등적 소유에서 나오는 불평등 때문이 아니라 노동소득이 불

평등하기 때문이라는 것이 정설이다. 한국도 1997년 외환위기 이후 소득분배가 급격히 악화되고 있다. 과연 한국의 소득분배 악화는 피케티 이론에 의해 얼마나 잘 설명될 수 있는가. 한국도 1997년 외환위기를 계기로 많은 기업이 부도를 겪었고 부동산 가치도 급락한 바 있다. 결국 한국의 경우 부의 크기가 급속히 감소한 시점에 소득분배가 악화되기 시작했다는 점에서 부를 통해 창출되는 소득이 소득분배 악화의 원인이라고 보기는 어려워 보인다(『매일경제』, 2014. 10. 6).[7]

위 칼럼의 첫 번째 밑줄 부분을 읽다 보면, 마치 피케티가 미국의 소득불평등을 부의 차등적 소유에서 나오는 불평등 때문으로 진단한 것처럼 보인다. 하지만 이는 사실이 아니다. 피케티는 책에서 미국의 소득불평등을 노동소득의 불평등으로 설명하는 데 제9장의 많은 부분을 할애하면서, 위 기사에서 언급한 정설만으로는 충분히 설명되지 않는 최상위층 노동소득의 폭발적 증가가 역진적 세제와 슈퍼경영자들의 협상력 증가 때문이라고 상세히 분석한다. 구체적으로 말하면, 『21세기 자본』 제9장에서 피케티는 도표 9.1을 시작으로 유럽에 비해 미국에서는 최저임금이 정체되어왔음을 설명하고, 이에 반해 1980년 이후 미국 노동시장에서 슈퍼경영자들의 연봉이 폭등하고 그들의 협상력이 증대했음을 논하면서 이것이 한계생산성 이론과 교육과 기술 간의 경주 이론만으로는 설명되지 않는다는 점을 지적한다. 이러한 연봉의 폭등은 정설로 여겨지던 기술의 변화나 세계화만으로는 충분히 설명이 안 되는데, 그 근거로 세계화를 경험한 유럽과 일본의 경영자들은 미국의 슈퍼경영자와 달리 연봉의 폭등을 경험하지 않았음을 도표 9.5와 도표 9.6에서 대조시켜 보여준다. 이 도표는 잠시 후 고등교육에 대한 오해를 풀면서 소개하겠다. 미국의 노동시장에 대한 피케티의 분석을 읽어보면 그가 부의 동학만으로 모든 것을 설명하지 않는다는 점을 분명하게 알 수 있다(『21세기 자본』, 372~385쪽). 미국의 노동시장 분석에 대한 피케티의 연구는 중요하다. 예를 들어, 『위대한 탈출』 제5장에서 저자 디턴은 피케티(와 사에즈)의 미국 연구를 소개하는데, 피케티의 연구가 미국의 노동시장에서 어떤 일이 일어났는지를 분석하는 데 매우 중요하다는 점을 부각시킨다. 즉 피케티는 미국의 소득불평등을 이해하기 위해 노동소득의 불평등을 집중적으로 분석했다. 그런 면에서 피케티가 마치 부의 증가가 미국 불평등의 원인이라 주장한 것처럼 소개한 위 칼럼은 커다란 오해의 여지를 남긴다.

안 그래도 최근에 이러한 오해가 미국에서도 불거졌는데, 이를 제6장의 빌 게이츠, 『워싱턴포스트』, 『포브스』, 저스틴 울퍼스 섹션에서 중점적으로 다루었다. 『워싱턴포스트』는 피케티가 책에서 설명했듯이 미국의 불평등은 부의 동학 때문이 아니라 슈퍼경영자들의 노동소득이 폭발적으로 늘어난 것에 기인했다는 점을 다시 한 번 해설했다. 또한 세습자본주의에 대한 피케티의 경고는 현재가 아닌 미래에 대한 예측이라는 점을 분명하게 짚었다(『워싱턴포스트』, 2014. 10. 15).[8]

피케티는 미국에서 β의 크기 및 증가가 유럽에 비해 낮았다고 설명한다. 미국의 β는 유럽보다 낮은 수준에서 오랫동안 안정되었고, 자본과 소득의 안정적 비율이 교과서에서 다루어질 정도라고 언급한다. 미국의 β는 2010년 기준 4 정도로 유럽 국가인 프랑스나 영국의 β 수치(6~7)보다 중요도가 낮다. 자본의 중요도는 미국이 유럽보다 상대적으로 떨어지지만, β의 윗변인 자본총량에서 상위 1퍼센트와 10퍼센트가 차지하는 부의 불평등이 미국에서 서서히 증가하고 있음을 보여준다. 피케티의 공동연구자인 사에즈와 가브리엘 주커먼Gabriel Zucman은 미국에서 서서히 시작되는 부의 편중이 노동소득의 불평등이 부의 불평등으로 이른바 쌓여서 침착되는 석회화calcification 과정이라고 밝힌다. 즉, 미국에서 불평등을 주도했던 노동소득의 불평등이 침착되어 부의 불평등으로 이어지고 있다는 최근 연구결과를 내놓은 것이다(사에즈와 주커먼, 2014. 10).[9]

분명 앞의 칼럼에서 첫 번째 밑줄 부분의 해석은 독자들로 하여금 미국에 대한 피케티의 분석을 오해하게끔 할 수 있다. 또한 칼럼니스트의 의견인 두 번째 밑줄 부분에 대해서도 재고할 필요가 있다고 생각한다. 피케티가 한국을 직접 분석하지는 않았지만 과연 그가 밑줄 친 주장에 반대할까? 『워싱턴포스트』가 지적하였듯이, 피케티는 지난 세대 동안 심화된 불평등을 분석하면서 부익부를 주요 원인으로 지목하지 않았다. 대신 그는 심화되는 노동소득의 불평등과 함께 부의 불평등 역시 점차적으로 중요해지고 있고 갈수록 더 중요해질 개연성이 매우 높다고 주장하였다. 방한 전 피케티는 필자에게 한국의 자료를 요청하면서 역사적 자본 축적의 결과인 β보다는 α의 변화 즉 매년 새롭게 벌어들이는 국민소득에서 자본(기업)이 가져가는 몫의 변화에 더 큰 관심을 보였다. 『21세기 자본』개정판에 한국이 포함된다고 하니, 그때 한국과 관련한 피케티의 주장을 직접 확인할 수 있을 것으로 생각된다.

두 번째 밑줄이 언급한 소득불평등의 원인과 관련하여, 피케티의 책이 제시하는 적절한 논점은 무엇일까? 주류경제학은 1980년 이후의 소득불평등의 원인으로 세계화와 기술의 변화를 지목하였는데, 피케티는 이에 더하여 역진적 세율로의 변화와 기업가의 협상력 증가에 따른 노동소득의 격차에 주목하였다. 책의 취지와 더 부합하는 논의는, 피케티가 노동시장을 분석한 내용이 외환위기 이후 우리나라의 소득불평등에도 적용될 수 있는 개념인지를 따져보고 비판하는 작업일 것이다.

심화되고 있는 현재의 소득불평등이 앞으로 어떠한 경로에 의해 부의 편중으로 변모할 개연성이 있는지 궁금하다면, 앞서 언급한 사에즈와 주커먼의 연구 결과가 유용할 수 있다. 피케티가 주장하는 대로 부익부의 동학이 현실화된다고 하더라도, 이러한 시나리오는 현재 심화되는 소득불평등이 21세기에 걸쳐 부의 불평등으로 발현될 수 있는 현상이라는 것이 피케티의 주장에 대한 바른 해석이다. 그의 주장에 반박하는 것과 그의 주장을 잘못 이해하는 것은 전혀 다른 일인 것이다. 이제 실증적인 추이를 파악하기 위해 김낙년 교수의 연구를 살펴보자. 그는 피케티와 마찬가지 방법으로 소득세 자료를 기반으로 파레토 보간interpolation

방식을 활용하여 상위소득층의 소득 변화를 파악했고, 이를 통해서 가계조사에 기반을 둔 지니계수가 상위소득층의 부를 체계적으로 누락시키는 문제점을 극복했다. 그의 연구에 기반해 한국의 소득불평등˙을 보면 1970~1990년대에는 빠른 성장을 이룩하면서도 소득 분배에서도 비교적 양호한 성과를 거두었다. 이는 성장이 높을 때 소득불평등이 완화되는 경향성이 있다는 피케티의 주장과도 부합한다. 위의 칼럼이 언급한 외환위기 이후의 시점에는 소득불평등이 급속히 높아졌고, 최상위층으로 갈수록 소득 비중이 더 빨리 늘어났다. 김낙년 교수의 연구는 1990년대까지는 유럽–일본형의 비교적 낮은 소득집중도를 유지해오던 한국이 최근 급속히 영국–미국형으로 접근하고 있으며 현재에는 그 중간의 위치에 있다는 점을 실증했다(김낙년, 2012. 9).[10] 이 연구는 한국 소득불평등의 패턴을 추정 및 실증한 것인데, 이러한 연구를 촉진시키기 위해서 불평등의 정도를 더 정확하게 모니터링할 수 있는 정보의 투명화가 이루어져야 한다. 이러한 실증자료는 불평등에 대한 민주적 토론의 시작점이다.

IMF 위기 이후 한국에서 국민들의 소득불평등은 왜 급격히 심화되었을까? 위의 연구와는 독립적인 내용인데, 김낙년 교수는 소득불평등의 원인을 다음과 같이 진단한다. "중국 등 저임금 국가와의 교역 확대를 포함한 세계화 심화가 고용을 줄였고 숙련편향적 기술변화를 가속화하면서 근로자 간의 소득 격차도 확대시

˙ 김낙년 교수는 '소득집중도'로 표현했지만 피케티의 저서와 일관성을 나타내기 위해 이 책에서는 '소득불평등'으로 표기한다.

켰다. IMF 외환위기 이후 기업지배구조 변화와 성과주의 보수체계의 확산도 소득 격차의 확대를 불러왔다. 특히 상층 소득자에게 유리한 방향으로 세율구조가 변화된 점도 이를 가속화시켰다. 소득세법에 규정되어 있는 최고 세율 추이를 보면 1960~1970년대 빠르게 상승하여 70퍼센트까지 갔다가 이후 지속적으로 하락하여 최근에는 그 절반으로 내려갔다(『조선일보』, 2014. 7. 14)."[11] 정리해보면 기술의 변화, 세계화, 역진적 세율 변화가 국내 노동시장의 구조변화와 더불어 소득불평등의 원인으로 작용했다는 진단이다.

이러한 점들이 원인으로 확진되었다고 가정해보자. 이중 민주적 토론을 통해 바꿀 수 있는 부분은 실효세율의 변화다. 기술의 변화나 세계화는 그렇게 진단되었다고 해서 한 나라의 정치가 바꿀 수 있는 영역이 아니다. 이는 어느 정도 주어진 것, 대처해야 할 영역으로 보는 것이 적절하다고 생각한다. 기술의 변화에 대한 대책으로 피케티는 고등교육의 중요성을 언급하는데, 이는 교육에 대한 논의에서 상세히 다루겠다. 피케티는 기술의 변화와 세계화를 경제의 흐름으로 받아들인다. 단지 세계화의 혜택을 소수가 아닌 좀더 다수가 공유하도록 포용적 정책을 구사해야 하고, 그럼으로써 사회가 이러한 변화에 저항하기보다는 유연하게 대처할 수 있다는 생각이다.

그럼에도 불구하고, 경제의 개방성을 유지하고 보호주의적이며 국수적인 반발을 피하면서 민주주의가 자본주의에 대한 통제

력을 되찾고 공동의 이익이 사적인 이익에 앞서도록 보장할 수
있는 방법들이 없는 것은 아니다. 나는 역사적 경험에서 이끌
어낸 교훈들에 바탕을 두고 이러한 방향으로 나아가기 위한 정
책들을 제언할 것이며, 바로 그런 이야기가 이 책의 줄거리를
이룰 것이다(피케티, 『21세기 자본』, 8쪽).

피케티는 왜 누진적 세율이 경제의 하부단계에서 이러한 역
할을 가장 합리적으로 수행할 수 있다고 생각하는 것일까? 예를
들어보자. 세계화는 국가 간 고용의 경쟁뿐만 아니라 국가 간 자
유무역협정Free Trade Agreement을 촉진시킨다. FTA의 목적은 양국
간 경제의 파이를 키우자는 것인데, 협정의 혜택을 소수가 아닌
다수가 공유하고 경제적 피해집단을 포용하는 정책을 구사한다
면 협정과정에서의 반발도 줄일 수 있을 것이다. 하지만, 잠재적
혜택의 크기와 보상을 협정마다 측정하는 수학적 공식 따위는 없
으며 설령 만든다고 하더라도 작위적일 수 있기 때문에 그 과정
에서 또 다른 반발을 불러일으킬 수 있다. 피케티가 말하는 누진
세제는 생산단계의 노동운동을 지원하는 것도 아니고 세계화에
서 피해를 입는 구성원에게 작위적인 보조금을 지원하지도 않는
다. 하지만 효과적인 누진세율은 생산단계에서 발생하는 극심한
불평등을 분배단계에서 해소시켜주는 데에 유용하고, 경제사적
인 근거가 충분하며, 시장체제에 활력을 불어넣어줄 수 있다. 이
는 결과적으로 부에 대한 정당성까지 확보해줄 수 있다.
　　이제 한국 불평등의 원인을 좀더 구체적으로 진단해보자.

한국의 불평등은 많은 기업이 도산하고 부동산 가치가 하락한 외환위기를 기점으로 심화되었다. 이때 기업들은 비정규직 체제를 적극 도입함으로써 생산단계에서 기업의 이익을 제고했고 정부에서도 이를 지원해주었다. 재벌 시스템은 IMF의 예상을 깰 정도로 빠른 회복세를 보였으며 부동산 가격 역시 시차를 두고 반등했다. 외환위기 이전과 무엇이 달라졌을까? 기업소득은 빠른 회복세를 보인 반면 가계소득은 이후 지속적으로 기업소득과 격차를 보이며 악화되었다. 그런데 이 두 현상은 밀접히 연관되어 있다.

> 외환위기 이후, 가계와 기업 간 소득불균형의 한 축을 구성하는 기업소득 호조는 기업의 소득 창출 능력보다는 기업이 창출한 부가가치의 가계 환류 부진이나 조세·준조세 요인에 주로 기인하는 것으로 나타난다 (…) 2000년 이후 기업소득 호조는 가계소득 부진과 동전의 양면과 같은 관계를 가지므로, 기업소득 호조나 가계소득 부진이라는 각각의 개별적 현상보다는 가계·기업 간 불균형이란 전체 그림에서 초점을 맞출 필요가 있다(강두용·이상호, 『산업연구원』, 2012. 12월, 9쪽).[12]

외환위기를 기점으로 시작된 가계와 기업 간 소득의 불균형이 소득불평등의 핵심 양상으로 진단되는 것이다. 기업소득의 증가와 가계소득의 하락이 궤를 같이하면서 가계 부문의 소득불평등이 심화된 것인데, 기업소득은 추후 배당소득의 형태로 바뀌어 결국 자본소득이 되며 배당소득으로 바뀌지 않더라도 사내에 유보되어 자본의 축적을 가능하게 한다. 이러한 맥락에서, 우리나라에서도 노동소득의 불평등은 자본 소유의 불평등으로 이어지는 경향을 보이고 있다. 외환위기 이전처럼 기업소득과 노동소득이 함께 늘어나는 경향을 보였다면, 기업소득이 쌓이는 것은 지금처럼 정책이나 정치권에서 문제로 대두되지 않았을 것이다. 산업연구원의 보고서에 따르면, 외환위기 이후 가계의 몰락은 친기업적인 정책의 결과와 궤를 같이하였다.

그렇더라도, 만약 기업자본을 다수가 소유하고 있다면 기업소득은 배당소득이나 주식가치의 형태로 다수에게 환원될 수 있을 것이다. 즉 기업소득이 불평등을 심화시키는 것은 기업자본의 소유가 소수에게 편중되어 있는 경우인데, 그럴 경우 노동소득의 불평등뿐만 아니라 자본소득의 불평등까지 동시에 심화시키는 결과를 초래한다. 위의 보고서에 따르면, 외환위기 이후 한국에서는 기업의 소득 창출 능력이 늘어나서 기업소득이 향상되었다기보다는, 주어진 소득에서 기업이 가져가는 몫이 가계가 가져가는 몫보다 커지면서 결과적으로 노동소득의 불평등이 심화되었다. 이에 더해서 기업소득이 소수에 의해 소유되었다면, 자본 소유의 불평등과 자본소득의 불평등이 함께 심화되는 결과를 낳았다고 봐야 한다. 가계와 기업 간 불균형 현상은 이렇듯 노동소득의 불평등과 함께 부의 불평등을 동시에 심화시키는 특징이 있다. 그 정도를 가늠해보려면, 기업소득이 흘러들어가는 자본이 소수에 의해 소유되고 있는지 아닌지를 따져볼 필요가 있다.

한국에서 기업자본의 소유와 자본소득은 극소수에게 편중

되어 있다. 최근 국세청의 2012년 기준 자본소득 100분위 자료가 최초로 공개되었는데, 대표적인 자본소득인 배당소득과 이자소득 중 상위 1퍼센트의 몫은 전체 배당소득의 72퍼센트, 전체 이자소득의 45퍼센트에 이른다(『한겨레』, 2014. 10. 8).[13] 전체 배당소득의 72퍼센트를 상위 1퍼센트가 차지한다는 수치는 실로 엄청난 자본소득의 편중이 아닐 수 없다. 기업소득은 배당되지 않을 경우 회사 내에 사내유보금의 형태로 쌓여서 자본의 축적을 가능하게 해주고 추후에 자본소득으로 이어진다.

상위 1퍼센트 안에서도 재벌가문은 특별하다. 부동산에 치중된 자산구조를 가진 중상위층·중산층과 달리, 재벌가문의 부는 자사주식이라는 자본 소유의 형태를 취하고 있으므로 기업소득은 재벌가문의 부가 증가하는 데 핵심적인 역할을 한다. 배당소득을 늘리면, 재벌가문이 배당받는 현금도 늘지만 다른 투자자들이 가져가는 배당금도 늘어난다. 반면에 기업소득을 사내유보금으로 쌓아놓으면, 굳이 배당소득으로 현금화하지 않더라도 부의 축적은 이루어지며 재벌가문이 모든 의사결정을 할 수 있는 재벌 시스템 안에 100퍼센트 보존할 수 있다는 추가적인 장점이 있다. 물론 사내유보금은 미래에 발생할 수 있는 대규모 투자를 감행하기 위해서 많은 금액이라도 정당한 목적으로 쌓아둘 수 있다.

재벌가 입장에서는 배당을 결정하는 데 있어서, 사회적으로 물의를 일으키지 않는 수준에서 재벌가문과 이해관계자들에게 배당이 몰릴 수 있는 방향으로 계열사 내 배당정책을 결정하는 것이 효율적일 수 있다. 피케티는 방한 시 필자와의 면담에서 한국 재벌들이 자사주식의 형태로 소유하고 있는 금융재산의 비중과 구성에 깊은 관심을 보였다.

> 한국거래소 자료를 보면, 재벌 총수 등 최대주주와 특수관계인 (법인 일부 포함)이 보유하고 있는 주식 수(유가증권시장 상장 주식 기준)는 21억여 주로, 전체 주식 수의 47퍼센트에 이른다. 총수 일가들이 배당을 할 여력이 있는 대기업의 주식을 많이 들고 있다는 뜻이다. 여기에 비상장 계열사에서 나오는 배당금과 투자 목적 보유 주식에서 발생한 배당금까지 포함하면, 재벌가의 (자본)소득 비중은 더 불어난다(『한겨레』, 2014. 10. 8).[14]

한국의 소득불평등이 가계와 기업의 소득 간 불균형으로 특징지어지는 만큼, 기업소득과 자본의 축적은 한국에서 소득불평등을 이해하는 데 필수적이라는 것이 필자의 생각이다. 재벌 시스템이 생산단계에서 차지하는 비중이 심대한 만큼, 특히 재벌가문이 차지하는 부의 비중이 1990년대 이후 어떻게 변모했는지를 백분율과 상관없이 독립적으로 연구할 필요가 있다. 피케티는 저서에서 '사회표social tables'를 언급했는데 재벌가문 부의 연구 역시 사회표 연구의 일종으로 구분할 수 있을 것이다(피케티, 『21세기 자본』, 325쪽). 생산단계의 기업지배구조 측면에서 재벌을 바라보는 동시에 초부유층으로서 재벌을 바라볼 필요가 있는 것이다.

이는 그동안 언론에서 자주 이야기하던 생산경제에서 재벌 시스템이 차지하는 경제력 비중과는 다른 개념이다.

생산단계의 재벌 시스템이 외국의 타 기업과 경쟁에서 우위를 점하면 수출에서 해당 재벌 시스템의 경제력 비중이 높아질 수 있다. 물론 장기적으로는 한 사회가 특정 기업에 의존할수록 잠재적 위험은 높아지겠지만 기업이 성과를 내는 것은 그 자체로는 바람직한 현상이다. 정부의 인위적인 환율 정책으로 인한 설정이 아니라는 전제가 붙는다면, 수출의 증가를 문제라고 볼 수는 없으며 당연히 성취로 여길 수 있다. 여기서, 재벌 시스템의 성과와 재벌가문의 부의 축적을 독립적 현상으로 바라보고 각각 연구할 필요가 생긴다. 피케티의 책과 연관 지어 볼 때에도, 분배단계에서 재벌가문이 기업소득을 주식의 가치상승이나 자본소득의 형태로 축적하는 정도의 변화가 최상위권에서 부의 편중을 연구하는 데 적절할 것으로 생각된다. 한국의 재벌은 경영권을 승계·세습하는 구조이기 때문에, 길지 않은 자본주의의 역사에도 불구하고 다른 나라에서는 잡히지 않는 상속자본의 동학이 존재할 개연성이 매우 크며, 이는 가계와 기업 간 불균형이라는 특징으로도 발현되고 있다.

피케티는 저서에서 많은 기업이 도산하고 부동산 가치가 하락한 미국의 대공황 및 그 이후의 시기를 언급한다. 이 시기의 미국 경제사를 많은 기업이 도산하고 부동산 가치가 하락한 한국의 외환위기와 비교하고 싶어질 수 있는데, 유의할 점이 있다. 적어도 불평등에 대한 정책을 고찰하는 데 있어서 두 경제 위기는 비교가 아닌 대조가 적절하다는 점이다. 둘의 차이점이 중요하다. 미국은 대공황의 충격을 겪으면서 불황 타개의 일환으로 사회복지를 개선하는 방향으로 나아갔고 소득의 환류를 위해서 몰수에 가깝다고 느껴질 만한 높은 누진세율을 도입했다. 이를 50년 가까이 유지했지만, 성장은 멈추지 않았고 미국은 약진했다. 반면 한국은 외환위기 이후 생산단계에서 발생하는 소득의 불평등을 분배단계에서라도 잡아줄 수 있는 자본세나 누진세의 도입이 없었다는 점에서 미 대공황 이후의 누진적인 정책과 대조된다. 그 당시는 국민의정부가 집권한 시기였는데, 외환위기를 극복하는 데 도움이 되지 않는다는 이유로 금융소득종합과세의 시행을 유보하고, 1998년 말부터는 세수 확보를 위해 이자소득세율을 역진적으로 변경했다. "금융소득종합과세 유보는 IMF 구제금융 이후 고금리체제하에서 부유층이 톡톡히 재미를 봤다는 점에서 계층 간 과세불평등을 더욱 부채질하는 결과를 낳았다(『동아일보』, 1999. 7. 6)."[15] 외환위기를 겪으면서 역진적 세율조치로 일관한 한국의 정책은 미국과 뚜렷한 대조를 보이며, 누진세율을 적용할 경우 성장이 멈출 것이라고 단정하는 최근의 사설들은 좀더 구체적인 주장의 근거를 제시할 필요가 있다.

· 자본주의를 문제 삼는다면 피케티는 사회주의자 혹은 공산주의자가 아닌가?

전혀 그렇지 않다. 피케티는 공산주의에 대해서 매우 부정적이다. 그는 공산주의가 붕괴되고서 여러 차례 동구권을 여행할 때 "어쩌면 저렇게 바보스러울 정도로 비효율적인 시스템을 만들었는지 궁금했다"고 언급했다. 그리고 "당시 사람들이 아마도 극도의 불평등과 자본주의를 두려워했기 때문이 아닌가 생각했다"며 "그러나 당시 사람들은 잘못된 해결책을 내놨다"고 덧붙였다(『연합뉴스』, 2014. 9. 20).[16] 방한 시 필자와 가졌던 면담에서도 피케티는 공산주의 국가인 북한이 마치 평등을 지향하는 국가인 것처럼 위선을 보이지만, 정치엘리트와 나머지 인민 간의 불평등은 극심할 것이라고 가차 없이 비판했다. 피케티가 공산주의 및 그 실패한 잔재를 배격하는 것은 분명하다.

• 피케티는 자본주의를 부정하고 있지 않은가?

전혀 그렇지 않다. 피케티는 말했다.

나는 세계화를 믿고, 시장경제와 사유재산을 믿는다. 무엇보다 개인의 자유를 믿는다. 다만 과도한 부의 불평등은 부의 이동을 감소시키고 일부 계층에 권력이 집중되도록 해 민주주의를 방해한다는 점에서 경계한다(『동아일보』, 2014. 9. 20).[17]

피케티가 생각하는 자본주의의 대안은 자본주의다. 부자감세가 대대적으로 시행된 1980년 이후의 자본주의에서는 성장도 낮았고 불평등은 심화되었다. 피케티는 그 이전의 30년(1945~

1975) 기간에 주목한다. 당시 선진국들의 성장은 그 이후보다 더 높았을 뿐 아니라 불평등은 역사적 최저점이었다는 사실을 언급하며 그는 당시의 조세정책은 어느 시기보다도 누진적이었지만, 자본주의나 성장의 힘이 약화되지 않았다는 점을 강조한다. 피케티는 "미국에서 소득세나 상속세 최고세율이 50년 동안 80퍼센트일 때가 있었는데, 그때 미국 자본주의가 약해지진 않았다"고 말했다(MBC 뉴스, 2014. 9. 19).[18] 피케티는 자본주의가 민주주의를 훼손시키는 것을 막고, 민주주의가 자본주의를 통제해야 한다고 생각한다. 그리고 그 과정에서 시장체제를 중시한다. 국내 강연 후 가진 질의응답에서 한 여학생이 질문했다. 건강한 자본주의를 실현하려면 건강한 민주주의가 필요한데, 민주주의가 자본의 영향을 받고 있는 상황이라면 어떻게 해야 하느냐는 질문에 그는 "과거에는 불합리가 볼셰비키와 같은 혁명, 세계대전 등 충격적인 사건들을 거치며 해결되곤 했는데 지금은 아니다. 토론을 통해 민주적 제도를 재창조해야 한다"라고 답했다(『조선일보』, 2014. 9. 22).[19]

그렇다면 민주주의와 자본주의의 조율이 정말 가능할까? 피케티는 가능하다고 생각한다.

강력한 민주적 금융기관과 강력한 교육기관 그리고 소득과 부의 투명성을 가진다면 가능하다. 그를 위한 소득세와 부유세의 누진세는 단순한 조세가 아니라 소득과 부에 대한 투명성을 담보하는 의미가 있다는 점을 강조하고 싶다. 한국과 같은 나라에서 부유세를 누진세로 부과한다면 낮은 세율이라고 하더라도 저소득층부터 중산층 그리고 부유층까지 포함한 모든 사회계급이 어떻게 살아가고 있는지에 대한 민주적 정보를 얻을 수 있다고 생각하고, 이를 통해 모든 사회계급이 이득을 얻게 조세균형 정책을 변화시킬 지혜를 얻을 수 있다(『중앙일보』, 2014. 9. 24).[20]

심화되는 불평등과 강화되는 세습자본주의는 능력에 기반을 둔 민주주의를 위협하므로, 따라서 이에 대해 최소한 정확히 알 권리가 있다는 피케티의 실제적 요구를 반박할 수 있을까? 자본주의와 민주주의의 조율을 시도하는 이러한 알 권리에 대한 요구는 점차 정치권에서 고려할 만한 의제로 인식될 것이다. 또한 세습자본주의는 민주주의뿐 아니라 시장체제의 강점인 기회의 균등을 침해한다는 점에서도 세습 성향에 대한 경계는 시장체제를 중시하는 보수진영 역시 공감할 만한 사안이다.

· 피케티는 교육이 중요하다고 강조하던데, 그렇다면 누진적 자본세를 고려하는 대신 교육의 확대로 불평등을 해소하면 될 것 아닌가?

사실이 아니다. 고등교육은 소득의 불평등을 장기적으로 해소할 수 있는 가장 효과적인 방법이지만 부의 불평등하고는 직접적인 관계가 없다. 아래 기사를 살펴보자.

피케티 교수는 부의 불평등을 해소하기 위한 방안으로 교육 기회 확대를 강조했다. 그는 "한국에서 교육이 경제성장에 기여한 바가 컸지만 지금은 경제협력개발기구OECD 회원국 중 사교육비 지출이 가장 높은 국가 중 하나로 교육에서 불평등이 심화하고 있다"며 "공교육을 확대해 양질의 교육을 받기 어려운 하위 계층에도 기회를 줘야 한다"고 말했다(『동아일보』, 2014. 9. 20).[21]

기사에는 실리지 않았지만 피케티는 양질의 교육에 대한 접근성이 부모의 소득과 상관관계를 보이는 경향이 있다고 설명했고, 이를 극복할 방안으로 위와 같이 언급했다. 기사에서는 교육기회의 확대를 부의 불평등을 해소하기 위한 방안으로 보았으나, 오해를 없애기 위해 첨언하면 피케티는 소득의 불평등을 해소하기 위한 방안으로 교육을 강조한다. 교육은 부의 축적보다는 소득의 증가와 직접적으로 관련이 깊다.

피케티는 미국 하버드대에 다니는 자녀를 둔 부모들의 평균 소득이 미국의 소득 상위 2퍼센트 계층에 해당한다는 점을 언급한다. 물론 그 이하의 소득층에서도 자녀들을 하버드에 보내지만 그 비중이 낮고, 이는 곧 교육에 대한 접근성이 오직 능력에 따라 결정된다고 보기 어려운 현실을 반영한다. 이는 사립대인 하버드대의 높은 학비만이 아니라, 하버드대에 합격할 만한 자질을 준비하는 과정에서 발생하는 격차를 의미하는 것이다. 피케티의 관점에서 보면 한국의 학부모들이 무리를 해서라도 사교육비를 지출하는 현실 역시 하버드대의 자료에서 관찰되는 현상과 무관하지 않을 듯하다. 필자의 생각을 보충하면, 부모의 소득은 소득 수준이나 사교육비 지출 통계에 잡히지는 않지만 자녀들의 하버드대 입학에 긍정적인 영향을 실제로 끼쳤을 수 있는 숨은 변수들—인맥이나 정보, 기타 교육 등—과도 상관관계가 있을 수 있다. 자식을 위해 배려하고 싶은 마음에 부모가 무리를 하여 상위 2퍼센트에 상응하는 사교육비를 지출한다고 해서 원하는 결과에 한 발 더 다가갈 것이라는 믿음에도 다소 주의가 필요하다.

피케티는 왜 (고등)교육을 중시하는 것일까? 교육, 지식, 기술의 확산, 특히 생산성에 대한 아이디어의 확산은 장기적 시각에서 노동의 생산성을 증대시켜주고 불평등을 완화시켜주는 주요한 동인이며, 신흥경제국들이 경험하는 따라잡기 성장이 이를 잘 대변한다고 피케티는 말한다. 생산성을 향상시켜주는 교육이야말로 장기적으로는 실질임금을 5배나 10배로 높일 수 있는 방법이기 때문이다. 교육을 한 개인의 입장에서 다시 생각해보자. 사회의 불평등 분포도 안에서 살아가는 개인에게 교육은 어떤 중요성이 있을까? 한국의 학부형들은 이미 잘 알고 있을 것이다. 피케티는 경제 현실과 마주한 한 개인이 그리고 사회의 구성원들이 교육을 통해서 소득을 높이고 격차를 줄여나갈 수 있다고 파악한다.

이를 논의하면서 그는 하버드대 경제학자 클라우디아 골딘 Claudia Goldin과 로런스 카츠Lawrence Katz의 연구를 일정 부분 수용한다(Goldin & Katz, 2010).[22]

기술의 진보는 혁신이 얼마나 빠른 속도로 이루어지고 실행되는지에 달려 있다. 기술의 진보는 새로운 기능에 대한 수요를 증대시키고 새로운 직업을 창출한다. 여기서 교육과 기술 간의 경주라는 개념이 도출된다. 기능의 공급이 그 수요와 같은 속도로 증가하지 않으면 충분한 고등교육을 받지 못한 집단들은 소득이 낮아질 것이고 저평가되는 직업으로 밀려나며 그리하여 노동 관련 불평등이 심화될 것이다. 이런 문제를 피하려면 교육제도가 새로운 유형의 교육과 그 교육 결과로서의 새로운 기능들을 충분히 빠른 속도로 공급해야 한다. 더 나아가 불평등을 줄이려면 새로운 기능의 공급이 훨씬 더 빠른 속도로 늘어나야 하는데, 특히 교육을 가장 덜 받은 사람들의 경우 더욱 그러하다(『21세기 자본』, 367쪽).

장기간의 불평등을 연구한 피케티는 그의 책에서 기술의 변화와 교육 그리고 노동시장의 수요와 공급으로 소득의 불평등을 설명한 대표적 연구로서 장기간 실증적 데이터에 기반을 둔 골딘과 카츠의 연구를 소개했다.

연구에 따르면 기술의 변화는 불평등을 가늠하는 주요 요인 중 하나다. 기술 변화는 변화의 요구에 부합하여 새로운 기능을 교육받은 집단을 선호한다. 골딘과 카츠의 연구는 다양한 직업군을 대상으로 했기 때문에, 여기서 말하는 기능은 이과대나 공과대생의 지식으로 한정되지 않는다. 골딘과 카츠는 대학 졸업생 수의 증가가 처음으로 멈춘 1980년대에 임금 격차가 다시 벌어지기 시작했다는 점을 들어 고등교육에 많이 투자해야 한다는 결론을 내렸고 피케티 역시 이와 일관되게 교육의 중요성을 강조한다. 그런데, 기술과 교육의 경주에서 학력의 인플레이션이 발생한다. 부모 세대에서는 어느 고등학교를 나왔느냐가 중요했다면, 자녀 세대에는 어느 대학 또는 대학원을 다녔느냐가 중요해진 것이다.

오해를 피하기 위해 말하자면 피케티, 골딘, 카츠는 교육을 논하면서 마이클 스펜스Michael Spence와 조지프 스티글리츠Joseph Stiglitz가 1990년대에 논증했던, 졸업장이 중요하다는 시그널링sig-nalling•으로서의 교육 효과보다는, 교육과정을 통해서 그에 걸맞은 지식이나 기능을 실질적으로 습득한다는 전제하에 논의를 진행하고 있다. 학위 자료를 매개로 논의하긴 하지만 이야기의 골자는 기술의 변화에 대처할 수 있는 지식과 기능을 체득하는 것이 중요하다는 것이다. 우리는 학교를 중퇴하고도 창업에 성공한 IT 기업가들의 이야기를 종종 접하는데, 그들은 분명 학위를 받지 않았다뿐이지 기술의 변화를 읽어내고 필요한 기능을 익히면서 관련 분야를 혁신해온 인물이다.

여기서 또 한 가지의 오해를 풀 수 있는데, 피케티는 평등주의자라기보다는 현실주의자라는 점이다. 혹자는 피케티가 평등의 메신저로서, 마치 분배만 잘 한다면 대부분의 문제가 해결될 것처럼 생각한다고 오해하거나 아니면 그렇게 치부한다. 상대방의

• 구직자는 고등학력을 취득함으로써 고용주에게 자신의 능력에 대하여 신호를 보낼 수 있고, 고용주는 교육과정 자체보다는 학력과 능력의 상관관계를 예상해 더 높은 봉급을 줄 것이라는 이론이다.

논리를 공격하기 쉽게 설정하여 논쟁하는 허수아비 논증의 오류인데, 피케티는 결코 설정된 허수아비처럼 생각하지 않는다. 그는 세계화와 기술의 변화를 경제사의 맥락에서 깊이 이해하고 있으며, 자본주의의 경쟁과 시장체제를 매우 존중한다. 거듭 말하지만 어떤 면에서는 거의 우파에 가까울 정도다. 소외되어가는 노동자에 대한 연민을 가지며 최저임금도 더 올라야 한다고 말하지만, 시장의 룰과 경쟁력을 중시한다. 그는 궁극적으로 임금불평등을 줄이기 위해 가장 좋은 방법은 교육과 기술에 투자하는 것이라고 말한다. "장기적으로 보면 최저임금과 임금제도를 도입한다고 임금을 5배나 10배로 높이진 못한다. 그러한 수준의 진전을 이루기 위해서는 교육과 기술의 역할이 결정적이다(『21세기 자본』, 376쪽)." 피케티는 이와 같은 맥락에서 고등교육의 중요성과 공공의 접근성을 중시하는 것이다.

주류경제학자들이 말하듯이 피케티 또한 세계화와 기술의 변화가 지난 30년간 불평등을 심화시킨 요인이었다는 점을 인정한다. 일부 보수진영에서는 피케티가 세계화와 기술의 변화를 고려하지 않았다고 잘못 해석하는 경향이 있는데 이 역시 오해다. 피케티는 그러한 변화에 대처하는 불평등의 장기적인 해결책으로 교육의 중요성을 강조하고 있으며, 교육과 기술 간의 경주라는 개념을 일정 부분 수용한다. 그런데 왜 일정 부분만 수용하는 것일까? 그는 세계화와 기술 변화의 요인만으로는 현재 진행되는 불평등의 정도를 충분히 설명할 수 없다고 본다. 이 부분에 대한 그의 추가적인 설명이 노동소득의 불평등과 관련하여 피케티가 공헌하는 새로운 부분이다.

주류가 이야기하는 노동시장의 분석과 난점을 보충적으로 살펴보자. 주류경제학에서는 지난 세대 동안 증가한 소득불평등을 설명하려는 다양한 연구가 진행되고 있는데, 이러한 연구는 노동소득의 불평등에 대한 원인 진단뿐만 아니라 거시 정책에 시사점을 제공할 수 있다. 예를 들면 MIT의 경제학 교수 데이비드 오토David Autor는 중산층이 감소한 이유로 일자리 양극화 이론을 말한다(『파이낸셜타임스』, 2014. 8. 28).[23] 그는 지난 세대 동안 노동소득에서 중산층의 몫이 줄어든 이유로 그들의 업무 성격이 일상적routine이라서 컴퓨터의 발달과 자동화로 대체 가능했기 때문이라고 말하며, 편향적인 기술의 변화과정에 중산층이 적절히 대처하지 못했다고 지적한다. 반면에 기술의 변화로 대체 가능하지 않은 추상적 업무를 필요로 하는 일자리 종사자는 고소득층을 형성하고, 그와 동시에 호텔 방 청소와 같이 대체가 어렵고 손이 가는 저소득 직급의 일자리 역시 그 수요가 줄어들지 않아 저소득층을 형성한다는 이론이다. 이 이론은 2010년 논문 발표 이후 정책 결정에 영향력을 끼쳐왔다. 다변화되는 노동시장의 수요와 공급으로 노동소득의 불평등을 설명하는 또 다른 이론으로 볼 수 있다.

그런데, 미 워싱턴에 소재한 경제정책연구소Economic Policy Institute(비영리 씽크탱크)의 원장 로런스 미셸Lawrence Mishel은 오토의 일자리 양극화 이론의 한계를 지적하면서, 이 이론이 실증적인 데이터와 부합하지 않는다는 점을 비판한다. 그는 지난 미 연방준비은행The Federal Reserve Bank의 잭슨 홀Jackson Hole 미팅(2014. 8. 22)에서 오토 역시 이를 인정했다고 언급한다(미셸, 2014. 8. 22).**24** 잭슨 홀 미팅에서 미 연방준비은행 의장인 재닛 옐런Janet Yellen은 2008년 이후의 대침체The Great Recession 시기에 경기순환 요소와 더불어 그 이전부터 진행된 일자리 양극화와 베이비부머들의 고령화가 동시에 진행되면서, 실업률 하나만으로 고용상황을 평가하는 데는 어려움이 있다고 토로했다. 노동시장의 상황 및 실업률은 연방준비은행이 기준 금리를 결정하는 데 영향을 미친다. 옐런이 구조적 요소를 언급한 부분에 대해서는 반론이 만만치 않다. 미 주류경제과학자들로 둘러싸인 최고 수준의 정책 결정 과정에서도, 사회 현상에 대한 정보의 불확실성은 넘쳐난다. 정해진 법칙은 보이지 않는다. 수요와 공급의 법칙이 그나마 법칙으로 불릴 만하다는 데에는 어느 정도 동의하지만, 수요와 공급으로 사안의 방향과 정도를 충분히 설명할 수 있다는 것은 착각임을 유의해야 한다. 법칙이 예상하는 방향direction이 맞더라도 법칙이 적용되는 정도degree는 여러 요소에 의해 제한될 수 있다.

오토의 일자리 양극화론도 노동시장의 수요와 공급에 기반을 둔 이론인데, 지난 잭슨 홀 미팅에서 오토는 자신의 연구 내용을 다시 업데이트하면서 2000년 이후의 실증 데이터에서 일자리 양극화가 나타나지 않았다고 인정한다. 2000년 이후 미국의 노동시장에서 일자리는 양극화 양상으로 나아가지 않았으며, 단지 저소득 직군의 일자리만이 늘어났다. 추상적인 업무를 통해 고소득

을 얻는 상위 20퍼센트의 일자리는 늘지 않고 정체되었는데, 그럼
에도 초고소득층의 임금은 가파르게 증가했다. 숫자가 늘어난 저
소득 일자리의 임금 상승은 상위 계층에 비해 정체되었고 하위
10퍼센트의 임금은 오토의 이론이 시사하는 바와는 달리 절대적
수치에서 오히려 하락했다고 미셸은 지적한다. 일자리 양극화론
을 통해서는 노동소득의 불평등이 합리적으로 설명되지 않는 것
이다. 오토가 새로 업데이트한 내용을 보면, 교육만으로는 해소
되기 어려운 노동시장의 단면이 추가적으로 드러난다. 오토는 상
위 20퍼센트의 고소득 일자리가 정체된 현상을 설명하면서, 고등
교육을 받은 구직자들은 노동시장에 쌓이는 데 반해 그들이 받
은 교육을 효율적으로 사용할 만한 고소득 일자리의 수요는 그러
한 공급을 따라갈 정도로 증가하지 않았다고 말한다. 오토는 그
결과 고등교육을 받은 구직자들이 이러한 교육이 사실상 필요치
않은 중·저소득 직군으로 내려갔다고 파악했다. 오토의 이러한
설명이 맞다면 골딘과 카츠의 이론과는 달리 설령 대다수가 고등
교육을 받더라도 이것이 임금의 증가로 자연스럽게 이어지지 않
는 현상이 새롭게 노동시장의 문제로 떠오를 수 있는 것이다. 피
케티가 이야기하듯이, 기술의 변화와 이를 따라잡기 위한 교육만
으로 노동소득의 불평등이나 중산층의 감소를 설명하는 데 한계
가 있다는 점은 기존의 주류경제학계에서도 인식하는 사실이다.

　좀더 부연하자면, 드롱은 옐런이 언급한 구조적 요소들인
일자리 양극화 및 베이비부머들의 고령화로 사태를 설명하는 것
에 회의적이다. 그는 지난 한 세대 동안 성인 25~54세 노동인구

의 경제활동 참가율을 모니터링해오고 있는데, 한창 노동해야 할 나이의 구간에서도 지난 세대 동안 경제활동 참가율이 명확한 역 U자를 보였다는 점을 언급하며 베이비부머의 고령화로는 한창 일을 할 연령대에서 2000년대에 들어 참가율이 하락하는 부분을 설명하지 못한다는 점을 보여준다. 2008년 이후 대침체 기간에 참가율의 하락 정도는 더욱더 심화되었는데, 이는 오토의 일자리 양극화 구조론으로는 현재 노동시장의 구조를 이해하기가 더욱 어렵다는 점을 추가적으로 시사한다(드롱, 2014. 9. 5; 『파이낸셜타임스』, 2014. 8. 28).[25] 지난 세대 동안 비약적인 생산성의 증가가 있었다는 점과 이러한 주류경제학의 연구들을 살펴보면, 중산층의 능력이 기술 변화에 뒤쳐졌거나 인구가 고령화되어 소득불평등이 늘어났다는 것만으로는 심화되는 소득불평등의 '정도'를 충분히 설명할 수 없다.

피케티가 방한했을 당시 한국 언론에서는 불평등의 해소 방안으로 피케티가 고등교육정책의 공공성을 언급한 부분을 강조했는데, 이는 방향적으로 맞고 중요한 포인트다. 하지만 정책의 방향이 같다고 해소의 정도가 충족되는 것은 아니라는 점을 함께 고찰할 수 있어야 한다. 피케티에 대한 많은 오해가 이러한 '방향'과 '정도'를 냉정히 구분하지 않아 생기는 것으로 보인다. 지난 세대 동안 불평등을 심화시킨 원인을 진단하는 데 있어서도, 기술의 변화나 세계화의 결과로 불평등이 심화된 측면이 물론 있고 이는 '방향'으로 봤을 때 분명 불평등의 원인을 설명한다. 하지만, 그 두 가지 요인으로 설명되는 '정도'가 충분하지 않다는 점을 피케티는 지적하는 것이다. 교육에 관해서도 마찬가지다. 교육은 임금노동자(취업준비생)들이 세계화 그리고 특히 기술의 변화에 대처할 수 있도록 도와주지만, 피케티가 우려하는 현재의 극심한 불평등은 대중교육만으로는 해소되지 않는 부분이다. 그리고 여기서부터가 피케티의 책이 새롭게 그리고 충격적으로 공헌하는 부분이기도 하다.

피케티는 지난 30년간 심화되어온 불평등의 원인을 진단하면서 기술의 변화와 세계화 외에도 추가적 요인들을 제시했다. 그는 수익률이 성장률을 초과할 때 발현되는 부의 축적, 부유층을 환호시킨 지난 30년 동안의 부자감세, 금융시장의 탈규제화 그리고 슈퍼경영자들의 협상력 증대 등을 실증적으로 상세히 논의했다. 앞으로의 수익률이 어떻게 변할지는 아무도 모르지만, 피케티는 지난 3세기 동안 대부분의 시기에 수익률이 성장률을 초과하면서 부익부의 동학이 발현되었다는 점을 실증했고, 이에 더해 지난 30년 동안 미국 800여개 대학 기금의 높은 운용 수익률 통계를 증빙했다. 지난 30년 동안 미국의 상속세는 그 이전 시기에 비해 절반으로 떨어진 상태에서 유지되었고, 그만큼의 감세 부분은 부유층에게 추가적인 증여나 상속으로 되돌아갔다. 피케티는 이를 개인의 능력보다는 조세정책의 결과로 파악한다. 특히 미국에서 슈퍼경영자들의 연봉이 지난 30년 동안 폭발적으로 증가했는데, 이러한 현상은 교육과 기술 간의 경주 이론만으로는 설명할 수 없는 부분이라고 그는 말한다.

피케티는 경쟁의 승자가 수익을 극대화할 수 있는 시장 여건

의 변화를 세계화의 효과로 인정한다. 세계화를 경제의 큰 흐름
으로 수용하고 노동조합운동과도 일정 거리를 유지한다는 점에
서 그는 우파에 가깝다는 비판까지 받는다. 하지만 그는 세계화
가 슈퍼경영자 연봉의 폭발적 증가를 설명할 수 있는지 의문을
제기한다. 이때 피케티가 말하는 슈퍼경영자는 스티브 잡스처럼
기업가정신의 선구자 역할을 한 몇몇 입지전적 인물이 아니며, 미
국 회사들에서 고위급 임원들의 연봉이 전반적으로 폭등한 현상
을 말하는 것이다. 이는 노동시장의 수요와 공급의 법칙만으로는
설명이 안 되는 부분이라고 피케티는 말한다. 대신 그는 소득세
인하와 맞물려 회사 내 통제권을 가진 임원들이 스스로의 임금협
상력을 키운 점에 주목했다. 세계화만으로는 이러한 연봉의 폭발
이 설명되지 않는다는 논의의 근거는 무엇일까? 피케티는 책에서
두 도표를 통해 최근 30년간 선진국들의 소득 변화를 비교한다.

　도표 5.2는 영미권 국가들에서 1980년대 이후 총소득에서
상위 1퍼센트가 차지하는 몫이 증가했음을 보여주는데, 증가의
폭은 영미권 국가들 내에서도 편차가 있다. 피케티의 실증에서 더
욱 주목할 만한 점은 영미권 국가들에 비하면 유럽대륙의 국가들
과 일본에서는 총소득에서 상위 1퍼센트가 차지하는 몫이
1980년대 이후 거의 증가하지 않았다는 사실이다. 많은 국가에서
세계화가 진행되었고 회사 규모는 커졌지만, 세계화의 경험을 공
유한 일본이나 유럽의 회사들에서는 슈퍼경영자들의 연봉이 미
국처럼 폭발적으로 증가하는 현상은 나타나지 않았다. 이는 세계
화로 인해 소득불평등이 심화되었다는 가설에 대한 효과적인 반

도표 5.2. 영미권 국가들의 소득불평등, 1910~2010 •

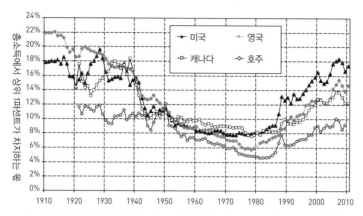

모든 영미권 국가에서 1970년대 이후 총소득에서 상위 1퍼센트가 차지하는 몫이 증가했다. 하지만 증가 폭은 서로 다르게 나타났다.

출처 및 통계: piketty.pse.ens.fr/capital21c

도표 5.3. 유럽대륙의 국가들과 일본의 소득불평등, 1910~2010 ••

영미권 국가들에 비하면 유럽 대륙의 국가들과 일본에서는 총소득에서 상위 1퍼센트가 차지하는 몫이 1970년대 이후 거의 증가하지 않았다.

출처 및 통계: piketty.pse.ens.fr/capital21c

- • 『21세기 자본』, 380쪽.
- •• 『21세기 자본』, 381쪽.

증이다.

　현재 나타나는 노동소득의 불평등에는 대중적 교육으로 해소하거나 세계화의 결과로만 치부하기 어려운 부분이 존재한다. 피케티가 고등교육의 중요성과 그 기회에 대한 공공의 접근성을 강조한 것은 적절한 교육조차 받지 않았을 경우에 직면할 수 있는 더욱 극심한 불평등을 피하기 위함이라고 볼 수 있다.

　지금까지 피케티의 교육 관련 주장에 대한 오해를 풀기 위해서, 교육이 해소할 수 있는 불평등의 정도와 그 한계를 집중적으로 논의했다. 한 가지 더 밝혀두자면, 교육과 관련하여 지금껏 논의한 불평등은 단지 '노동소득의 불평등'에 관한 내용이다. 즉, 피케티가 정작 우려하는 자본 소유의 불평등, 즉 부의 불평등은 아직 거론하지 않았다. 이미 쌓여 있는 부의 불평등은 매년 쌓이는 노동소득의 불평등과는 또 다른, 별개의 영역으로 인식할 필요가 있다. 노동소득의 영역과 달리 자본 소유의 영역은 개인이 고등교육을 받는다고 직접적으로 해소할 수 있는 종류의 불평등이 아니다. 피케티가 노동소득의 불평등을 어느 정도 완화시키기 위하여 고등교육에 대한 접근성을 강조했다면, 자본 소유의 불평등을 완화하는 방법으로 제시한 것은 바로 지금 사회에 '패닉'을 불러일으키고 있는 누진적 자본세다.

　아무리 고등교육을 확대한다 해도 부의 불평등 문제는 남는다. 피케티는 부의 불평등은 자본주의의 본질이라 여긴다. 그는 자본수익률이 경제성장률보다 클 경우 노동소득의 불평등에 더해서 부의 불평등이 확대되는 경향이 나타나고 이는 자본의 세습으로 이어질 수 있다고 경고한다. 이에 대한 경각심을 불러일으키기 위해 피케티는 세간의 관심을 노동소득의 불평등으로부터 부의 불평등으로 넓히고자 책을 집필했다고 방한 강연의 서두에서 분명히 밝혔다. 이런 경고에 대해 어떤 사회는 부의 불평등 해결을 위한 노력을 시작할 수도 있고, 다른 사회는 불평등을 그대로 내버려둘 수도 있다. 그리고 한 나라 안에서도 상황은 변할 수 있다. 미국은 20세기 중반에는 약 50여 년간 부의 불평등을 해결해왔지만, 1980년대 이후에는 소득과 부의 불평등을 모두 용인했다. 부의 불평등은 교육을 통해 해소할 수 있는 영역이 아니다.

- 피케티는 높은 성장이 지속될 때 불평등이 감소했다고 설명하고 있다. 그렇다면 성장을 멈추게 할지도 모르는 누진적 세율을 고려하는 대신 지속적인 성장으로 불평등을 해소하면 될 것 아닌가?

피케티는 한국도 계속 5퍼센트 성장을 목표하는 정책을 고수하기보다는 점차 지속 가능한 성장정책을 고려할 필요가 있다고 제언했다.

무엇보다 우선, 5퍼센트 성장률은 영원히 지속될 수 없다. 최선의 정책을 편다고 해도 그렇다. 대부분 선진국의 증거 자료들을 보면 장기적으로 성장률 5퍼센트를 기록하는 것은 불가능하다. 한국은 앞으로 5년이나 10년 더 5퍼센트 성장률을 기록할 수 있을지도 모른다. 하지만 다른 나라들의 성장 과정을 보면 그이후에는 계속될 수 없다. 그렇다면 가능한 한 높은 성장률을 유지하기 위한 최선의 정책은 무엇인가. 교육과 건강에 대한 투자다. 투자하려면 세수가 필수적이다. 이를 통해 공교육을 강화해야 한다. 사교육은 개인의 비용이 많이 들고 비효율적이다. 이런 경우 재능 있는 어린이가 가난한 집에서 태어날 때 (기회를 얻지 못해) 사회적으로 비효율이 된다. 세수를 늘려 교육에 대한 공공 투자를 강화해야 한다. 공교육 투자를 늘리기 위해서는 어떤 세제가 필요한가. 상위층에 대한 과세를 늘리면 가능하다(『조선비즈』, 2014. 9. 19).[26]

피케티의 주장은 여러 생각을 하게끔 만든다. 한때의 747 공약처럼 7퍼센트 성장을 약속하던 때가 있었는데, 한국의 성장률이 줄어드는 것은 근로자들이 덜 열심히 일하거나 기업가정신이 부족하거나 정부가 무능해서라기보다는, 신흥경제국의 따라잡기식 성장 자체가 끝나가는 것으로 볼 수 있다. 혁신이 지속되는 선진국에서도 성장률은 높지 않다. 선택할 수 있는 정책들로 불평등을 완화시키면서 지속가능한 성장에 집중하라는 것이 피케티의 제언이다. 따라잡기 성장에 대한 추가적인 논의는 제11장에서 계속하겠다.

성장에 관한 두 번째 오해는 세율을 누진적으로 바꿀 경우 경제성장의 동력이 멈출 것이라는 주장이다. 피케티가 말하는 누진세제는 세수를 증대하려는 목적이 아니다. 같은 세수를 걷더라도 점차적으로 세율을 누진적으로 바꾸어서, 고소득층이 좀더 높은 세율을 받아들이고 중상위층·중산층에 같거나 좀더 낮은 세율을 적용하여 하위층에게 좀더 많은 혜택이 돌아가도록 하자는 것이 그의 제안이다(『블룸버그』, 2014. 6. 13).[27] 전체 세수를 늘리는 것이 목적이 아닌데 왜 성장이 멈춘다는 것일까? 누진세율을 적용한 결과 중산층의 가처분소득이 늘고 고소득층의 가처분소득이 줄 때, 경제에 해롭다는 근거는 무엇일까?

피케티는 위와 같은 주장을 반박하는 근거로 20세기 중반의 경제사를 들었다. 전후 미국과 유럽에서는 매우 누진적인 세제와 보편적 교육 그리고 복지국가적인 요소들을 도입했는데, 이때 불평등은 역사적 최저점을 유지하면서도 해당 국가들은 어느 때보다도 높은 성장을 구가했다. 루스벨트 대통령이 상위 1퍼센트에게 82퍼센트에 이르는 누진세를 적용했지만 자본주의는 파괴되지 않았고, 성장이 멈추기는커녕 오히려 미국 자본주의는 전성기를 구가하면서 당시 경제 성장률이 1980년대 이후보다 오히려 높았다는 점을 강조했다. 이런 역사는 누진과세가 지금의 불평등을 해소할 좋은 해결책일 수 있음을 시사한다.

성장하기 위한 유일한 방법이 국부의 더욱 더 큰 몫을 소수의 지배층이 가져야 가능하다는 보수적 관점은 내가 제시한 경험적, 이론적 증거와 부합하지 않는다(『한겨레』, 2014. 9. 21).[28]

루스벨트는 '몰수적'이라는 표현까지 들을 정도의 누진세율을 도입했지만, 당시에도 세수 증대가 목적은 아니었다. 극심한 불평등을 완화시키는 것이 1차 목적이었던 것이다. 극심한 불평등은 초부유층의 사회포획 현상을 강화시키며 시장체제 및 민주주의의 가치를 훼손시킬 수 있다. "미국의 정치과정은 상위 1퍼센트에 포획되었는가? 이런 생각이 점점 더 미국 정치 전문가들 사이에서 지지를 얻고 있다(『21세기 자본』, 615쪽)." 이런 상황은 빈곤층의 고등교육에 대한 접근성을 제한하고 사회갈등을 유발하며, 내수를 침체시킨다. 앞서 언급한 대로 월스트리트의 대표적인 금융기관이자 친기업 성향의 스탠더드&푸어스조차 최근 보고서에서 소득불평등이 미국의 경제성장을 방해하고 있다는 연구결과를 발표하는 상황이다(『스탠더드&푸어스』, 2014. 8. 5).[29] 불평등이 경제성장에 방해가 될 정도로 심화되었으므로 성장을 위해서라도 불평등을 완화해야 한다는 것이다. 친기업 성향의 기관에서조차 이러한 우려를 드러내기 시작했다는 점에 주목해야 한다. 미국의 경우 20세기 중반까지 높게 유지되던 부의 상속·증여세가 1980년대 이후 역진적으로 낮아졌는데, 크루그먼은 이를 다시 누진적으로 돌릴 경우 부가 줄어드는 것이 아니라 소수에게 집중된 부가 다수에게 돌아가면서 분산되는 효과가 생기며, 이는 부자가 저축해서 사회에 간접적으로 환원하는 방법보다 효율적인 동시에 경제에 돌아가는 혜택이 잠재적으로 더 클 수 있다고 강조했다(『뉴욕타임스』, 2014. 6. 24).[30]

　　지금이 19세기의 세습자본주의 때만큼 불평등이 극심하지 않은 유일한 이유는 당시에는 존재하지 않았던 중산층이 존재하기 때문이며 이들 중산층이 어느 정도의 부를 향유하게 된 것이 20세기의 사회적 혁신이었다고 피케티는 말한다. 그리고 중산층이 부를 더 향유한다고 해서 성장에 방해가 되지 않는다는 점을 강조한다. 누진적 세율이 성장 동력을 멈추게 한다는 주장을 하려면, 누진세율이 왜 성장에 해로운지, 부가 소수로 편중되는 세율구조가 왜 필요조건이 되어야 하는지를 명료하게 논증할 수 있어야 할 것이다. "피케티 교수를 비판하는 보수주의자들이 내용 측면에서 정당한 주장을 내놓지 않는다면 이 책의 주장이 전반적으로 옳다는 평가는 계속 유지될 것입니다(드롱, 2014. 4. 30)."[31]

제 6 장

『21세기 자본』을 둘러싼
전 세계 지식인과 언론

제5장에서는 피케티 방한 시 한국 언론에 투영된 생각을 중심으로 오해의 소지가 생길 만한 지점을 중점적으로 분석했다. 제6장에서는 피케티 담론에 기여한 전 세계 지식인과 언론을 인물별로 소개하고 분석한다. 특히 피케티 담론의 큰 그림을 다양한 관점에서 바라보는 데 도움이 되는 인물들을 중점적으로 다루었다. 그 외에 세부적인 이론 비판에 공헌한 인물들은 제12장에서 논의 내용을 중심으로 간략히 언급했다.

데이비드 브룩스David Brooks, 『뉴욕타임스』 칼럼니스트

브룩스는 「피케티 현상을 어떻게 볼 것인가」라는 칼럼에서 피케티 현상이 초부유층에 대한 현대 좌파의 질시에 주로 기인한다고 보며, 이를 문화와 자본의 충돌로 파악한다(『뉴욕타임스』, 2014. 4. 24. 『중앙일보』에서 한글로 재기사화).[1] 브룩스는 다음과 같이 썼다.

> 현대 좌파를 이끄는 이들은 주로 해안도시나 그 주변에 거주하는 학자와 활동가, 언론인, 예술인 등 전문직이다. 당신이 대도시의 젊은 전문직이라면 불평등과 맞부딪힐 것이다. 하지만 당신이 가장 강렬히 경험하는 불평등은 빈곤층의 불평등이 아니라 부유층의 격차다. 당신이 기금 마련 파티나 학교 행사를 가면 헤지펀드나 사모펀드 투자자들에게 둘러싸인다. 당신은 파티에서 인기 있는 사람이지만 당신의 아파트는 그들의 주방보다 작다. (…) 당신은 상류사회에서 부가 넘쳐나는 걸 똑똑히 지켜본다. 당신은 당신의 프로젝트나 전시회에 돈을 대줄 소수의 상류층과 그들이 만든 재단에 아첨을 떨며 살아야 한다.

우선, 브룩스 역시 전문직 종사자들은 설령 수억의 연봉을 받더라도 피케티가 우려하는 초부유층에 속하지 못한다는 점을 명확히 한다. 브룩스의 견해대로라면 전문직 노동자들이 갖는 초부유층에 대한 질시가 피케티 현상을 이해하는 중요한 대결구도가 된다. 브룩스의 칼럼을 얼핏 읽으면, 초부유층의 사회포획 현상에 대한 우려는 전문직 중에서도 진보의 전유물인 것처럼 들린다. 사실, 갖지 못하는 것에 대해 느끼는 배아픔 또한 인간의 본성이니, 브룩스의 말이 어쩌면 일부 사실일 수도 있다.

하지만 브룩스가 이런 식으로 피케티 현상의 동력을 비꼬는 방식은 조금만 더 깊이 생각해보면 보수진영의 학자나 언론인에게도 바람직한 일이 아니다. 이러한 주장은 얼마 후에는 진보 보수 할 것 없이 지식인 모두를 싸잡아서 폄하하는 형국을 만들어낼 수 있기 때문이다. 독자들은 피케티 논쟁에서 초부유층이나 재벌가문의 감세를 주장하고 피케티가 주장하는 누진세를 반대하는 학자나 언론인을 접하게 되는데, 그들 각자의 의견이 조금씩 다르더라도 이들은 대체로 그들의 보수적인 소신에 근거하여 의견을 낸 것이라 생각할 수 있다. 그런데 보수진영이 진보진영의 의견에 대해 '그들이 피케티에게 찬동하는 것은 부유층에 대한 질투'라고 말한다면, 이는 의견이 아니라 인격을 공격하는 셈이다. 그리고 이런 공격은 보수진영에 대해서도 가능하다. 즉 피케티에 반대하는 학자나 언론 역시, 소신 때문이 아니라 프로젝트나 광고에 돈을 대줄 재벌과 그들의 재단이나 회사에 아첨을 떨기 위해서 초부유층을 옹호한다는 오명을 쓸 수 있다는 것이다. 따라서 이런 논리는 진보는 '배아픔'을 느끼고 보수는 '비굴하다'는 식으로 양측 지식인을 싸잡아 폄하하는 내용 없는 비난이 될 뿐이다. 이는 건설적 비판이 되지 못하며, 이것이 브룩스의 칼럼이 문제가 된다고 생각하는 이유다. 양 진영의 학자나 언론인은 모두, 지식인으로서 자신의 소신과 신념에 근거하여 생각을 펼치고 있다고 믿기 위해 노력할 필요가 있다.

브룩스는 달필가이지만 칼럼에서 또 다른 잘못된 설정을 한다. 브룩스의 설정과 달리, 초부유층은 시기의 대상만이 아니라 존경의 대상이기도 하다. 그들이 법을 준수하고 더 많은 세금을 내고 사회에 공헌한다면, 이는 존중받고 존경받을 만한 일이다. 초부유층인 세기의 투자가 워런 버핏Warren Buffet은 금융위기 이후 싸잡아 비난의 대상이 되었던 금융인이라는 직업에도 불구하고 질시보다는 존경의 대상이다. 초부유층인 버핏은 부유세의 필요성을 주장하며, 막대한 재산을 게이츠 재단에 통째로 기부하기로 약속했다. 하지만 금융인으로서는 여전히 냉철한데, 그는 세금회피를 노린 기업의 해외이전에 투자하기도 했다. 이에 논란이 일자 버핏은 개인적으로 이러한 법이 개정되기를 바라지만, 현재 세금회피가 불법은 아니라는 점을 말한다. 즉 초부유층 버핏은 개인으로서는 사회에 많은 공헌을 하고 있지만, 회사의 수장으로서는 당연히 세금을 줄이기 위해 머리를 쓴다는 것이다. 이러한 결정을 생각하다 보면 초부유층의 행위를 선악의 잣대로 평가하는 것은 위험한 일이다. 엉성한 법을 지켜달라고 부탁할 것이 아니라, 정치권에서 제도를 바꿔내야 하는 문제인 것이다. 이러한 논란 속에서도, 버핏은 여전히 존경의 대상이다.

피케티는 전문직의 고소득에 대한 세금 인상을 주장하지 않는다. 그들에게 없는 투자자본 과세를 제안할 뿐이다. 하지만 다수의 주택을 소유한 금융자본가들이 납세를 위해 맨해튼이나 샌프란시스코만 일대의 아파트를 매물로 내놓으면 부동산 시장이 어떻게 될지 생각해보라.

또한 브룩스는 피케티가 수억 원을 벌어들이는 전문직 종사자들에 대한 세금 인상은 막상 주장하지 않는다는 점을 비판한다. 필자의 해석으로도 피케티는 수억 원을 벌어들이는 중상위층을 민주주의를 훼손시키는 우려의 대상이 아니라 오히려 능력에 기반하여 소득을 올릴 수 있다는 믿음을 강화시켜주는 존재들로 파악하는 것 같다. 이게 문제일까? 브룩스, 크루그먼, 피케티 모두 1퍼센트가 아닌 0.1퍼센트 혹은 0.01퍼센트의 초부유층이 자본세라는 세율 변화의 영향을 가장 크게 받게 될 존재들이라 인식하고 있다. 1퍼센트 대 99퍼센트라는 구도는 적절하지 않다. 굳이 대립각을 세워야 한다면, 0.1퍼센트 대 99.9퍼센트가 현실이다.

브룩스는 자본가들이 납세를 위해 부를 사회에 내놓을 경우 금융 시장이나 부동산 시장의 충격을 걱정한다. 그러나 피케티가 제안하는 자본세는 증세가 목적이 아니다. 따라서 주식 등을 내놓을 경우 이를 유동화시킬 필요 없이 국세청이 현물로 받아서 보관하면 되고, 경기가 과열되는 양상이 있을 때 시장에 내놓으면 경기 과열을 진정시키는 효과를 갖는 동시에 국부에도 도움이 될 것이다. 실제로 한국 국세청은 재벌가문이 많은 양의 주식을 증여할 때에는 그 세금을 주식 현물로 받아놓기도 한다. 어떤 재벌가의 경우 통제권을 잃어버리지 않기 위해, 국세청에 현물로 납입한 주식을 나중에 되사는 것을 원할 수도 있다. 브룩스의 주장은 국가가 세수 증대를 목적으로 하여 세금을 바로 현금화할 필요가 있을 경우에 해당하며, 피케티의 자본세가 갖는 목적과는 관련이 적다. 피케티 현상과 관련하여 브룩스의 진단은 아무래도 본질을 잘못 짚었다는 생각이 든다.

폴 크루그먼Paul Krugman, 노벨경제학상 수상자

크루그먼은 피케티의 자본세 제안에 경악한 주류 학계의 상황을 '피케티 패닉'이라 표현하고 피케티 열풍을 점화시키는 데 핵심적 역할을 한 논객이다. 그는 또 다른 노벨경제학상 수상자인 조지프 스티글리츠와 함께 경제학계의 두 거장으로서 피케티와 대담을 가졌고, 그 자체만으로도 전 세계 이목이 피케티에게 집중되었다. 크루그먼은 피케티의 『21세기 자본』이 향후 10년 동안 가장 중요한 경제학 저서로 자리매김할 것으로 예측하면서, 더 이상 불평등을 이야기하면서 조심스러워할 필요가 없어졌다는 일종의 선언을 했다. 부와 소득의 불평등이 주류 담론이 되었다는 흐름의 변화를 대중에게 알린 것이다. 책을 통해 대중이 새로운 시각에서 사회를 바라보고, 경제학자들이 경제학을 다시 생각하게 될 것이라고 그는 예측한다.

　피케티 신드롬을 계기로 대중이 경각심을 갖고 지켜봐야 할 사회현상은 무엇일까? 크루그먼은 심화되는 불평등 안에서도, 초부유층의 사회포획 현상plutocratic capture을 대중이 인지할 수 있어야 한다고 강조한다. 막대한 부의 상속에 관한 맨큐와 크루그먼의 논쟁에서도 크루그먼은 맨큐가 여러 논증을 하는 가운데 정작 보수진영에서도 우려하고 있는 초부유층의 사회포획 현상에 대한 위험성은 일언반구도 않은 점을 가장 강하게 비판했다(『뉴욕타임스』, 2014. 6. 24).[2] 최근 칼럼에서도 크루그먼은 초부유층의 사회포획 현상을 다시 경고하며, 부가 편중될수록 초부유층이 정치와 경제를 왜곡시킬 수 있다는 점을 대중이 깨닫는 것 자체가 중요한 변화의 시작이 될 수 있다고 강조한다(『뉴욕타임스』, 2014. 9. 28).[3]

크루그먼은 대중이 심화되는 불평등은 체감할 수 있어도, 그 안에서 초부유층의 부가 폭발적으로 증가하는 사실은 실감하기 어렵다고 말한다. 대중이 무지해서가 아니라 지식인들도 마찬가지인데, 몇 해 전 미국의 월가 점령 시위에 대해서도 '1퍼센트'는 잘못된 구호였다고 언급한다. 1975년 이후 미국에서 상위 1퍼센트가 차지하는 부와 소득은 25퍼센트에서 40퍼센트로 늘었지만, 증가한 대부분이 최상위 0.1퍼센트의 몫이었다는 것이다. 대중은 수억 원의 연봉을 받는 의사, 변호사 그리고 다른 전문직 종사자들을 부자라고 배 아파할지 모르지만, 정작 피케티가 책에서 말하는 초부유층은 대중의 일상적인 경험을 완전히 넘어서는 부를 소유하기 때문에 피케티가 강조하는 부의 불평등은 대중이 자각하기 어렵다.

이러한 상황에서 크루그먼은 유권자들이 소득뿐 아니라 이런 막대한 부의 불평등을 자각할 수 있어야 한다고 강조한다. 부의 불평등을 옹호하는 쪽에서 대중의 무지를 적극 활용하기 때문이다. 예를 들어 부유층이 전체 소득세의 많은 부분을 부담한다는 점을 주로 부각시키면서, 자본세와 같은 부에 관한 세금 문제는 이야기조차 나오지 않도록 희석한다는 것이다. 부유층이 전체 국민소득과 국부의 어느 정도를 차지하고 있는지 국민이 정확히 알아야, 그러한 주장을 평가할 수 있고 민주적 토론을 통해 나머지 99.9퍼센트에게도 유리한 정책을 만들어나갈 수 있다고 크루그먼은 말한다.

그는 대중이 부의 불평등에 대해 막연하게 생각하는 인식의 한계를 뛰어넘고 진실을 마주할 때, 앞으로의 선거에서 불평등 문제를 주요 쟁점으로 삼을 수 있다고 생각한다. 피케티 역시 불평등의 문제는 정치적인 문제라고 말했다. 초부유층이 통제하는 부의 규모가 엄청나게 증가하고 있고, 막대한 부를 바탕으로 한 사회포획 현상이 민주주의까지 훼손시킬 수 있다는 점을 대중이 깨달을 때 이러한 위험성을 차단할 수 있다는 것이 피케티 관련 논의를 통해 밝힌 크루그먼의 메시지다.

로런스 서머스Lawrence Summers, 하버드대 경제학 교수

서머스는 클린턴행정부의 재무부장관 및 하버드대 총장을 역임한 오랜 연륜을 가진 논객으로서, 피케티 담론의 균형과 방향을 초기에 잡아주는 역할을 했다. 서머스는 피케티의 책에서 지난 3세기 동안 부와 소득의 불평등이 어떻게 변해왔는지를 보여주는 실증연구 부분(제1~3부)은 향후 노벨상을 받을 만한 업적이라고 격찬한 반면에, 자본주의가 부의 불평등을 자연스럽게 증가시키는 경향성을 이론화한 해석 부분(제4부)에 대해서는 가차 없이 비판했다. 그는 피케티의 이론이 성립되려면 자본과 노동의 대체탄력성이 매우 높아져야 한다는 가정이 필요한데, 이는 기존 경제학계의 논문에서 듣도 보도 못한 주장이라고 일축한다. 참고로, 피케티는 한 사회 수준에서 대체탄력성을 분석했고 기존의 경제학 논문들은 회사 단위에서 이를 연구했다. 또한 피케티의 자본은 부wealth에 가깝게 정의되어서, 기존 논문이 연구한 생산 자본과 차이가 있다. 서머스의 이론적 비판은 같은 문제점을 지적한 학자 및 대학원생이 여럿 있기 때문에, 이 내용은 이들의 공헌도를 함께 고려하여 제12장에서 더 자세히 다루었다.

서머스가 중도적 시각에서 설정한 구도는, 지금까지도 피케티 담론의 큰 그림을 이해하는 데 효과적이다. 『파이낸셜타임스』는 이러한 구도에서 벗어나 피케티의 실증연구 부분에 파격적으로 문제제기를 했지만, 오히려 자체적인 오류가 드러나면서 궁지에 몰렸다. 그 이후 담론의 무게중심은 실증연구 부분은 인정하되, 제4부의 해석과 이론의 문제점을 정밀하게 비판하는 방향으로 옮겨 왔다.

서머스의 기존 연구는 피케티가 주장하는 이론 부분과도 관련성이 있다. 서머스 본인 또한 피케티의 공동연구자인 이매뉴얼 사에즈가 받은 존 베이츠 클라크 메달을 수여받아 잠재적 노벨경제학상 후보군에 속하는데, 재정학, 금융경제학, 노동경제학 분야를 거시경제학과 연결 지어 다양한 분야에 걸쳐 독특하고 주목할 만한 논문을 여러 편 써낸 가히 천재적인 인물이다. 피케티는 책에서 코틀리코프-서머스 가설을 소개한다(『21세기 자본』, 510쪽). 코틀리코프와 서머스는 1980년대에 걸쳐 공동 프로젝트를 진행했는데, 모딜리아니의 생애주기 모델처럼 국민들이 가진 재산의 출처가 평생 일해서 모은 은퇴자금인지, 아니면 상속자산인지를 따져보는 작업이었다. 생애주기 모델의 예측과 달리 코틀리코프-서머스는 상속받은 부가 총자본의 70~80퍼센트에 이른다고 추정했는데, 이는 모딜리아니가 주장한 20~30퍼센트에 비해 훨씬 높은 수치라고 피케티는 설명한다. 책에서 피케티는 코틀리코프-서머스의 수치가 실제 수치에 좀더 가까웠을 것으로 판단하지만, 그와 동시에 모델을 적용한 실증연구가 모델의 설정에 따라 미래뿐 아니라 현재에 대한 해석에 있어서도 매우 다른 결과를 낼 수 있다는 점을 함께 지적했다.

서머스는 경제학 모델에 대해 비판적인 피케티를 한 세대 이전에 혜성처럼 떠올랐다가 사그라진 국제관계사학자 폴 케네디에 빗대며, 정교한 모델 없는 예측의 한계를 부각시킨다. 1980년대 후반, 국제관계를 강대국과 약소국 간 부익부-빈익빈 관계가 아닌 흥망성쇠로 파악한 전쟁사학도 폴 케네디는 저서 『강대국의 흥망The Rise and Fall of the Great Powers』을 통해 장기간의 역사적 실증에 기반을 둔 국제관계의 흥망성쇠를 예측했고, 이를 통해 세계적인 지성으로 떠올랐다. 그는 여기서 제국주의적 힘을 과시하는 나라들이 쇠하는 경향이 있다고 주장하면서 미국이 쇠하고 중국이 부활할 것으로 점쳤는데, 얼마 지나지 않아 미국 대신 소련이 패망하고 그가 긍정적으로 예견했던 일본이 불황에 빠져들면서 그의 예측은 실패한 것으로 여겨지게 되었다. 최근에는 2008년 금융위기 이후 미국이 전례 없는 어려움을 겪으면서, 국제관계 애널리스트 사이에서 그가 중국의 부상을 정확하게 예측했던 부분이 다시 주목받고 있다. 지금은 중국의 성장이 당연한 이야기로 들리지만, 1980년대만 하더라도 중국이 공산정권을 유지하면서 시장경제로 성공적으로 이행할 것을 예측한 학자는 많지 않았다.

여전히, 서머스의 지적은 적절하다. 미래에 대한 피케티의 이론은 아직 이론일 뿐이다. 피케티 역시 자신의 이론이 틀릴 수 있다고 겸허하게 인정한다. 그와 동시에 피케티는, 미래에 관해서는 자신뿐 아니라 낙수효과 등 경제학 모델의 예측 역시 형편없이 틀려왔다는 점을 말하며 예측력이 있는 과학인 것처럼 스스로를 포장해왔던 주류경제학계의 학문 풍토를 강하게 비판했다. 피케티는 말한다. "저는 미래가 어떻게 될지 안 될지 단언하는 사람들로부터는 별다른 감흥을 받지 않습니다. 역사는 놀라운 반전을 보여주는 경향이 있으니까요(『BBC 뉴스나잇』, 2014. 4. 30)."[4]

『파이낸셜타임스』

피케티 담론에서 『파이낸셜타임스』와 피케티의 통계 조작 논쟁은 가장 큰 사건이었다. 제3장에서는 이에 대한 『가디언』의 제3자 분석을 통해 논쟁의 내용과 그 결말을 다루었다. 이 논쟁에서는 『파이낸셜타임스』와 피케티가 대립각을 세우며 그들의 시각 차이가 부각되었지만, 실제로는 둘 다 시장체제를 중시한다는 공통점을 공유한다고 필자는 생각한다. 『파이낸셜타임스』는 시장체제를 중시하는 경제지인데, 시장체제 자체를 위협할 만한 2008년 미국 발 금융위기 이후 자체적으로도 자본주의의 문제점을 진단하는 기사들을 연재했다. 제5장에서 상세히 논했듯 피케티 역시 시장체제와 재산권을 중시하며 부의 축적을 지지한다. 피케티가 시장체제와 재산권을 중시하는 이유는, 정부의 통제가 지나치게 커지는 체제에서는 잠재적으로 개인의 자유가 침해될 수 있기 때문이다.

그렇다면 『파이낸셜타임스』와 피케티가 생각하는 시장체제의 보완 방법은 어떻게 다를까? 우선 피케티는 경제사적으로 볼 때 현대의 소득과 부의 불평등이 극심해졌다고 파악하고 이를 완화시켜야 한다고 생각한다. 그는 1세기 이전의 미국 지도자들이 걱정했던 것처럼, 부가 지나치게 소수에게 편중될 경우 초부유층의 사회포획 현상으로 인해 민주주의가 훼손될 수 있고 대중이 시장체제까지 부정하게 만들 수 있다는 점을 우려한다. 또한 그는 공교육이나 공공의료 등 장기적인 국가 생산성 향상이나 기회의 불평등 문제와 관련될 수 있는 분야에 대해서는 정부가 적극적으로 개입할 필요가 있다고 생각한다. 시장체제를 유지하면서도 문제점을 보완하는 작업은 『파이낸셜타임스』 역시 고민하는 부분인데, 『파이낸셜타임스』의 의견은 마틴 울프에 대한 소개에서 다루도록 하겠다. 시장체제의 보완과 존속이라는 측면에서, 『파이낸셜타임스』의 시각과 피케티의 시각에는 통하는 부분이 있다.

마틴 울프Martin Wolf, 『파이낸셜타임스』 칼럼니스트

세계적 영향력을 가진 칼럼니스트 울프는 『파이낸셜타임스』의 수석경제논설위원이며, 『파이낸셜타임스』는 울프의 주도로 '자본주의의 위기Capitalism in Crisis'를 2012년 초부터 연달아 기획해 다루면서 세계적인 반향을 불러일으켰다(『파이낸셜타임스』, 2012. 1. 22).[5] 울프는 7가지 문제점을 언급하는데 그중 세 번째에서 당시의 월가 점령 시위를 언급하며 소득불평등을 말한다.

그는 지난 30년 동안 불평등이 심화되어왔음을 언급하며, 기술의 변화, 세계화, 승자독식 구조로 변한 시장, 새로운 산업의 대두, 폭발적인 연봉에 대한 용인, 금융시장의 중요성, 그리고 세율의 변화를 불평등의 원인으로 지목한다. 그는 피케티와 상당히 비슷한 관점에서, 이러한 변화 중 많은 것은 손쓸 수 없는 변화이지만 불평등의 정도가 국가별로 다르다는 사실로부터 불평등의 일정 부분은 정책의 결과라는 점을 지적한다.

많은 이들이 불평등을 외면하지만, 울프는 선진국에서 심화되는 불평등이 정치적 사안인 만큼 중요하며 결과적으로 이는 기회의 불평등에 영향을 끼치면서 소득이 낮은 집안의 아이들에게 공평한 기회를 주지 못하고 있다는 점을 말한다. 해결책으로는 고등교육의 공교육화, 국가재정을 활용한 재분배, 부자들의 탈세 감시, 소득에 대한 세금보다는 부와 소비에 대한 세금을 고려할 것을 주문한다. 피케티의 제안과도 겹치는 부분이 많은데, 울프는 시장체제의 문제를 보완하기 위해서는 일정 부분 국가의 개입도 필요하다는 점을 시사하고 있다.

그로부터 2년이 흐르고 피케티 열풍이 시작된다. 울프는 피케티의 책을 뛰어나게 중요한 저서라고 격찬하며, 선입견에 빠져 있지 않은 독자라면 피케티의 실증과 주장을 그냥 넘기기는 어려울 것이라고 말한다(『파이낸셜타임스』, 2014. 4. 15).[6] '피케티의 이론이 성립되려면 자본과 노동 간의 대체탄력성이 지나치게 높아야 한다'는 비판을 언급하면서 울프는 '하지만 피케티가 연구한 장기간에서는 대체탄력성이 단기의 분석보다 높은 것이 타당하고 미래에는 공장의 자동화와 로봇의 도래가 점점 더 대체탄력성을 높여갈 것'으로 진단했다.

울프는 피케티의 책에 대해 아쉬운 점으로 극심한 불평등이 왜 문제가 되는지, 즉 민주주의를 어떻게 훼손하는지에 관한 설명이 부족하다는 점을 지적한다. 실제로 피케티는 방한 시 인터뷰에서도 초부유층의 사회포획 현상이 저서의 핵심이라는 점은 언급하지만, 막상 저서에서는 초부유층의 사회포획 현상을 자세히 논증하지 않고 단지 가정한다. 방한 당시 필자는 피케티와 이에 대한 이야기를 나누었는데, 피케티는 나라마다 초부유층이 민주주의를 훼손시키는 방식이 다를 수 있기 때문에 국가별로 접근할 필요가 있다는 점, 그리고 문제의 성질상 일관성 있는 실증작업이 어렵다는 점을 들어 설명했다. 반면에 조세피난처와 같은 문제는 일관되게 존재하기 때문에, 그런 면에서 국제공조를 통해 조세피난처에 제재를 가하는 것이 매우 효과적일 수 있다는 답을 들었다. 한국 역시 조세피난처에 막대한 부가 쌓여있는 것으로 알려져 있다(『연합뉴스』, 2012. 7. 24).[7]

울프는 위의 서평에서 다음과 같이 논증한다. 우선 불평등이 성장의 원동력인 혁신을 촉발시키는 유인이자 그 결과라는 주장에 대해서, 상속에서 발생하는 불평등은 상속의 결과이지 상속자가 일구어낸 혁신의 결과가 아니라고 반론한다. 그렇지만, 절대적인 성장의 결과 현재의 우리는 지난 세대에서는 사용할 수 없었던 재화를 향유하고 있고 그만큼 상대적 불평등이 덜 중요하다는 주장도 언급한다. 이에 대해서 울프는 상대적 불평등은 정치적 문제인데, 소수의 초부유층에 의해 압도되는 사회에서는 돈이 권력을 사게 되고 고대 아테네인들이 믿었던 것과 같은 사회참여의 가치는 파괴되기 쉽다는 초부유층의 사회포획 현상을 우려한다. 모든 것은 정도의 차이다. 불평등 역시 필요하지만, 울프는 현재 우리가 경험하는 불평등이 도를 넘어섰고 대중이 이를 볼 수 있어야 한다고 강조한다.

울프는 최근 칼럼에서, 투자은행 모건스탠리와 국제 신용평가기관인 스탠더드&푸어스가 미국에서 불평등이 심화되고 있을 뿐만 아니라 미국 경제를 해치고 있다고 한목소리를 냈다는 점을 언급한다(『파이낸셜타임스』, 2014. 9. 30). 모건스탠리같이 기관투자자, 회사, 고액자산가를 상대로 수익을 창출하는 유수 금융권에서 시장 및 경제 상황에 대한 예측으로 평판을 얻는 조사분석실의 애널리스트가 이 정도의 목소리를 낸다는 것은 주목할 만한 일이다. 대중은 그 심각성에 대해 다시 한 번 생각하게 될 것이며, 크루그먼의 관찰대로 불평등이 이미 주류 담론이 되었음을 시사한다.

조지프 스티글리츠 Joseph Stiglitz, 노벨경제학상 수상자

스티글리츠는 크루그먼과 함께 피케티 담론에서 핵심적인 인물이다. 그는 『21세기 자본』의 핵심이 심화된 불평등이 단지 경제력의 결과가 아닌 정치와 정책의 결과라는 점을 지적한 데 있다며, 정책으로 불평등을 해결해야 한다는 피케티의 주장에 공감한다.

피케티의 주장을 이해하는 데 스티글리츠의 역작 『불평등의 대가』가 큰 도움이 될 수 있다. 피케티는 책에서 불평등을 실증하는 데 지면의 대부분을 할애하여, 초부유층의 사회포획 현상 및 불평등과 성장의 관계 등은 책보다는 강연을 통해 주로 전하고 있다. 스티글리츠의 책이 바로 이 부분을 조명한다. 그는 불평등을 해결하려 들면 성장이 멈출 것이라는 경고의 허구성, 시장의 탈규제 추구의 문제점, 지대 추구 성향을 나타내는 초부유층의 문제점들을 조목조목 반박한다. 초부유층이 막대한 부를 무기로 어떻게 정치와 법망 그리고 언론을 포획하여 자신들의 입맛에 맞는 제도를 확립해나가는지, 나머지 사회로부터 더 많은 부를 어떻게 체계적으로 늘려가는지 상세하게 설명하며, 결과적으로 시장체제 자체가 왜곡되고 불평등이 성장까지 저해하게 된 미국의 실상을 매우 설득력 있게 말한다.

스티글리츠는 피케티의 주장이 시장체제에 반하는 것이 아니라 오히려 제대로 된 시장체제를 지지한다는 점을 분명히 한다 (스티글리츠, 2014. 9. 14).[8] 초부유층이 제도에 영향을 끼치는 포획 현상으로 인해 정치권이 제기능을 못하면서, 시장체제의 강점인 경쟁의 룰이 왜곡되어 거대기업과 초부유층에게 유리하게 바뀌었다고 스티글리츠는 말한다. 룰이 왜곡되면, 시장체제의 핵심인 기회의 균등에 문제가 생긴다. 초부유층에게 유리한 사회와 경제로 변모해가는 시장체제의 문제를 해결하기 위해서는 민주주의의 역할이 핵심이라고 스티글리츠는 말한다.

그레고리 맨큐Gregory Mankiw, 하버드대 경제학 교수

『맨큐의 경제학』의 저자 맨큐는 케네스 로고프와 함께 보수진영의 대표적인 경제학자이며, 부시 행정부에서 경제자문위원회 위원장을 지냈다. 시각이 균형 잡힌 로고프에 비해 맨큐는 초부유층의 입장을 직접적으로 대변할 정도로 보수진영의 강한 색깔을 드러내는 학자다. 2011년 월가 점령 시위에 동조하는 하버드대 학생 일부가 맨큐 교수의 수업을 거부하는 사건이 일어났다. 그날의 강의 주제는 소득불평등이었다. 수업을 거부한 하버드 학생들 측은 맨큐 교수의 수업이 경제 모델의 장단점에 대한 비판적 토론 없이 신자유주의를 정당화하는 원리들 위주로만 강의한다는 입장을 서한으로 정중히 표명하고 교실에서 퇴장했다. 맨큐는 퇴장한 학생들을 점잖게 꾸짖었으며, 하버드대 신문 『크림슨』은 맨큐 교수의 수업은 사회과학인 경제학의 학문적 기초를 제공하는 과정으로서 편향되지 않고 오히려 수업을 거부한 학생이야말로 열린 토론을 억압한 것이라고 비판했다. 필자가 보수적인지 모르지만, 수업 도중 교실을 퇴장한 학생들의 행동이 적절치 않았다는 점에는 공감하며 맨큐 교수의 손을 들어주게 된다.

이제 하버드대 학생들이 수업을 박차고 나가게까지 만든 맨큐 교수의 색깔 또는 생각을 들어보자. 맨큐는 스티글리츠의 저서 『불평등의 대가』가 출간되자 이에 대응하여 「1퍼센트를 대변하며」라는 소논문을 낸다. 피케티 열풍 1년 전의 이야기다. 원래 필자는 맨큐 교수의 기고를 전문 번역하여 독자들과 나누고자 맨큐와 이를 출간한 매체의 동의를 얻었지만, 내용을 자세히 살펴본 후에는 그냥 다음과 같이 한 단락의 국내 기사를 대신 인용하기로 결정했다.

맨큐 교수는 최근 논문에서 스티브 잡스와 같은 상위 1퍼센트가 얻은 소득의 대부분은 그들이 이뤄낸 혁신에 대한 정당한 보상이기에 지금 미국의 경제적 불평등은 크게 문제될 것 없다는 입장을 나타냈다. 즉 그들이 부자가 된 것은 대중들이 애플 제품 같은 혁신 상품을 자발적으로 구매했기 때문이며, 이러한 교환은 효율적이고 모두의 후생을 증가시키기 때문에 정부는 개입할 필요가 없다고 주장한다. 또한 최근 미국 사회의 경제적 불평등의 증가는 고학력 및 숙련 노동자에 대한 초과 수요에서 기인한 것으로 분석, 많은 사람에게 대학이나 직업 교육의 기회를 제공하면 경제적 불평등 문제는 자연스럽게 해결할 수 있다고 봤다. 그러나 많은 학자는 이러한 주장에 회의적이다(『중앙일보』, 2013. 7. 26).[9]

맨큐의 논증에 대해서는 보수적·친시장적 매체인 『이코노미스트』조차도 '아무래도 상위 1퍼센트는 맨큐보다 나은 대변인을 내세워야할 것 같다'고 쓴소리를 하며 노골적으로 실망감을 드러냈다(『이코노미스트』, 2013. 6. 17).[10] 맨큐는 논증에서 혁신의 전형 스티브 잡스와 『해리 포터』의 저자 조앤 롤링을 이야기하는데, 이러한 슈퍼스타를 빼고 나면 논증의 설득력이 급격히 떨어지며 이는 다른 오래된 산업이나 CEO 집단의 연봉이 폭발적으로 그리고 집체적으로 오른 사실과 무관한 이야기라는 것이다. 『이코노미스트』는 맨큐가 누구나 좋아하는 슈퍼스타 몇 명을 교묘하게 사용하면서 초고소득층에 대한 세율을 높이면 혁신을 위한 이들의 사기가 저하된다고 주장하지만, 막상 맨큐가 예를 든 조앤 롤

링은 미국보다 훨씬 높은 소득세를 내야 하는 영국에서 창의적인 작품을 잘만 써냈다고 지적하며 논증의 엉성함에 불편한 심기를 드러냈다. 『이코노미스트』는 왜 이렇게까지 맨큐를 비판한 것일까? 무난해 보이는 맨큐의 논증에 숨어 있는 여러 가지 문제점에 대해서는 이 책 제5, 7, 8, 9장을 통해 주제별로 생각해볼 수 있다.

핵심만 짚고 넘어가면, 맨큐 논증의 핵심은 낙수효과에 대한 믿음이다. 낙수효과는 불평등이 심화되고 부가 소수로 편중되어도 투자를 통해 돈이 사회로 다시 흐르면서 사회 전반의 임금을 높여주기 때문에, 불평등은 문제가 되지 않는다는 논리로 지난 30년간 성행했다. 그러나 최근의 흐름은, 보수 진영에서도 더 이상 낙수효과를 언급하지 않고 있는 상황이다. 보수진영은 새로운 논리를 만들어내야 할 시점에 이르렀다.

맨큐 논증의 문제는 사안을 분석하면서 주장에 유리한 면만 편파적으로 이야기함으로써 불리한 면을 함께 논의하며 둘의 경중을 따지는 작업을 하지 않는다는 점이다. 크루그먼은 이로부터 1년 뒤 맨큐와 그의 지엽적 논증 성향을 강하게 비판하는 상속논쟁을 벌이게 된다. 강성 맨큐가 피케티 담론에서 구체적으로 어떠한 주장을 했는지와 이에 대한 크루그먼의 반박은 제9장에서 상세히 다룬다.

스탠더드&푸어스Standard & Poors

스탠더드&푸어스는 최근 보고서에서 소득불평등이 미국의 경제 성장을 방해하고 있다는 연구결과를 발표하며 낙수효과에 의문을 제기했다(『스탠더드&푸어스』, 2014. 8. 5).[11] 맨큐 논증과 연결 지어 생각하면, 맨큐 논증의 이론적 근거가 되는 낙수효과에 대한 의문을, 보수진영에서는 처음으로 제기한 초유의 사태로 여겨도 무방하다. 친기업적인 신용평가회사로서는 이례적인 주제를 다룬 것인데, 크루그먼은 주류 신용평가회사가 불평등을 대놓고 논하게 되었다는 사실 자체를 매우 중대한 흐름의 변화로 파악한다. 불평등이 경제성장에 방해가 될 정도로 심화되었으므로 이제는 성장을 위해서라도 불평등을 완화시켜야 할 필요성을 시사하는 내용이었다. 미국의 경우 그동안 정부의 정책이 소득의 불평등을 줄이기보다는 오히려 키우는 결과를 초래했다고 보고했는데, 지난 세대 동안 정부 보조금은 정의상 누진적이었고 소득의 불평등을 줄여주었지만 실제로 얼마 늘지 않은 데 반해서, 고소득층의 소득에 대한 연방세율은 1979년 70퍼센트에서 2012년 35퍼센트까지 역진적으로 하락했음을 대조적으로 보여줌으로써 결과적으로 정부 정책이 전체적으로는 불평등을 오히려 심화시켰다는 점을 설명한다.

미 보스턴대 경제학자 로런스 코틀리코프Laurence Kotlikoff는 피케티와의 서울 대담에서 정부보조금의 역할이 불평등을 완화시킨 부분을 위주로 부각시켰다(『매일경제』, 2014. 9. 19).[12] 독자들은 스탠더드&푸어스의 보고서처럼 불평등에 관한 정책을 논할 때에는 보조금 이외에도 세제의 누진성 등 불평등에 관한 정책들의 효과를 포괄적으로 분석하고 언급할 필요가 있다. 스탠더드&푸어스의 보고서는 같은 기간에 임금이 가져가는 부분은 줄어들었지만 자본이득과 법인소득은 늘었다는 점을 제시한다. 이 보고서에서는 심화되는 불평등이 성장에 장애가 되므로, 이러한 불평등을 완화시켜 경제성장을 촉진하되 급격한 정책변화의 부작용에 유의하면서 점진적인 변화를 권고했다. 심화되는 불평등과 더불어, 불평등이 성장을 촉발한다는 보수적 믿음에 균열이 생긴 것으로 보인다. 미래의 경제 상황을 예측하며 평판을 쌓는 업계의 이코노미스트가 불평등과 성장의 관계를 상업적 예측 면에서도 고려해야 할 문제로 조명했다는 점은 심화되는 불평등이 더 이상 낡고 이념적인 문제가 아니라 새롭고 실체적인 문제로 인식되고 있음을 말해준다.

앵거스 디턴Angus Deaton, 프린스턴대 경제학교수

디턴은 자본주의의 절대적 성장의 중요성을 강조한 학자이며, 불평등이 성장을 촉발시키는 동시에 성장의 결과라는 점을『위대한 탈출』에서 잘 설명했다. 피케티의 연구를 정통 주류경제학자의 시각에서 살펴보기 위해서라도, 필자는 독자들이 디턴의『위대한 탈출』역시 일독하기를 권한다.『한국경제』가 적극 추천한 대표적 정통 주류경제학자인 디턴이 실제로 피케티의 연구를 어떻게 생각하는지 그의 책 제5장에서 직접 읽어볼 수 있기 때문이다. 『한국경제』가 디턴 교수와 인터뷰한 내용이 있는데, 그 내용의 일부를 확인하기 위해 필자는 디턴 교수와 서신(2014. 9. 25, 10. 11)을 나눈 적이 있다. 디턴 교수는 피케티의 주장과 자신의 저서는 상호보완적이며 자신의 어떠한 주장도 피케티의 주장과 모순되지 않는다고 밝히면서 자신은 피케티의 연구를 반박하거나 반대하지 않는다고 답했고 필자가 이를 게재할 수 있도록 허락했다.

디턴은 불평등의 순기능을 강조하는 학자이지만, 극심한 불평등까지 용인하지는 않는다. 초부유층의 사회포획 현상을 우려하기 때문이다. 디턴은 피케티, 크루그먼, 드롱, 촘스키, 루스벨트, 처칠 등 다른 지성인들 및 역사의 리더들과 마찬가지로 민주주의를 훼손시킬 수 있는 초부유층의 금권적 포획 현상을 깊이 우려해온 학자다. 이에 관한 디턴의 주장은 제7장에서 상세히 다루었다.

디턴은 책에서 1980년 이후에 엄청난 수의 세계인이 빈곤과 기아로부터 탈출했다는 점을 말했고, 이는 물론 감명 깊은 일이다. 그런데 누진세율이 강하게 적용되었던 그 이전의 자본주의 30년에서는 더욱 강력한 성장이 있었다. 그러한 자본주의적 성장은 디턴이 강조하는 절대적 빈곤으로부터의 탈출뿐만 아니라 피케티가 우려하는 국가 내 상대적 불평등까지도 완화시켜주었다는 점을 경제사적 시각에서 함께 이해할 필요가 있다. 빈곤으로부터의 탈출은 1980년 이후의 성장이 특별했기 때문이 아니라, 자본주의의 성장이 특별했기 때문이다. 물론, 1980년 이후에는 그 이전에는 존재하지 않았던 공공보건에 대한 지식과 기술이 추가적으로 확산되고 발전했지만, 다가오는 미래에 역진적 세율이 누진적 세율보다 이러한 지식과 기술의 확산을 더 촉진시켜줄 것이라는 증거는 없다. 피케티는 세계화 또한 수용하며, 누진적 세율의 변화로 각 사회가 세계화와 같은 추세적 변화를 유연하게 받아들일 수 있게 될 것이라고 말한다. 이에 대한 추가적인 논증은 이 책 제11장 마지막에서 상세히 다뤘다. 11장에서는 글로벌 불평등을 측정하는 데서 연유한 살라이마틴과 밀라노비츠의 방법론적 논쟁이 소개되는데, 디턴은 이러한 방법론 면에서 그 권위를 인정받고 있으며 이 두 학자의 논쟁에서 자주 인용된다.

하비에르 살라이마틴Xavier Sala-i-Martin, 컬럼비아대 경제학 교수

살라이마틴은 세계화에 따른 급속한 경제발전으로 국가 내 불평등은 증가했지만 국가 간 불평등이 더 큰 폭으로 감소하면서 전 세계 소득불평등이 완화되었고, 그 결과 지난 세대 동안 전 세계의 절대적 빈곤층 비율은 급감했다는 점을 설파해온 학자다. 주로 1970년 이후의 자료를 연구하며, 살라이마틴의 연구결과는 세계화의 부정적인 영향을 밝힌 밀라노비츠의 연구를 반박하며 세계화와 경제자유화를 지지하는 언론에서 큰 찬사를 받았다(살라

이마틴, 『NBER』, 2002).[13]

살라이마틴에게 세계화는 학문적으로 자기 분야일 뿐 아니라 정치적으로도 지켜내야 할 가치다. 스페인의 부유한 지역인 북동부의 카탈루냐 지방은 얼마 전 스코틀랜드가 영국으로부터의 독립을 고려한 것과 유사하게 스페인으로부터 독립을 고려하고 있다. 살라이마틴은 자신이 연구한 세계화가 스페인같이 비효율적이고 덩치가 큰 정치체제보다는, 미래의 독립소국 카탈루냐와 더 적합한 체제라고 생각하며 독립에 경제적 타당성을 부여한다. 대학원 미시경제학 교재의 저자로 이름을 알린 안드레우 마스코렐Andreu Mas-Colell 역시 살라이마틴과 함께 카탈루냐 독립을 추진하면서 경제적 타당성을 주장하는 인물이며, 현재 카탈루냐 지방정부의 지식경제부장관으로 재직 중이다.

살라이마틴의 세계화 연구는 건강증진을 척도로 한 디턴의 연구와도 겹치는 부분이 있는데, 세계화가 경제성장을 통해 건강을 증진시키는 면이 존재하기 때문이다. 전 세계 소득불평등이 완화되었다는 살라이마틴의 연구는 글로벌 시민들 사이의 불평등이 완화되었다는 내용인데, 디턴의 기존 연구가 자신의 연구방법론을 지지한다고 주장하며 밀라노비츠의 연구와 대립각을 세웠다. 살라이마틴의 연구결과는 중국과 같은 개발도상국의 성장에 많이 좌우되기 때문에, 이에 대한 자세한 논의는 밀라노비츠의 반론과 함께 제11장에서 다뤘다.

디턴의 저서가 피케티의 연구를 반증한다는 잘못된 주장과 유사하게, 혹자는 피케티가 틀렸다는 근거로 살라이마틴의 연구를 인용하기도 한다. 그러나 살라이마틴의 연구가 100퍼센트 맞다고 가정하여도 이 연구 내용은 피케티의 연구를 반박하지 않는다. 우선, 살라이마틴은 국가 내 불평등이 증가했다는 피케티의 실증 부분을 인정한다. 피케티 역시 살라이마틴이 소중히 여기는 세계화가 경제성장을 통해 전 세계에 긍정정인 영향을 끼쳤다는 데 일정 부분 동의한다. 피케티는 세계화가 전 세계 빈곤율 감소에 많은 도움이 되었으며, 일부 사회가 세계화에 반감을 느끼는 이유는 그 혜택이 소수에게만 돌아가는 경향이 있기 때문이라고 본다. 피케티는 중국이 재산세에 이어 상속세를 확립해야 세율구조를 통해 세계화의 혜택을 사회로 좀더 환류시킬 수 있을 것이라고 말했다(『중앙일보』, 2014. 9. 20).[14] 또한 필자와의 대화에서도 세계화는 필요하지만 세계화를 빌미로 기업소득이 조세피난처로 빠져나가는 부작용을 차단할 수 있는 국제공조가 중요하고, 양자 간 자유무역협정 체결 시 이러한 조항을 면밀히 검토하여 삽입할 필요가 있다고 강조했다. 이렇듯, 피케티와 살라이마틴은 둘 다 세계화를 지지하며 살라이마틴의 연구는 피케티의 연구를 반증하지 않는다.

한편 이와 별도로 살라이마틴은 피케티 열풍 속에서 그의 책의 약점을 적절하게 꼬집었다. 『21세기 자본』의 표12.1과 관계된 구체적인 지적인데, 다음의 표를 통해 피케티는 전 세계 최상위 부자가 일반인보다 3배 더 빠른 속도로, 이미 엄청난 부를 더욱더 빠르게 증가시키고 있다고 설명했다. 살라이마틴은 이러한 계산의 문제점을 지적하는데, 계산에 사용된 『포브스』의 세계 억만장자 명단 속 인물이 계속 바뀌므로 세계 1억분위 부자의 자본 수익률은 부정확하다는 점을 꼬집었다. 또한, 초부유층 인물이 자주 바뀌는데 과연 세습자본주의라 할 수 있는가라는 의문을 제기했다.

필자는 이 부분에 관하여 피케티와 이야기를 나누었다. 피케티는 혁신에 기반을 둔 새로운 부의 탄생으로 물론 최상위층의 인물은 바뀌지만 초부유층의 부가 다른 계층에 비해 폭발적으로 늘어난다는 사실은 극심한 부의 편중을 의미하므로, 그러한 점을 나타내기 위해 자료를 사용했다고 답했다. 이는 세습자본주의 적 성향이 있는지에 대한 의문과도 연관되는데, 피케티는 극심한 불평등이 유지될 경우 세습자본주의가 다시 도래할 수 있다고 말

도표 6.1. 세계 최상위 부의 증가율, 1987~2013[●]

	연평균 실질증가율 (물가상승률을 뺀 후 %)
세계 최상위 1억분위 부자[a]	6.8
세계 최상위 2000만분위 부자[b]	6.4
세계 성인 1인당 평균 자산	2.1
세계 성인 1인당 평균 소득	1.4
세계 성인 인구	1.9
세계 GDP	3.3

1987~2013년 사이에 세계 최상위 부자들의 자산은 연평균 6~7퍼센트 성장했고, 그에 비해 전 세계 평균 자산은 2.1퍼센트, 전 세계 평균 소득은 1.4퍼센트 성장했다. 모든 성장률은 물가 상승률(1987~2013년 연 2.3퍼센트)을 뺀 실질성장률이다.

a. 1980년대 30억 명 중 성인 약 30명, 2010년대 45억 명 중 성인 45명
b. 1980년대 30억 명 중 성인 약 150명, 2010년대 45억 명 중 성인 225명

출처: piketty.pse.ens.fr/capital21c

[●] 『21세기 자본』, 518쪽.

한 것이지 이미 도래했다고 주장하지 않았다. 또한 나라마다 세습자본주의적 성향의 정도가 다르며, 프랑스의 경우 세습적 성향을 좀더 보이고 있고 미국의 경우에는 현재의 불평등이 방치될 경우 앞으로 세습적 자본주의로 변해갈 수 있다고 예측했다. 하지만 사람들이 이를 '이미 그렇게 되었다'는 주장으로 오독하는 것 같다고 밝혔다. 살라이마틴의 문제제기에 대해서 필자는 피케티의 답변에 더하여 이 책 제8장과 제10장에서 더 자세히 논의했다. 빌 게이츠 역시 최근 서평에서 이와 비슷한 문제를 제기했다.

빌 게이츠Bill Gates, 자선사업가, 마이크로소프트 공동 창업자

게이츠는 최근 서평에서 여름 동안 피케티의 저서를 열심히 읽었으며 피케티와 통화로 의견도 교환했다고 언급하면서, 불평등의 심각성에는 동의하지만 상속자산가old monies들이 현재 불평등의 원인이라는 데에는 동의하지 않는다고 말하며 자신의 다양한 의견을 밝혔다(게이츠, 2014. 10. 14).[15]

빌 게이츠가 피케티의 책을 평가한 것은 당연하다고 볼 수 있다. 그 이유는 피케티의 책에서 빌 게이츠의 자선사업이 불평등 문제의 예로 지적됐기 때문이다. 엄청난 부를 축적한 빌 게이츠는 일을 그만두면서 자신의 재산을 기부하려 노력한다. 그럼에도 불구하고 빌 게이츠가 은퇴를 선언한 지 10년이 훨씬 지났지만 그의 총자산이 오히려 더 증가했다. 1998년 500억 달러로 추정된 빌 게이츠의 총자산은 2014년 10월엔 거의 60퍼센트가 증가한 793억 달러였다. 이미 수백억 달러를 기부했는데도 말이다(『허핑턴포스트』, 2014. 10. 16).[16]

게이츠는 살라이마틴이 세계 400대 부호 명단으로 피케티 주장의 문제점을 지적한 것과 유사하게, 미국 400대 부호 명단을 살펴보면 자수성가한 기업가들이 많아서 현재 미국의 불평등을 세습자본주의의 결과로 보지는 않는다고 평했다. '미국의 경우 현재의 불평등을 방치할 경우, 앞으로 $r>g$ 동학에 따라 세습자본주의로 변해갈 수 있다는 피케티의 예측'을 게이츠가 이미 그래왔다는 경향성으로 오독한 것인지 필자는 잘 모르겠다. 분명한 사실은, 피케티는 미국에 이미 세습자본주의가 도래했다고 쓰지 않았다는 점이다.

이는 필자 혼자만의 해석일까? 게이츠의 서평이 실린 다음 날, 미국 『워싱턴포스트』는 피케티의 책이 담고 있지 않은 내용을 마치 그가 주장한 것처럼 여기는 듯한 오독이 눈에 띈다는 분석 기사를 낸다. 기사에서 『워싱턴포스트』는 세습자본주의에 대한 피케티의 이야기는 현재가 아닌 미래에 대한 예측이라는 점을 분명하게 지적했다(『워싱턴포스트』, 2014. 10. 15).[17] 오해가 되는 지점을 집중적으로 파고들어 분석했는데 이는 잠시 후 『워싱턴포스트』 항목에서 다루겠다.

미국은 아직 세습자본주의로 빠져들지 않았다. 게이츠의 서

평 한 주 전, 모건스탠리가 전 세계 억만장자의 통계를 분석했다
(『월스트리트저널』, 2014. 10. 8. 『조선일보』가 재기사화, 2014. 10.
11).[18] 모건스탠리의 신흥시장 및 세계거시경제 담당 대표인 루치
르 샤르마Ruchir Sharma는 각 국가별로 억만장자의 재산축적 구조
를 파악하는 것이 그 나라 경제의 특성을 진단하는 데 유용할 수
있다고 말했다. 미국은 게이츠 같은 테크놀로지 기반 억만장자가
많은 혁신형 경제로 분류되었고, 한국은 억만장자의 84퍼센트가
부모로부터 부를 물려받은 상속·세습·승계형 경제로 분류되었
다. 이에 대한 논의는 제7장에서 다루었다.

　게이츠는 불평등 해소에 대하여 피케티가 주장한 누진적 소
득세와는 다른 제안을 한다.

> 게이츠는 부에 대한 무차별적 과세보다는 지출에 대한 과세가
> 더 바람직하다는 견해를 피력했다. (…) 그는 누진적 소비세pro-
> gressive consumption tax를 제안하는데, 저축이 비과세가 되므로
> 과소비를 줄이고 저축을 촉진하는 효과가 있다. 하지만 누진적
> 소비세가 실효를 보기 위해서는 부자들이 세금 회피 목적으로
> 부동산에 돈을 묻어두는 것을 막기 위해 상속세estate tax가 강
> 화되어야 하고 게이츠도 상속세 강화를 주장해온 것으로 알려
> 졌다(『조선비즈』, 2014. 10. 17).[19]

　『뉴욕타임스』의 칼럼니스트 브룩스 또한 누진적 소득세로
거세게 모아지고 있는 피케티 열풍을 잠재우기 위해, 보수진영이

결집하여 누진적 소비세를 제안하라고 조언한다. 둘 다 누진적 소비세를 제안하지만 브룩스와 게이츠는 매우 큰 질적 차이를 보이고 있다. 브룩스는 누진적 소비세를 프로파간다로 내세우라는 전략적 조언을 하는 것이지만, 게이츠는 대신 상속세를 강화시키자는 제안을 함께 하는 진정성을 보인다는 면에서 그렇다. 누진적 소비세는 '보수진영도 누진적인 정책을 편다'는 인상을 주기 위해 종종 언급된다.

누진적 소비세로 소비가 줄면 그만큼 저축이 늘기 때문에 부의 동학이 발현되기 쉬운 조건이 된다. 추후 기술적인 논쟁에서 소개하겠지만, 피케티에 반대하는 학자들은 부자들도 소비를 많이 하고 있으며, 성장이 낮아지면 저축률도 낮아지기 때문에 피케티의 이론이 틀렸다고 주장하는 상황이다. 따라서 브룩스의 주장대로 누진적 소비세만 도입할 경우, 이는 부를 축적시키는 동학을 오히려 강화하여 불평등을 심화시킬 수 있다. 따라서 불평등을 해소하기 위해 누진적 소득세 대신 누진적 소비세를 도입하기로 할 경우에는, 누진적 소득세를 거두지 않는 만큼 높아진 저축성향까지 상쇄할 만큼 매우 강력한 증여·상속세를 도입해야 한다.

게이츠의 비판은 의미가 깊다. 게이츠가 서평을 낸 시점에서 게이츠의 부는 전 세계 1위였다(『포브스』).[20] 전 세계 최고 갑부의 의견이라서가 아니라, 누구보다도 제왕적인 부를 소유하고 있으면서도 그에 걸맞은 사회적 책임감을 보여온 인물이기 때문에 의미가 깊은 것이다. 같은 시점에 전 세계 3위 부자인 워런 버핏은 자신이 소유한 부의 대부분을 게이츠 재단에 기부하기로 약속한 바 있다. 왜 새로 재단을 만들지 않느냐는 질문에, 버핏은 자신은 돈을 잘 버는 방법을 알지만, 게이츠는 잘 벌고 잘 사용할 줄도 안다고 재치있게 답했다. 게이츠 재단은 매년 엄청난 예산을 집행하며, 전 세계의 질병 퇴치와 교육 개혁에 역량을 집중해오고 있다.

> 미국 경제전문지 『포브스』가 최근 발표한 '미국 고액기부자 50명'에 따르면 빌 게이츠와 부인 멀린다 게이츠 부부는 지난해 26억5000만 달러(2조8000억 원)를 기부하면서 2년 연속 기부왕 자리에 올랐다. 게이츠 부부가 지금까지 기부한 돈은 302억 달러에 달한다(『조선비즈』, 2014. 10. 17).

게이츠와 버핏 가문은 자녀들이 스스로 길을 펼쳐나가라는 의미에서 제왕적인 재산을 물려주지 않기로 결정했고, 생활에 풍족할 정도의 재산만 남겨주기로 밝힌 바 있다. 이렇듯 자신의 부에 걸맞은 실천을 하는 게이츠이지만, 위에서 오독 가능성이 보였듯이 그의 피케티 서평을 무비판적으로 받아들일 이유는 없다. 어쨌든 게이츠가 제안한 '강력한 증여상속세 더하기 누진적 소비세'의 결합은 자녀들에게 기업의 통제권까지 물려줄 생각을 하는 재벌가문의 입장에서는 "게이츠 패닉"으로 여겨질 것이다.

『워싱턴포스트』

앞서 말했듯이 『워싱턴포스트』는 세습자본주의에 대한 피케티의 경고가 현재가 아닌 미래에 대한 예측이라는 점을 분명하게 지적했다(『워싱턴포스트』, 2014. 10. 15).[21] 『워싱턴포스트』는 추가적으로 최고 수준의 경제학자들조차 오해하는 피케티 책의 주요 내용을 해설했는데, 오해가 될 만한 지점을 잘 짚어내고 있다.

피케티는 책에서 20세기의 예외적이었던 역사를 제외하고는 자본수익률이 성장률보다 높았다는 사실이 법칙($r>g$)처럼 성립했고, 앞으로도 성립할 것으로 예측했다. 물론 자본수익률(r)이나 성장률(g)의 성질이 바뀌면서 피케티의 예측은 결국 틀린 것으로 판명될 수 있다. 혹은 누진세가 강력하게 적용되어 불평등이 완화될지도 모른다. 그런데 이러한 미래에 대한 예측으로부터 오해하지 말아야 할 것은, 피케티는 지난 세대 동안 심화된 불평등이 $r>g$ 동학 때문이라고 주장하지 않는다는 점이다. 『워싱턴포스트』는 이 부분이 오해의 핵심이라고 지적하면서, 최근 시카고대의 글로벌마켓 이니시어티브Initiative on Global Market에서 다양한 성향의 경제학자들을 대상으로 한 설문조사를 분석한다. '미국에서 1970년 이후 부의 불평등을 심화시킨 가장 강력한 동인이 $r>g$라고 생각하는지'라는 질문에 대해 대다수의 경제학자는 아니라고 답했다.

이러한 결과가 피케티의 주장을 반박할까? 그렇다고 생각한다면, 이는 오독이다. 참고로 이 설문조사에는 버클리대의 이매뉴얼 사에즈 역시 응했는데, 그는 피케티의 공동연구자이기도 하다. 그의 대답 또한 다른 경제학자들과 마찬가지로 '지난 세대 동안 불평등을 심화시킨 가장 강력한 동인은 $r>g$ 가 아니라고 생각한다'였다. 사에즈가 친절하게 첨언을 해주었는데, '현재 미국에서 부의 불평등을 심화시키고 있는 주요한 원인은 소득불평등과 저축의 차이에서 발생하는 불평등인데, 앞으로는 피케티가 주장하는 대로 $r>g$ 가 핵심 동학으로 떠오를 것'이라고 오해 지점을 분명히 했다.

『워싱턴포스트』는 마지막으로 오해를 풀기 위한 시도를 하겠다고 강조하며, (피케티에 따르면) 현재의 유례없는 소득불평등은 슈퍼경영자의 연봉 폭등에 주로 기인하며, 소득의 불평등만큼은 아니어도 부의 편중 또한 증가하고 있다고 말한다. 이러한 부의 편중은 주로 초부유층의 소득이 폭발적으로 늘었고, 그만큼 부를 쌓기가 쉬워졌기 때문이다. 피케티는 세 가지 예측을 하는데, 1) 신흥국의 따라잡기 성장이 끝나면서 성장률(g)은 낮아질 것이고, 2) 자본수익률(r)은 성장률(g)만큼 낮아지지는 않을 것이며, 3) 자본수익률(r)은 $r>g$ 가 성립될 정도로 충분히 높아서, 지금의 성공적인 (미국)기업인 자녀들이 다음 세대의 1퍼센트가 될 것이라는 예측이다. 그런 의미에서, 21세기는 19세기 세습자본주의와 유사한 점이 있다는 것이다.

다시 한 번 반복하지만, 피케티는 (미국에서) 지난 세대 동안 심화되어온 부의 불평등을 $r>g$의 동학이 설명한다고 생각하지 않는다.

책을 정말로 읽었다면, 이는 쉽게 파악할 수 있는 내용이라고『워싱턴포스트』는 꼬집는다. 시카고대 설문조사의 결과에 대해, 피케티는『워싱턴포스트』산하에 소속되었던 웹진『슬레이트』를 통해 자신의 의견을 다시 한 번 설명해주었다.

책에서 이에 대해 매우 명확히 설명했던 것으로 생각합니다만, 1970년 이후 미국에서 소득과 부의 불평등을 유발시킨 가장 큰 동인은 노동소득의 불평등이며, 이는 기술과 고등교육에 대한 접근성의 불평등과 슈퍼경영자들의 폭발적인 연봉의 증가로 봐야 하고요, 그중 폭발적인 연봉의 증가는 최고소득 구간에 대한 세율의 역진적 변화에 의해 촉발된 부분이 있다고 설명했습니다. (지난 세대 동안 미국에서 불평등이 심화되어온 원인은) $r>g$의 동학과는 별 관계가 없지요(피케티, 2014. 10. 15).[22]

피케티의 답 역시 다른 경제학자들의 설문내용과 같은 '아니다'였다.

『포브스』

『포브스』는『월스트리트저널』과 함께 피케티에 대한 강경한 반대

정서를 지속적으로 표출해오고 있는데, 전 세계 그리고 미국의 억만장자 리스트 발표와 관련하여 피케티의 저서와 관련 논쟁에 자주 인용되기도 한다. 피케티 담론을 보도하면서 논지에서 정작 중요한 포인트를 빼고 전달하는 등, 건설적인 비판보다는 소모적인 논쟁을 통해 피케티 담론의 전복을 시도한다. 위에서 언급한, 시카고대의 글로벌마켓 이니시어티브의 설문조사에 대한 해석 기사에서도 이러한 논조를 읽을 수 있다(『포브스』, 2014. 10. 17).[23]

이 기사에서 『포브스』는 피케티의 $r>g$ 동학에 게이츠도 의문을 제기했다는 사실을 언급하며, 게이츠 또한 피케티의 자본세 주장에 동의하지 않으며 대신 소비세를 옹호한다고 언급한다. 그런데 여기서 게이츠가 소비세와 함께 이야기했던 증여·상속세를 강화해야 한다는 주장은 온데간데없다. 게이츠의 세율 제안 중 절반을 빼고 전달하므로, 『포브스』의 독자들은 게이츠의 균형 잡힌 주장을 알지 못하게 된다. 『조선일보』나 『조선비즈』의 경우, 이러한 점을 명시했다("하지만 누진적 소비세가 실효를 보기 위해서는 부자들이 세금 회피 목적으로 부동산에 돈을 묻어두는 것을 막기 위해 상속세가 강화돼야 하고 게이츠도 상속세 강화를 주장해온 것으로 알려졌다"[24]).

『포브스』는 피케티의 대답을 전한 『슬레이트』의 기사는 자폭 기사라고 폄하하면서, 『21세기 자본』의 핵심 주장이 $r>g$인데도, 이 공식이 지난 세대 미국의 불평등을 설명하지 않는다는 피케티의 대답에 상당히 신경질적인 반응이다. 필자가 처음 집필을 시작했을 때만 해도 이러한 종류의 기사를 접하면 담론 형성에 악영향이 될까 우려되었는데, 이제는 다양한 표현의 일부로 받아들이게 되었다. 『포브스』의 관련 기사는 피케티에 대한 울퍼스의 분석을 높게 평가하면서 포문을 열었는데, 울퍼스라는 인물 및 그의 최근 분석을 살펴보기로 하자.

저스틴 울퍼스Justin Wolfers, 미시간대 경제학 교수

울퍼스는 피케티 이론의 저격수 역할을 해오며 피케티 관련 논쟁 초기부터 가장 효과적으로 비판을 해온 미국 보수진영 경제학자 중 한 명이다. 그는 논리의 비약 없이 설득력 있는 비판을 하며, 비판과 동시에 반박이 될 만한 점 또한 공정하게 인정하는 페어플레이를 해온 소장파 학자다. 울퍼스의 평은 피케티 담론을 이해하는 데 매우 중요한데, 특히 보수진영의 시각에서 피케티의 책을 평가하는 데 도움이 된다. 『파이낸셜타임스』 통계 조작 논란 기사에 대해서도 그는 『파이낸셜타임스』 분석의 오류를 NBER 프레젠테이션 자료를 통해 일정 부분 인정하면서, 쉽게 끝날 것 같지 않던 『파이낸셜타임스』 논쟁에 종지부를 찍는 역할을 했다. 울퍼스는 위에서 언급한 시카고대의 설문조사를 토대로, 게이츠와 함께 2014년 10월 피케티 비판을 재점화한 장본인이기도 하다 (『뉴욕타임스』, 2014. 10. 15).[25]

울퍼스는 피케티가 다가오는 미래에 $r>g$ 동학이 부의 불평등을 주도할 것이라고 주장한 것이지만, 이를 다시 바꿔 말하면

적어도 지난 세대와 지금의 불평등을 이해하는 데에는 이 동학이 도움이 되지 못한다는 평을 주류경제학자들로부터 받은 것이라고 기고했다. 물론 이러한 결과가 피케티의 연구나 저서에 대한 심각한 비판이 되지는 못한다고 울퍼스는 말한다. 그리고 피케티 역시 설문조사에 참가했더라면 다른 경제학자들과 마찬가지의 답을 했으리라(피케티가 『슬레이트』를 통해 표명했듯이) 생각한다고 밝혔다.

하지만 울퍼스는 피케티가 설문조사의 정작 중요한 부분인 경제학자들의 서면비평에 주목할 필요가 있다고 지적한다. 일자리 양극화론을 주창한 MIT의 데이비드 오토는 미국에서 (소득불평등과 달리) 부의 불평등이 증가하기 시작한 것이 확실한지 아직 분명치 않다고 기재했으며, 미국상무부 경제분석국The Bureau of Economic Analysis 자료에 따르면 미국에서 부의 불평등은 아직 증가 양상이 뚜렷하지 않다고 말했다. 통화정책 전문가이자 경제사학자인 버클리의 배리 아이켄그린Barry Eichengreen은 $r>g$ 틀이 유용하다고 생각하지 않으며, 그러한 틀로는 기술, 교육, 세제의 역학을 담아내지 못한다고 덧붙였다. 성장과 불평등에 대해 많은 저술을 해온 MIT의 대런 애쓰모글루Daron Acemoglu는 $r>g$ 틀이 전반적인 불평등이나 최상위로의 부의 편중에 대한 결정인자로 보여지지 않는다고 결론내렸다. 메커니즘 디자인과 게임이론의 결합으로 노벨경제학상을 받은 하버드대의 에릭 매스킨Eric Maskin은 $r>g$ 틀이 아직 불완전한 연구로 보이는데 그 이유는 자본수익률과 성장률은 균형의 결과이므로 어떠한 인자들이 이러한 균형점을 가져왔는지에 관한 추가적인 연구가 필요하다고 평했다.

매우 적절한 지적들임에도 불구하고, 울퍼스는 이러한 서면 비평의 어떤 내용도 피케티의 연구에 치명적인 문제점을 지적하지는 못했다고 말한다. 또한 지난 40년 동안의 미국에 관한 실증 자료가 앞으로 부의 편중이 심화될 것이라는 피케티의 이론이 틀렸다고 말해주지도 못한다고 덧붙였다. 그리고 피케티가 책에서 '거의 아무것도 알지 못하면서도 더 높은 과학적 타당성을 어리석게 주장한다'고 혹평한 주류경제학자들을 대상으로 한 설문조사에서 피케티가 호평을 듣기는 어렵지 않겠냐고 울퍼스는 반문했다.

울퍼스는 피케티의 연구가 큰 그림을 그려내는 작업으로 보이고, $r>g$ 틀은 현재의 미국보다는 (자본/소득 비율이 이미 높아진) 다른 국가들, 그리고 더 장기간에서 적절한 틀이 될 수 있다고 평했다. 하지만 피케티의 이론이 앞으로 다가올 시대에서 불평등이 심화될지를 이해하는 데 매우 핵심적인 이론으로 증명될 가능성을 간과해서는 안 된다고 비평을 마쳤다.

『포브스』와 같은 강경한 우파 언론에서도 울퍼스의 피케티 비판을 높이 평가한다는 점을 고려할 때, 울퍼스의 균형 잡힌 평은 독자들이 피케티의 책과 담론을 이해하는 데 유용할 것으로 생각된다. 피케티의 이론에 대한 울퍼스의 기술적 비판은 제12장에서 다시 소개하겠다.

브래드포드 드롱Bradford DeLong, 버클리대 경제학 교수

드롱은 미국 경제학자들이 많이 찾는 블로그 「공정한 성장을 위한 워싱턴 센터Washington Center for Equitable Growth」를 운영하며 피케티에 관한 논의들을 중재하고 있다.[26] 최고 수준의 경제학자들조차 피케티의 책 내용을 오해하는 경향이 있다는 『워싱턴포스트』의 기사를 앞에서 소개했는데, 드롱은 피케티의 책을 가장 깊이 이해하는 학자 중 한 명일 것으로 생각된다. 피케티의 이론에 비판적인 서머스와 대체적으로 호의적인 드롱은 하버드대 경제학과 시절부터 절친한 사제지간으로, 서머스는 클린턴 행정부 당시 재무부 장관으로 재직했고 드롱은 그보다 먼저 재무부 차관보로 근무했다. 둘 다 미국 민주당에 속하지만 진보진영으로부터의 평가를 살펴보면, 서머스는 중도나 중도 보수에 가깝고, 드롱은 중도적 진보로 여겨진다. 2013년 서머스가 현 연방준비은행 의장인 옐런과 함께 후보로 거론되었을 때, 서머스에 대한 진보진영의 반대가 거세지자 드롱은 서머스를 옹호했지만 서머스는 오바마 대통령에게 차기 의장 후보에서 자진해서 물러나겠다는 의사를 밝혔다.

크루그먼이 가장 자주 인용하는 경제학자 중 한 명인 드롱은 저명한 거시경제학자이자 경제사학자로서, 피케티 담론에서 피케티가 책에서 주장하는 과거와 미래의 내용을 경제사적 시각에서 제대로 해석하는 데 기초적인 공헌을 했다. 드롱이 2014년 5월에 쓴 글은 위에서 언급한 게이츠, 『워싱턴포스트』, 『포브스』,

울퍼스가 2014년 10월에 논쟁한 내용에 대해 5개월 전에 이미 답한 것으로 여겨도 무방하다.

> 피케티의 책은 오늘날 미국의 불평등에 대한 책이라기보다는, 벨 에포크 시대와 앙시앵레짐 시대 프랑스와 영국의 경제사에 집중한 책이다. 피케티의 이론대로 부익부의 동학이 작동한다고 가정할 경우 (지금이 아닌) 21세기 중후반 즈음 미국과 유럽에 19세기식 세습자본주의가 완연히 도래할 수 있다고 예상하는 저서이며, 절대적 생활수준이나 빈곤을 다루지 않는다. 저서는 1980년부터 시작된 미국의 불평등이 앞으로 계속 심화되어 벨 에포크 시대의 수준으로 다시 향할 경우, 갈수록 주요 기관의 요직에 그 자신보다는 할아버지의 능력으로 온 상속자들이 가득하게 되지는 않을지, 그러한 사회에서 제도는 어떻게 돌아가게 될지를 생각하게 만드는 책이다. 그러한 사회 안에서는 억만장자의 상속자와 상속녀에게 아첨을 떠는 것이 기업가의 주요한 자질이 되지는 않을지도 함께 생각하게 만든다(드롱, 2014. 5. 17).[27]

타일러 코웬Tyler Cowen, 조지워싱턴대 경제학 교수

주목할 만한 사상가 코웬은 미국 경제학자들이 많이 찾는 블로그 「마지널 레볼루션Marginal Revolution」[28]을 운영하며, 보수진영의 주류경제학자들이 기고하는 다양한 피케티 비판에 해설을 더하고 있다. 드롱은 코웬의 시각에 동의하지는 않지만, 자신의 블로그를 찾는 중도와 진보진영 독자들에게 코웬의 보수적인 해설을 함께 읽어보도록 권한다.

코웬은 피케티에 대한 서평(『포린어페어』, 2014. 5/6월호)에서 (미국에서) 심화되는 불평등은 주로 노동소득으로 인한 불평등이기 때문에 부에 대한 불평등을 중점적으로 다룬 피케티의 이야기와 들어맞지 않는다고 비판한다.[29] 이 부분은 이미 게이츠, 『워싱턴포스트』, 울퍼스, 드롱 항목에서 다루었다. 또 코웬은 피케티가 기업가의 활동을 무시하고 마치 안정적 자본소득을 얻는 자본소득자로 여긴 점을 비판하는데, 이러한 비판은 다양한 학자들에 의해서 제기되었고 이 책 제8장에서 중점적으로 짚었다. 코웬의 기술적인 비판은 하버드대의 서머스와 MIT의 로그니니 등 같은 내용을 비판한 논객들과 함께 제12장 「헤리티지 비판 그 외」에서 다루었다. 코웬은 또 다른 칼럼에서 국내의 상대적 불평등보다는 글로벌 불평등에 주목할 것을 강조하며, 지난 세대 동안 글로벌 불평등이 완화되었다는 사실을 강조한다(『뉴욕타임스』, 2014. 7. 30).[30] 이 점은 살라이마틴이나 디턴 등 글로벌 불평등을 전문적으로 연구한 학자들에게 공로를 주어야 하므로, 살라이마틴과 디턴 항목에서 다루었고 제11장에서도 주제를 중심으로 다시 한 번 논의했다.

그렇다면, 사상가 코웬이 오리지널하게 공헌하는 부분은 어디일까? 코웬을 사상가로 소개하는 이유는 코웬도 피케티와 마찬가지로 몇 년 전 경제사의 큰 흐름을 자신의 시각에서 한 번 그려 낸 바 있기 때문이다. 피케티의 책과 상관없이 코웬은 이미 그때 현재의 경제상황에 대한 자신의 답을 낸 것으로 생각된다. 코웬은 2011년의 저서 『거대한 침체The Great Stagnation』를 통해 미국의 현재 위기는 소득불평등 때문이 아니라 혁신의 부재로 인해 성장이 한계에 부딪혔기 때문이라고 파악했다. 코웬 역시 3세기의 미국사를 거슬러 올라가며, 20세기 초까지 라디오, 전기, 자동차 등 미국의 경제를 떠받친 혜택의 과실이 1960년대 즈음 이미 소진된 것으로 파악한다. 기본적으로 20세기 초 이후 더 이상 의미 있는 혁신이 이루어지지 않아서 지금의 미국에서 성장이 정체되고 있다는 시각이다.

그런데 미국은 상대적으로 혁신형 경제가 아닌가? 이러한 지적에 대해, 코웬은 다음과 같이 논증했다.

1970년대 이후부터, 고속성장을 이끌 만한 혁신적인 기술은 갈수록 희소해지고 있다. 그나마 성취한 대부분의 기술혁신은 개인의 부를 증대하는 쪽에 치우쳐왔다. 복잡한 금융상품, 트위터·페이스북은 비행기나 통신처럼 공공재의 성격을 갖지 않는다. 경제 파급 효과가 크지 않기 때문에 몇몇 소수에게만 엄청난 부가 집중되고 나머지는 소외된다(『조선비즈』, 2011. 3. 26).[31]

버클리대의 드롱은 코웬이 불평등을 외면하려다가, 미국에서 활발하게 진행되어온 기술의 혁신까지 부정하는 무리한 결론을 내렸다고 확신한다. 지금의 거대한 침체는 혁신의 부재가 아니라 제도의 설계에 원인이 있다는 입장이다(드롱, 2011. 3. 8; 2013. 12. 3).[32] 드롱은 할 베리안Hal Varian과 의견을 같이하는데, 구글의 수석경제학자이자 정보경제학으로 널리 알려진 혁신의 전문가 베리안은 당시 『이코노미스트』로부터 코웬의 책에 대한 서평을 부탁받자 다음과 같이 답했다.

> 코웬이 언급한 경제 파급효과가 크지 않다는 점, 바로 그 자체가 조그만 노동력으로도 소비자 잉여consumer surplus를 생산하는 데 효율적이 되었기 때문이라는 사실을 고찰할 필요가 있다. 기술의 혜택이 정체된 것이 아니라 기술에 따르는(파급효과를 유발하는) 비용이 낮아진 것이고, 이는 좋은 일이다!

독자들은 어떻게 생각하는가? 참고로, 최근 모건스탠리의 샤르마는 미국을 전 세계에서도? 으뜸가는 혁신형 경제의 전형으로 분류했다. 우선 필자 역시 코웬과 마찬가지로 전기, 라디오, 자동차의 발명이 페이스북보다 경제성장에 중요했다고 생각한다. 피케티 또한 그렇게 쓰고 있다. 피케티는 이에 더해서, 20세기 초 미국에서 전기, 라디오, 자동차 같은 혁신이 일어났지만 이러한 혁신이 당시의 극심한 불평등을 해소하지는 못했다고 주장한다. 극심한 불평등을 해소한 변화는 그 이후 루스벨트가 집권하고 누진적 세율 등 제도의 변화를 통해서 비로소 성취되었다.

필자가 생각하기에 사상가 코웬으로부터 배울 만한 교훈은 극심한 불평등에 대한 그의 원인 진단(2011년의 저서에서는 혁신의 부재, 2014년 방한 시에는 신자유주의로 인한 금융계의 탐욕을 들었다)보다는, 미래에 대한 예측에 있다. 코웬은 로봇이 사회 전반에서 이미 더 많은 노동력을 대체해나가고 있고 갈수록 경제가 그러한 경향성을 보일 것으로 예측한다. 그리고 글로벌 불평등 완화를 견인하며 고성장 가도를 달리는 중국조차, 값싼 노동력을 통해 얻었던 이점을 생각보다 일찍 잃게 될 것이라며 중국의 침체를 예견한다. 코웬은 결국 로봇이 대체할 수 없는 창의적 인재들만 고소득자로 남고 나머지는 로봇에 밀려 전락하는, 그만의 미래를 설득력 있게 예견했다.

코웬 교수는 현 자본주의의 위기를 신자유주의에서 비롯된 금융계의 탐욕과 이로 인한 소득불균형이라고 요약했다. 창의력이 뛰어난 상위 10퍼센트 정도의 사람만 높은 임금을 받고 나머지는 저소득층으로 전락하는 극단적인 불평등을 경험하게 될 것이라며 자본주의의 미래는 창의력, 설득력, 브랜딩 능력을 갖춘 사람만이 부를 독점하는 시대라고 강조했다(『매일경제』, 2014. 10. 14).[33]

할리우드 영화 「아이언맨Iron Man」의 실제 모델로 알려진 혁신적 기업가 엘런 머스크Elon Musk는 전기자동차를 생산하는 텔사Telsa의 공장을 대부분 자동화했다. 이는 노조가 없는 회사였고,

주요 피고용인들은 첨단시스템을 운영하는 데 필요한 고등교육을 받은 엔지니어들이다. 로봇 기술이 혁신적으로 발전하면 자본이 로봇을 소유하게 되면서 그만큼 로봇으로 대체할 수 있는 노동과 부의 대체탄력성은 높아질 것이다. 중산층이 로봇과 함께 번영하게 될지 아니면 경쟁하게 될지에 대해서는 기술의 편향성이 어떠한 방향으로 발전하느냐에 달려 있겠지만, 코웬의 예측대로 중산층에게 이는 그리 녹록한 문제로 보이지 않는다. 방한 시 필자와의 면담에서 피케티는 국부 안에서도 땅, 채권, 부동산 등으로 중요성의 비중이 역사적으로 변해왔는데, 교통이 혁신적으로 해결되어 미래에는 도심의 중요성이 상대적으로 떨어질 수 있고 국부에서 로봇 등 새로운 자본의 형태를 얼마나 많이 소유하고 렌트하느냐가 상대적으로 중요해질 수 있을 것이라 예측했다. 자본에 의한 불평등이 미래에 더 심화될 수 있다는 데에는, 코웬 역시 공감을 하는 듯하다.

하지만 코웬이 예측하는 미래가 현실이 되면 그의 책은 또 다른 예외를 마주하게 될 것으로 생각된다. 코웬은 인터넷이 혁신의 결과물이지만 중산층에 대한 파급효과가 떨어진다며 예외적인 혁신으로 치부했다. 또한 지금의 거대한 침체를 벗어나려면 엔지니어들을 다시 우대하여 진정한 혁신을 이끌어내야 한다고 주장한다. 그리고 코웬은 로봇이 현실이 되어가는 현재와 미래에서 로봇으로 인해 사회의 불평등은 더욱 양극화될 것으로 예측했다. 코웬의 시각에서는 로봇 역시 일자리 창출과 거리가 멀기 때문에, 진정한 혁신은 아닐 듯하다. 로봇이 현실이 되는 그의 혁신적인 미래에서도, 코웬은 불평등의 해결책보다는 혁신의 부재를 걱정한다.

케네스 로고프Kenneth Rogoff, 하버드대 경제학 교수

로고프는 자본주의에 대해 균형 잡힌 시각을 갖기 위해서, 열풍을 불러일으킨 피케티의 『21세기 자본』뿐만 아니라 디턴의 『위대한 탈출』을 함께 권했다. 로고프는 대표적인 친시장 경제학자로써 2008년 미국 발 금융위기 이후 긴축을 주장해왔는데, 경제위기를 타개하기 위해 재정지출 확대의 필요성을 주장해온 크루그먼과 날카로운 대립각을 세워오고 있다. 로고프는 보수진영의 대표적 학자이며 피케티 담론에서도 맨큐보다 훨씬 더 균형 잡힌 시각을 보여주고 있다(로고프, 2014. 5. 8).[34] 로고프는 피케티가 제안하는 80퍼센트 한계소득세율에 반대하지만, 지금보다 강화된 누진과세 제도를 특히 최상위 0.1퍼센트에 제한해서 실행할 필요에 공감한다. 또한 명목적인 세율 변화보다는 실효 세율의 변화가 중요하며, 고소득층에 대한 공제 부분의 혜택을 좁히고 상속세를 높임으로써 실질적인 변화를 만들 수 있다고 말한다. 이는 필자의 생각과도 비슷한데, 한국에서도 초부유층에 대한 세율 자체보다도, 세율에 잡히지 않는 지나친 공제와 편법적인 증여가 문제의 핵심이다.

　피케티 담론에서 로고프는 그가 범한 통계 오류 때문에 주로 회자된다. 로고프는 라인하트와 공동으로 쓴 2010년 논문에서 GDP 대비 정부 부채 비율이 90퍼센트 선을 넘게 되면 경제성장이 급격히 둔화되는 경향이 있다는 주장을 내놓았고 이를 긴축의 근거로 활용했다. 그런데, 2013년 이 논문에 통계적 오류가 드러나면서 곤욕을 치렀고, 『파이낸셜타임스』가 피케티의 저서에 대해 통계 조작 문제를 제기했을 때 언론은 두 사건을 비교했다. 로고프와 라인하트의 논문에는 부정할 수 없는 오류가 있었고, 로고프와 라인하트 또한 이러한 오류를 인정할 수밖에 없었다. 당시, 로고프와 라인하트는 오류는 인정하여도 주장은 바뀌지 않는다고 항변했다. 하지만 IMF의 최근 논문은 그러한 주장에도 의문을 제기했다(『이코노미스트』, 2014. 2. 27).[35] 반면 피케티의 경우 피케티 본인이 제기된 문제를 조목조목 반박했으며 제3장에서 소개했듯이 『파이낸셜타임스』가 문제를 제기하는 과정에서 자체적 오류를 저지른 결과라는 점이 두 사건의 대조적인 지점이다. 로고프의 서평은 대체적으로 균형 잡힌 보수의 시각을 보여주며, 그는 동료 교수 프랭클의 관점을 함께 참고하도록 권했다.

제프리 프랭클Jeffrey Frankel, 하버드대 케네디행정대학원 교수

프랭클은 환율 분야의 세계적인 경제학자로서, 크루그먼보다는 로고프에 가까운 중도 또는 중도적 보수의 성향을 보인다. 프랭클은 피케티의 책이 노동소득의 폭발적 불평등에 기인한 지난

30년을 보여주기보다는 앞으로 다가올 미래에 부익부의 동학이 작동할 수 있고 상속이 다시 중요해지는 시대로 향할 수 있다는 예측을 보여준다며, 하지만 민주주의가 다시 제대로 작동함으로써 이러한 예측이 틀릴 수 있다고 지적했다. 그는 지금처럼 양극화가 극심해졌을 때, 정치적인 역할이 대두되는 경향을 역사가 보여왔다고 말한다. 프랭클은 오늘날의 미국에서 자본소득세는 낮아지고 상속세는 사라져버린 느낌인데 이러한 정책이 초부유층에게만 혜택이 되면서 불평등을 체계적으로 조장한다는 점을 우려한다. 그리고 이러한 부자에게 유리한 정책의 변화와 유지는 현재의 정치경제가 이미 그들의 강한 영향력 아래 놓여 있음을 방증한다고 지적한다. 그리고 프랭클은 99퍼센트의 유권자들이 이러한 현실을 깨닫게 될수록, 자신들의 이익을 보장할 수 있는 정당에 투표함으로써 민주적으로 변화를 이끌어낼 수 있다고 낙관한다.

필자는 프랭클의 의견에 공감하지만, 자신들의 이익을 보장할 수 있는 정당이 없다면 어떻게 될까? 진보가 정권을 잡으면 초부유층의 사회포획 현상이 줄어들고 불평등이 완화되리라는 기대는 순진한 발상이다. 현실은 이념보다 복잡하다. 한국에서는 외환위기를 겪으면서 국민의정부가 집권에 성공했지만, 당시의 조세 정책을 보면 외환위기를 극복하는 데 도움이 되지 않는다는 이유로 금융소득종합과세의 시행을 유보하고, 1998년 말부터는 세수 확보를 위해 이자소득세율을 역진적으로 변경했다. "금융소득종합과세 유보는 IMF 구제금융 이후 고금리체제하에서 부유층들이 톡톡히 재미를 봤다는 점에서 계층 간 과세불평등을 더욱 부채질하는 결과를 낳았다(『동아일보』, 1999. 7. 6)."[36] 루스벨트가 강력한 누진적 소득세를 도입한 시기는 미국이 대공황을 겪은 바로 그 시기부터였다. 최근의 미국을 살펴보자. 미국은 노벨 평화상까지 받은 진보적이고 진정성 있어 보이는 대통령이 재선까지 성공하여 6년째 변화를 위해 노력해오고 있지만, 이미 포획된 제도의 변화는 그 어느 때보다도 쉽지 않은 현실이다. 초부유층의 로비는 공화당과 민주당을 가리지 않고, 정치 권력을 잡은 쪽으로 쏠리고 있다. 그런 면에서 미국의 정치가 초부유층에게 포획되었다는 생각이 정치학자들 사이에서 강해지고 있다고 피케티는 말한다. 민주주의 위기의 실체는 여당이 집권해서가 아니라, 야당이 집권해도 의미 있는 변화를 이끌어내기 어려운 상태에 이르렀다는 점이다.

　프랭클은 피케티의 글로벌 자본세를 통한 불평등 해소 방안은 비현실적이라고 반대하는 한편, 보다 현실적인 정책들로서 상속세 강화, 저임금 노동자 세제혜택, 공공교육 강화 등 성장을 저해하지 않으면서 불평등을 해소하는 정책들을 더욱 중요하게 생각한다(『매일경제』, 2014. 6. 3).[37] 피케티 역시 글로벌 자본세를 현재 관철시키고자 하는 논의로 삼고 있지 않으며, 누진적 소득세, 증여·상속세 그리고 공공교육의 강화를 이야기하고 있다.

마틴 펠드스타인 Martin Feldstein, 하버드대 경제학 교수

마틴 펠드스타인 하버드대 교수는 "미국 내 소득불평등이 확대됐다"는 피케티 교수의 주장 자체가 사실이 아니라고 잘라 말했다. 펠드스타인 교수는 "피케티 교수의 소득불평등 심화 이론은 1980년대 이후 미국 세금·상속세 제도 등을 제대로 파악하지 못한 채 내린 잘못된 결론"이라며 "미국 세제가 큰 폭으로 바뀌면서 소득 불평등이 커진 것처럼 보이는 오해를 불러일으켰다"고 지적했다(『월스트리트저널』, 「피케티의 수치가 맞아떨어지지 않는다」, 2014. 5. 14. 『매일경제』가 재기사화, 2014. 5. 28).[38]

드롱은 『월스트리트저널』에 기고한 펠드스타인 교수의 비판은 훌륭하지만, 『월스트리트저널』이 펠드스타인의 이름으로 "피케티의 수치가 맞아떨어지지 않는다"고 제목을 낸 자체가 이념적이며 이로 인해 펠드스타인이 입게 될 내상을 우려했다. 『월스트리트저널』이 위 기사를 낸 시점이 2014년 5월인데 이때만 하더라도 『파이낸셜타임스』 통계 조작 논란이 있었다는 점으로 미루어 보아, 일부에서는 미국 내에 소득불평등이 확대되고 있다는 사실 자체를 부정하는 경향이 있었다. 드롱의 우려대로 펠드스타인 교수의 주장에 무리가 있었던 것은, 미국 내 소득불평등은 보조금을 감안한다 해도 분명 심화되었다는 사실이 이미 여러 연구에서 입증되었기 때문이다. 이를 재기사화한 『매일경제』의 기사처럼,

한국에서는 대략 7월까지 소득불평등의 확대 자체를 의문시하며
『파이낸셜타임스』와 『월스트리트저널』의 기사를 인용하는 사례가
있었다. 드롱은 펠드스타인 교수의 『월스트리트저널』 사설이 오
용될 것을 우려했고, 우려는 결국 현실이 되었다.

제7장

피케티의 핵심 메시지:
초부유층의 사회포획 현상

피케티의 연구는 지금까지의 불평등 연구와 매우 다르다. 그는 연구 초기부터 부와 소득이 소수에게 편중되는 현상에 주목했고, 노동소득의 불평등과 함께 자본 소유의 불평등에 세간의 이목을 집중시켰다. 그가 주장하는 자본세 역시 초부유층을 주요 타깃으로 했고, 그의 이론과 상관없이 효과적으로 주장되는 국제공조를 통한 조세피난처 제재, 20세기 중반 미국의 경제사를 근거로 한 누진소득세 및 증여·상속세 강화 주장 그리고 최상위 소득층에 대한 정보의 투명성 요구 모두가 초부유층을 대상으로 한다. 20세기 역사를 19세기 세습자본주의와 구별 짓는 사회적 혁신이었던 중산층이 지난 세대 동안 몰락했고, 피케티는 그러한 현상이 지난 세대 동안 초부유층이 성공적으로 유지해온 감세정책과 무관하지 않다는 점을 저서에서 실증했다.

피케티는 촘스키를 연상시킨다. 둘 다 초부유층의 사회포획 현상을 우려하는 점이 겹친다. 부와 소득이 소수로 지나치게 편중될 때, 피케티는 민주주의가 훼손될 수 있다고 우려하지만 촘스키는 이미 훼손되었다고 말한다. 생존하는 가장 중요한 지성으로 여겨지는 촘스키의 글들은 포획된 시장체제와 대중매체의 치부까지 드러내다, "빌어먹을 촘스키!" 소리를 듣는다. 불평등은 조금만 잘못 들어가도 선악의 잣대를 들이대기 쉬운, 한 치의 양보가 없는 사안이다. 피케티는 지난 가을 방한했을 때의 인터뷰에서 초부유층의 금권적 포획 현상이 부의 편중을 우려해야 하는 중요한 이유라고 밝혔다.

제1차 세계대전 이전 유럽에서 높아져가는 불평등 문제에 대처하지 못했던 이유 중 일부는 불평등이 너무 극심해져 정치 제도가 경제 엘리트에 의해 포획됐기 때문이었다. 프랑스의 경우 민주공화국이었음에도 불구하고 민주적으로 작동하지 못했고 결국 재정에 필요한 소득세를 거두는 데 실패했다. 어떤 나라도 그런 극단적인 불평등 상황으로 가고 싶지는 않을 것이다 (『조선비즈』, 2014. 9. 19).

고도로 부를 축적한 초부유층이 이러한 부를 바탕으로 민주주의의 제도와 정치 그리고 지식인과 언론에 영향력을 행사하면서, 기득권을 유지하기 위해서 조세체계와 시장체제를 자신들에게 유리하도록 정책이나 법을 바꾸어가는 현상을 이 책에서는 초부유층의 사회포획 현상plutocratic capture으로 번역했다. 기존에는 금권정치로 번역했는데, 그럴 경우 초부유층과 정치권의 관계로 의미가 축소되어 초부유층이 사회와 경제 전반에 그리고 구체적으로는 조세 체계에 끼치는 실제의 포획력을 과소평가하도록 만들 수 있다. 또한 문제의 주체가 초부유층보다는 정치인에게 실리는 것처럼 보이게 한다. 제도의 허점은 그렇게 법률을 써놓은 입법가들에게 책임이 있지만, 정치인이 포획의 주체라기보다는 역시 관료나 언론과 마찬가지로 포획의 대상이라고 보는 것이 합당하다. 임기가 정해진 정치인보다는, 부를 유지하려는 동기가 지속적으로 강한 초부유층이 포획의 주체임을 명확히 인지할 필요가 있다.

필자는 대다수의 초부유층이 사회포획을 일삼는다고 가정하지는 않는다. 대부분의 사회 구성원은 기업가정신을 긍정적으로 여기고, 정당하게 부를 일구어낸 부자들이 얼마를 벌었건 그들을 미워하지는 않는다. 혹자는 한국의 국민들이 부를 죄악시하는 경향이 있다고 주장하지만, 이는 사실을 호도하는 발언이다. 대개의 국민은 1조 클럽에 들어간 김택진 사장이나 김범수 의장 등을 부러워했으면 했지 그들의 엄청난 부를 문제 삼지 않는다. 아무리 엄청난 부라도 그 축적이 그의 능력으로 이루어졌다는 믿음을 갖기 때문이다. 설령 막대한 증여를 받게 되는 재벌 자녀들이라도 법에서 정한 증여세를 다 내고 윤리경영을 하겠다고 선언하면 대중은 이를 인정한다. 그러한 부자들에 대해서는 인기가 높아지고 그들의 생각이 존중되며 그들의 상속재산도 그만큼 정당성을 갖는다. 결국 일부 초부유층의 금권적 포획이 나머지 부자들의 부에 대한 사회적 정당성까지도 훼손시키는 것이다. 한국에서는 초부유층에 의한 사회포획 현상이 축적된 부가 수면에 드러나는 증여나 상속 과정에서 흔하게 관찰되고 있다. 이러한 현상은, 그들에게 그렇게 하지 말아달라고 부탁한다고 해서 해결될 문제로는 보이지 않는다.

혹자는 이 지점에서 '초부유층이 편법적 상속을 하든 말든 당신에게 직접적으로 피해를 준 것이 없는데 왜 신경쓰느냐'라고 생각할 수도 있다. 재벌 회장이 편법적 증여의 일환으로 자녀들의 회사에 일감을 몰아주건 중견기업 회장이 가업 승계를 이유로 수백억 원의 증여세를 감면받건, 그러한 일은 국민 개개인에게 혜택이나 손해로 체감되지 않는다. 동료의 작은 일에는 신경이 쓰여도, 우리의 일상을 넘어서는 큰일에는 개념이 서지 않는 것이다. 크루그먼은 말한다. "우리는 주변에서 가끔 들리는 수십만 달러(몇 억)의 연봉을 받는 전문직 종사자들의 성공 스토리를 듣고는 이를 부러워할지 모른다. 하지만 초부유층이 어느 정도의 엄청난 부를 쌓고 있는지는 일반인들의 일상적 경험을 완전히 넘어서기 때문에, 그들의 부에 대해서는 느낌이 없으며 그들은 우리들의 눈에 잘 띄지도 않는다(『모이어스 인터뷰』, 2014. 4. 18)."

초부유층이 정치권에 영향을 끼쳐서 그들에게 부과될 세율을 낮추고 다양한 공제를 추가적으로 챙기는 행위가, 일반 대중과 상관이 있을까? 주류경제학자인 디턴은 상관이 크다고 생각한다.

제4장에서 밝혔듯이 디턴은 피케티와 대립각을 세우는 구도로 우리나라에 소개되었다. 이에 따라 필자는 초부유층의 사회포획 현상을 디턴의 언어로 소개하는 것이 공감대를 형성하기에 나을 것이라 생각하여, 원래 사용하려던 촘스키의 급진적 해석들을 디턴의 분석으로 대체했다. 디턴과 피케티의 공감대 역시 바로 초부유층에 의한 금권적 포획 현상인데, 둘 다 저성장체제로 접어든 국가에서 이러한 현상이 심해진다고 본다.

> 파이가 계속 커질 때에는 여분의 조각을 당신에게 나눠주고도 내(부유층의) 몫에 손해가 되지 않는다. 하지만 미국이나 다른 선진국처럼 성장이 낮아진 국가에서는 그만큼 분배가 치명적인 문제가 된다. 파이의 크기가 커지지 않는 만큼, 내가 파이를 더 먹기 위한 유일한 방법은 당신의 몫까지 내가 챙기는 것이다(디턴, 「런던정치경제대학 인터뷰」, 2013. 12. 7).[1]

디턴은 자신의 책에서 피케티와 사에즈의 '상위 소득 점유율의 변화' 연구의 중요성을 강력하게 부각하면서 파레토 법칙에 강한 애착을 보여온 정통 주류경제학자들의 시각을 소개한다. 여기서 잠깐 피케티의 설명을 첨언하면, 파레토법칙이 말하는 파레토 분포Power Law distribution는 마치 상위 10퍼센트의 부유층이 90퍼센트의 부를 소유하는 것이 어떠한 법칙인 것처럼 포장하지만 상위 10퍼센트의 부유층이 20퍼센트의 부만 소유하더라도 이 역시 멱함수로 나타낼 수 있기 때문에, 실제로는 별 의미가 없다고 말한다(피케티, 『21세기 자본』, 440쪽). 또한 주류경제학자들은 파레토가 고안한 파레토 개선Pareto improvement에도 애착을 보이는데, 이는 타인의 부가 우리에게 아무런 해도 끼치지 않는다면 타인의 부에 대해 신경 쓸 필요가 없다는 점을 시사하고 있다. 디턴은 정통 주류경제학자이지만 이 개념에 문제가 있다고 생각한다. 이 개념을 암묵적으로 돈의 영역에만 적용했다는 점에서 그렇다. 이는 교육이나 건강 등을 생각하는 그다운 생각인데, 초부유층의 금권적 포획에 의해 민주사회에 참여하는 가치 등 공공의 가치가 훼손될 경우 부의 편중은 정당화될 수 없다며 그는 파레토 법칙을 비판한다(디턴, 『위대한 탈출』, 241쪽).

한국에서는 피케티와 대립 구도로 설정된 디턴이 '부자의 일에 당신이 일일이 신경쓰지 말라'는 파레토 법칙을 오히려 비판하며, 피케티의 연구를 옹호하는 셈이다. 이는 디턴이 피케티와 사에즈 연구의 중요성에 공감하며 자신의 책에서 이를 격찬한 이유이기도 하다.

> (피케티와 사에즈의) 자료를 마지막까지 아껴둔 이유는 노동시장과 자본시장, 정치에서 무슨 일이 발생했는지 이해하는 일의 엄청난 중요성 때문에 이것에 각별한 주의를 기울이고 싶었기 때문이다. 또한 나는 엄청난 금액의 돈이 관련되어 있다는 이유만으로도 최상위 임금에 특별한 중요성이 있다고 생각한다(『위대한 탈출』, 231쪽).

피케티의 자본세 처방에는 반대하는 디턴까지도 피케티의 연구를 중요시하며 신경을 쓰는 사안이 바로 초부유층의 사회포획 현상이다. 자본주의가 부를 편중시키는 경향이 있다면, 초부유층의 대두는 자본주의의 결과로 볼 수 있을 것이다. 초부유층은 민주주의에 어떤 영향을 끼칠까?

(한 세기 전) 루이스 브랜다이스Louis Brandeis 판사는 미국은 민주주의를 갖거나 소수의 손에 부가 집중되게 할 수 있지만 둘 다 이룰 수는 없다는 유명한 주장을 했다. 민주정치에 필수인 정치적 평등은 늘 경제적 불평등으로 인해 위협받았고 경제적 불평등이 극심해지면 민주정치에 대한 위협도 커졌다(『위대한 탈출』, 240쪽).

크루그먼은 상속자를 대변한 맨큐의 칼럼을 언급(『뉴욕타임스』, 2014. 6. 24)하면서, 맨큐가 경제 엘리트층이 민주주의에 끼칠 수 있는 금권적 포획 현상에 대해서는 정작 일언반구도 하지 않는다는 점을 강하게 비판한다. 초부유층의 금권적 포획 현상에 대한 우려는 진보나 보수를 떠나서 역사적으로 모두 공감한다는 점을 들면서, 불평등이 지금처럼 심각했던 1세기 이전의 미국에서 루스벨트 대통령과 주류경제학계의 대표 어빙 피셔가 나타낸 강한 우려를 언급한다. 미국은 그 이후 거대기업 트러스트를 해체시켰고, 대공황을 겪으면서 성장이 침체되면서부터는 증여나 상속 등에 대해 매우 누진적인 정책을 50년 동안 유지하면서도 자본주의를 다시 발전시켜나갈 수 있었다.

초부유층에 의해 포획된 사회에서 제대로 된 민주주의의 실현은 불가능하다는 브랜다이스 판사의 우려가 1세기가 지난 지금의 미국에서 다시 되살아나고 있다. "미국의 정치과정은 포획되었는가? 이런 생각이 점점 더 미국 정치 전문가들 사이에서 지지를 얻고 있다(『21세기 자본』, 615쪽)." 피케티는 민주주의적 토론에 기반을 둔 누진세율을 고려함으로써, 자본주의와 민주주의의 조율을 현실에서 시도하고 있다. 자본주의에서 소수로의 부의 집중은 스스로 제어되지 않으며 민주주의의 가치를 심각하게 훼손시킨다는 사실이 이러한 시도를 정당화한다. 초부유층의 사회포획 현상이 심각해지는 사회일수록 이러한 피케티의 주장은 공감을 얻게 될 것으로 보인다.

현재까지의 논쟁을 지켜보면, 부자증세에 대한 입장은 진보와 보수가 첨예하게 대립하고 있어서 당분간 합의하기 어려워 보인다. 반면에 경제 엘리트층의 금권적 포획 현상은 한국에서도 진보나 보수를 떠나서 정부까지 최소한 우려를 표명하고 있다. 이는 분명 변화가 필요한 사안이다. 이러한 사회포획 현상을 근절시키고자 하는 노력이 강력하게 작동하는 사회라면, 같은 불평등 정도라도 그 불평등이 사회적 정당성을 부여받기 때문에 불평등에 대한 논의가 발전할 수 있다고 생각한다. 정해진 증여세를 피해서 엄청난 재산을 승계 받는 상속자를 목도하는 국민들은, 이것이 자신의 직접적 일상과 동떨어져 있다 하더라도 민주주의의 가치가 눈앞에서 훼손되는 것을 지켜보며 자국의 부가 부당하다고 느끼게 된다. 돈에는 도덕이 없더라도 사회적 정당성은 필요하며, 그러한 정당성이 부여될 때 같은 불평등이라도 민주적으로 용인될 수 있다.

한국에서 금권적 포획 현상은 부를 이전하는 과정에서 많이 발견된다. 상속 및 증여에서 흔히 관찰되는 초부유층의 사회포획 현상은 두 가지 경로로 민주주의를 훼손시킨다. 첫째로는, 민주적으로 합의된 증여나 상속 세제의 허점들을 이용하여 편법적으로 증여하는 경우다. 다양한 분야의 전문가들이 이러한 과정을 돕는 서비스를 기꺼이 제공한다. 재벌의 경우, 처음에는 공익재단을 활용했고 전환사채를 이용했다가 이제는 일감 몰아주기로 방법이 진화하고 있다. 걸리더라도 처벌이 가볍기 때문에 유전무죄라는 논란에서 자유롭지 못하며, 어쩌다 유의미한 처벌을 하더라도 시간이 조금 흐르면 경제위기론을 내세워 다시 흐지부지되곤 한다.

둘째로는, 초부유층이 정치나 언론에 영향을 끼치면서 부자 감세를 꾸준히 추진하고 그와 동시에 세율로 잡히지 않는 여러 공제혜택 등을 얻어가는 방식이다. 최근 정부는 오래된 중견 명문기업이 주식을 승계할 경우 최대 1000억 원까지 공제혜택을 주겠다고 발표했다. 중견기업의 회장 가문들이 상속에서 혜택을 받는 문제는 차지하고라도, 중견 명문기업을 인증하는 권한을 정부가 갖는다는 점에서 정책포획의 여지까지 남기는 추가적인 문제점이 발생할 수 있다(『한겨레』, 2014. 9. 22).[2] 중견기업에게 잠재적으로 1000억 원까지 주어지는 혜택은 요건이 하나 정도 모자라는 기업의 가문이 정책적 포획을 시도하여 요건을 변경할 만한 충분한 유인을 제공할 수 있다. 지금 예로 든 정책이 포획의 결과라고 단정할 수는 없으나, 그렇게 변질될 수 있다는 점은 우려스럽다.

한국에서 초부유층의 사회포획 현상은 재벌 시스템과 재벌 가문을 빼놓고는 생각하기 어려울 것이다. 소수의 부유층에 속하면서도 재벌가문처럼 드러나지 않은 경우도 많지만, 재벌닷컴의 최근 통계를 보면 한국의 최고부자들 100인의 명단은 80퍼센트 이상이 재벌 2, 3세대로 채워져 있다. 금권적 포획 현상을 보인 재벌 2세들은 비판도 많이 받지만, 한국의 경제발전과 궤를 함께 해왔다는 점에서 보수진영에서는 그들의 기업가적 정신에 나름의 정당성을 부여하고 있다. 그런데 보수진영이나 정부에서도 난감해하는 금권적 포획 현상이 지난 10년 동안 갈수록 드러나고 있다. 사업을 위한 조치로 포장했지만 재벌가문이 자녀들에게 회사를 세워주고 일감을 몰아주는 행태가 대표적인 예인데, 이는 사업이 아닌 증여라고 봐야 할 것이다. 상대적으로 적은 돈을 증여해서 회사를 차리고는 부모가 일부의 지분을 보유한 모기업의 일감을 몰아줌으로써 수익을 창출해주는 것이다. 재벌가문의 부모는 보통 모회사의 지분 중 3~33퍼센트 정도를 소유하지만, 순환출자구조를 통해서 100퍼센트의 통제권을 보유하고 있다. 나머지 지분을 소유한 대다수는 회사의 결정에 직접 참여하기가 어렵기 때문에 재벌가문에 의한 사익편취의 가능성은 열려 있다.

물론 재벌의 모든 내부 거래가 문제라고 볼 수는 없다. 수직계열화vertical integration는 모회사와 자회사의 유기적 관계에서 가치가 창출되기 때문에 필요할 수 있다. 그렇다면 증여가 목적인 내부 거래를 어떻게 판별할 수 있을까? 개념적으로는, 자회사의 소유권 구조와 매출 구조를 따져보면 증여성인지를 가늠하는 데 도움이 된다. 자회사가 재벌 시스템의 모회사 소유가 아니라 재벌 가문의 자녀들이나 회장 본인의 소유이면서 모회사에 대한 매출 의존도가 높다면, 우려는 커질 수밖에 없다. 이를 의식해서인지 혼맥과 인맥으로 얽혀 있는 재벌가문들끼리 매출을 서로 주거니 받거니 하는 식으로 수단이 진화하는 경우도 있다.

이러한 유형의 증여는 큰돈을 한 번에 물려주는 상속보다도 심각한 문제일 수 있다. 경제학자 로런스 서머스는 부자가 물려주는 것은 돈뿐만이 아니라 기회와 건강이라고 말한다. 재벌의 일감 몰아주기는 단순히 부의 증여를 떠나서 기회를 증여하는 것이며, 무엇보다도 모두가 촉진하고 싶어하는 자유주의적 기업가정신을 왜곡시킨다. 최근 국세청이 이들에게 증여세를 물리기 시작한 것을 보면, 역시 (기회의) 증여라고 봐야 한다. 몇몇 재벌가문들은 이러한 사회적 파장을 의식해서인지 자진해서 자녀들에게 차려주었던 회사를 모회사로 편입시키고 있다.

재벌 2세들이 시급히 인식해야 할 점은, 다른 재벌들도 하니까 내 자녀들도 이러한 방식으로 재산을 키우도록 하겠다는 잘못된 결정이 그나마 있던 가문의 이미지는 말할 것도 없고 선대에서 정착시킨 재벌 시스템의 정당성까지 훼손할 수 있다는 점이다. 초부유층의 사회포획 현상을 해결하기 위해서는 재벌의 상속과 증여에 관한 투명성 조치와 편법에 대한 강력한 법 집행이 이루어져야 한다. 언론이 사회 투명화 과정을 지속적으로 모니터링해주는 역할을 함으로써, 법 개정이 늦어지더라도 압력을 가할 수 있어야 한다. 재벌의 부를 추적하는 재벌닷컴이나 참여연대 같은 사설기관들의 역할을 제도적으로 일정 부분 강화시켜줄 필요성도 있다. 투명화 과정에서 재벌가문을 배격하기보다는, 민주적인 토론으로 타협점을 만들어나가야 한다. 명목적인 세율보다 중요한 것이 정보의 투명성이며, 바로 이것이 피케티가 현재 요구하는 지점이다. 필요하다면 명목적인 상속세는 낮추고 실효세율은 지금보다 높일 수 있을 것이다. 제도의 변화를 민주주의에 부합하도록 이끌어낼 수도 있다. 예를 들면 일본의 경우 상속 및 증여에 대한 법 적용이 매우 엄격한데, 상속보다는 증여에 훨씬 가혹한 세금을 매긴다(『일본세무사협회』).3 필자는 일본이 유지하는 상속과 증여의 세율 차이가 기회의 균등을 강화해준다고 보며, 특히 불투명한 재벌가문의 증여 과정을 개선하는 시작점이 될 수 있다고 생각한다. 세금 징수 과정에 대한 정보를 투명화하고, 편법이나 탈법은 징벌적으로 처벌할 필요가 있다. 금권적 포획 현상을 근절하려는 정치적 노력이 분명하게 보이는 사회라면, 누진적 조세제도의 필요성 또한 상당히 감소할 것으로 생각된다. 그렇게 된다면 국민들도 정부에 신뢰를 갖고 좀더 중장기적인 시각에서 정치인들이 중산층을 어떻게 키워나가는지를 지켜볼 수 있을 것이다.

필자는 시장체제를 중시하는 보수적 입장 안에서도, 암묵적으로 초부유층이 시장체제의 실질적 주인공이라는 시각과 초부유층 또한 시장체제의 규칙을 준수해야 한다는 시각으로 나뉜다고 생각한다. 이 차이를 분명히 인지하는 것이 초부유층과 관련된 정책을 판단하는 데 중요하다. 한국의 경우에는, 재벌 시스템과 재벌가문을 구별하는 일이 추가적으로 필요하다. 그룹 시스템을 유지하면서도 불평등의 정도가 덜한 스웨덴이나 독일의 경우를 보면, 재벌 시스템으로의 경제력이 집중되는 것과 재벌가문으로 부가 편중되는 것은 독립적인 현상으로 보인다. 재벌가문의 일감 빼돌리기나 몰아주기와 같은 사회포획 현상으로 인해 재벌 시스템이 악용되는 경우가 뉴스에 등장하지만, 포획의 주체는 재벌가문이지 재벌 시스템 및 다른 이해관계자들은 포획을 통해 피해를 보는 입장이다. 그러므로 재벌 시스템을 유지하거나 경제를 살린다는 명목 하에 재벌가문에게 증여나 판결에서 특혜를 준다면 부가 정당화되기 어려울 것이다. 반대로 재벌가문의 사회포획 현상이 발현된다고 해서 재벌 시스템까지 해체하려는 것 역시 기업지배구조 측면에서 매우 신중하게 접근해야 할 문제라고 생각된다.

한국에서는 복지국가소사이어티가 이러한 이론적 구분을 명쾌하게 대중화시켰지만, 초부유층의 사회포획 현상이 지속되는 한 재벌가문이 '사회적 대타협'에 나설 이유가 없다. 그동안의 판례를 보면, 재벌가문은 일부 소수를 제외하고는 증여 과정에서 다양한 편법을 통하여 실효세율을 낮추는 데 성공했고 감사원의 지적대로 국세청은 세금을 추징할 법적 근거가 있음에도 웬일인지 미온한 태도를 보였다. 재벌 시스템의 소유권이 희석되기까지는 계산보다 한없이 오랜 시간이 걸릴 것이고, 이론과 달리 현실에서는 언제 그러한 대타협이 가능할지도 알 수 없다.

현재 경영권을 이양 받은 재벌 2세들은 대부분 세금을 제대로 부담하지 않았을 가능성이 높다는 분석이 나왔다. (…) 재경부에 따르면 재벌가의 증여와 상속은 규모가 수천억 원대에 달하므로 실효세율도 최고세율과 별 차이가 없다. 재경부는 내년부터 모든 과세근거자료가 국세청 전산망에 입력되는 만큼 개인별 관리를 통해 변칙상속, 증여를 철저히 차단할 방침이다(『동아일보』, 1999. 9. 3).[4]

이는 오늘 기사화되어도 이상하지 않을 듯한 내용이지만, 이미 15년 전 이야기다.

증여나 상속 과정에서 정부나 공공재단의 도움 없이는 통제권을 더 이상 유지할 수 없을 때 재벌가문은 사회적 도움을 필요로 하게 될 텐데, 사회포획 현상이 가능한 체제에서는 사회적 대타협 없이도 재벌 3, 4세로 재벌 시스템의 통제권이 이행될 수 있다. 이 과정에서 재벌가문의 상속자들이 다양한 전문가의 도움으로 제도의 허점을 파고들어 재벌 시스템을 나눠먹는 재편에 성공하면, 사회적 대타협은 한 세대 더 미뤄질 수 있다. 재벌 자녀들이 재벌 시스템을 나누어 가진 상황에서 재벌가가 민주주의의 통제를 받게 될 것 같지는 않다. 소규모 재벌 시스템으로 바뀌면,

순환출자구조의 정도는 자연히 낮아진다. 재벌 시스템의 변화에 주목하기보다는 재벌가가 증여세와 상속세를 제대로 내고 이러한 경영권을 상속·세습·승계한 것인지, 조세피난처에 은닉한 재산은 없는지를 철저히 소급적용하여 따져 묻고 제재할 때, 비로소 부의 정당성이 확립될 수 있다. 부를 정당하게 증여하고 법을 지키는 것이 재벌가문의 입장에서 유리한 전략이라고 판단될 정도로 사회적으로 의견을 수렴하여 제도의 허점을 메워갈 필요가 있다.

> 미국의 경우 현재와 같은 극단적인 소득과 부는 100년 이상 본 적이 없다. 부의 엄청난 집중 현상은 성장을 가능하게 하는 창조적 파괴의 숨통을 막아 민주주의와 성장의 기반을 약화시킬 수 있다. 그만한 불평등은 앞선 탈주자들이 뒤에 남겨진 탈출경로를 막도록 장려할 수 있다(디턴, 『위대한 탈출』, 352쪽).

디턴이 우려하듯이, 소수로 부가 지나치게 편중될 때 시장체제의 순기능이 마비되고 초부유층의 사회포획 현상이 발현되기 쉬워진다. 자본 소유의 불평등 면에서 한국의 편중은 이미 심각한 상태이고, 서두에서 『한겨레』의 최근 기사(「상위 1퍼센트가 배당소득의 72퍼센트 차지」, 2014. 10. 8)를 통해 이를 확인할 수 있었다. 또한 모건스탠리의 분석에서 확인했듯이 한국은 억만장자의 84퍼센트가 부모로부터 부를 물려받은 대표적인 상속·세습·승계형 경제다. 이는 경제 시스템이 대기업에 집중되어 있는 일부 유럽 국가나 일본과도 구별되는데, 재벌 시스템의 문제라기보다는 편법적 증여와 궤를 함께한 재벌가문 체제에서 비롯한 현상이다. 앞으로 부의 편중 및 초부유층의 사회포획 현상을 소신 있게 보도하고 심도 있게 토론할 책무를 지닌 언론과 지식인이, 이해관계를 넘어 활발한 역할을 할 수 있기를 기대한다.

제 8 장

부익부 논쟁: 피케티는 기업가의 활동을 무시했는가?

피케티는 자본가들이 많은 양의 자본을 가지고 있기 때문에 자본소득을 얻는다고 말한다. 이것은 달리 표현하면 자본은 가지고만 있으면 저절로 소득을 낸다는 말이다. (⋯) 자본이 소득을 낳는 경우는 그것이 자본소유자에 의해 생산적인 것에 사용되고 그 결정이 성공했을 때다. 다시 말하면 자본의 소득은 자본소유자가 그것을 어떻게 사용하느냐에 따라 결정된다. (⋯) 피케티의 제1법칙이 갖고 있는 치명적인 문제점은 바로 기업가의 활동을 무시하고 있다는 것이다. 피케티는 기업가의 활동을 자본수익과 관련하여 이론적으로나 통계적 분석에서 전혀 고려하고 있지 않다. 자본의 소득은 기업가의 주관적인 생산계획에 따라 달라진다(신중섭 외, 『피케티의 21세기 자본 바로읽기』, 백

년동안, 2014, 99쪽).

피케티의 『21세기 자본』은 자본가, 아니 기업가의 역할을 무시했다는 비판을 대단히 많이 받는다. 위 인용문이 그 예다. 피케티의 어떠한 주장이 이와 같은 비판을 낳는 것일까?

피케티는 한편으로는 실제로 기업가의 활동을, 아니 기업가를 무시했다. 피케티가 관심을 집중하는 대상은 생산관계에 놓인 자본가(기업가)뿐만이 아니라, 자본소득자 및 상속자를 포함한 다양한 사회구성원이기 때문이다. 특히 기업가를 생산관계에서 조망하는 것이 아니라 분배단계에서 부와 소득에 따라 고려하므로 위에서 비판받듯이 기업가의 활동을 상세히 제시하지 않았다. 기업가정신도 노동운동도 연구의 핵심은 아니다. 19세기 후반에는 자본가(기업가)가 자본과 노동을 이용해 성공했을 때 소득을 얻었고, 마르크스는 이를 착취라고 생각했다. 이때 땅을 소유하고 임대하는 자본소득자(상속자)는 전면에 등장하지 않았는데, 이들은 주로 상속받은 땅을 농민이나 자본가에게 빌려주고 무노동으로 임대료를 받는 세습자본주의의 주인공들이었다. 이들은 상속받은 부를 국채에 투자하는 것만으로 안정된 수익을 받기도 했다. 피케티가 자주 인용하는 제인 오스틴과 오노레 드 발자크의 소설 속 인물들이 그 전형이다.

마르크스가 바라보는 착취가 생산과정에서 발생하는 자본과 노동 간의 대립에서 발생하는 것이고 기업가가 타결시켜야 하는 노사협상이 생산단계(기업지배구조)의 노사관계에서 경영인과 노조 사이에 발생하는 것이라면, 피케티는 기업의 전면에서 활동하지 않더라도 막대한 부를 향유하는 상속자까지 포괄한 실제 사회에서 일어나는 개인 간의 불평등을 연구했다. 불평등을 사회 전체적 차원에서 조명하기 위해 그는 생산과정에 투입되지 않는 주택과 같은 자산을 부의 불평등을 계산하는 데 포함시켰고, 따라서 '자본'을 '부'와 같은 의미로 재정의한 후 사용했다. 피케티의 2012년도까지의 학술논문들을 살펴보면, 자본capital이라는 용어 대신 경제학에서 일반적으로 쓰는 부wealth라는 용어로 학술발표를 해왔음을 알 수 있다. 그는 일찍부터 생산관계에 놓인 자본보다 광범위한 것으로 자본을 정의하고 왜 그렇게 정의하는지를 상세히 설명한 뒤 개념을 사용했다. 피케티가 실제로 연구한 것은 돈의 역사이고, 사회 수준에서 불평등을 포괄적으로 이해했으며, 생산단계에서의 불평등에만 얽매이지 않았다. 생산단계를 넘어 포괄적 의미로 자본을 보았으므로 상대적으로 기업가의 활동에 초점을 맞추지 않았다. 기업가의 역할을 무시했다는 비판을 받는 것은 이런 측면 때문일 것이다. 대신 피케티가 확립한 자본 개념은 실제 사회에서 진행되는 불평등을 더 정확하고 포괄적으로 조망할 수 있도록 했다. 부동산의 형태로 축적된 부가 절반을 차지하는 현실에서 이를 빼놓고 경제적 불평등을 논하기는 어려울 것이다.

또 다른 한편으로 피케티는 기업가의 활동을 무시하지 않았다. 대신, 막대한 부를 가진 상속자 또는 투자가의 입장에서 기업인들과 그들의 활동을 이해했다. 즉, 금융을 통해서 투자할 수 있는 기업가들의 활동을 포트폴리오화하여 이해했다. 이게 무슨 말일까? 막대한 부가 자녀에게 이전될 경우, 외국 초부유층의 경우에는 패밀리오피스°를 만들어서 자산을 관리한다. 자녀의 자산 관리 능력이 떨어질 수 있기 때문이다. 상속기금과 관련된 인물의 역할이나 규모는 크지 않다. 위험을 관리하면서 당연히 수익을 내기 위해서 투자은행, 헤지펀드, 사모펀드, 개인자산관리 회사 등에 투자를 맡기고 그들이 제시하는 인센티브 구성에 맞춰서 관리비용을 지불한다. 금융시장을 통해 상속자의 부가 기업가의 자본으로 변신하는 순간이다. 어느 기업(가)에 투자할지는 상속자의 기금으로부터 투자금액을 할당받은 금융인들이 자신들의 인센티브를 최대화하는 식으로 투자할 기업(가)들의 활동과 역량을 고려할 것이다. 적어도 우리는 금융시장에 대해서 그렇게 상정하고 있다. 그래서 피케티는 현대의 금융시장이 이론처럼 완전하고 완벽해질수록 오히려 막대한 부(자본)를 가진 상속인은 굳이 특출한 기업가정신으로 무장되어 있지 않더라도, 예를 들어 스티브 잡스 같은 진정한 기업가들에게 투자함으로써 부를 축적할 수 있다고 보았다. 기업가의 활동은 자본주의에서 활발히 일어나고 있으며, 그들의 개별적인 능력의 차이는 상속자의 포트폴리오 투자 안에서 위험과 수익률로 고려된다. 상속자가 직접 투자를 하

● 금융기관이 초부유층 가문을 대신해 자산관리를 대행해주는 금융기관의 비즈니스. 상속, 증여, 재단 설립 등과 같은 복잡한 업무를 수행하므로 세금, 신탁 등에 대한 전문지식이 뛰어난 금융기관이 주로 이 서비스를 수행한다. 미국뿐만 아니라 유럽의 부유한 가문들은 패밀리오피스를 이용해 그들의 자산운용 방침과 상속원칙 등을 정하고, '신탁' 이라는 체계화된 시스템을 통해 아예 자신의 재산을 금융기관에 맡겨버린다.

건 대리인이 투자를 하건 금융시장을 통해 기업에 투자를 할 경우, 기업가의 활동은 당연히 고려되었다고 보는 것이 합당할 것이다. 1세기 이전의 투자은행가 J. P. 모건은 기업인이 아닌 금융인이었지만, 그의 투자활동이 기업가의 활동을 무시했다고 생각하는 이는 없다. 연봉은 1달러였지만 주식평가가치 상승으로 거대한 부를 더했던 스티브 잡스나 별 생각 없이 애플 주식에 막대한 부를 투자한 상속자나 둘 다 기업가 스티브 잡스의 활동과 그에 따른 위험을 감수하고 주식회사 애플의 성과로부터 수익 또는 손실을 챙겨갔다. 물론, 어떤 상속자는 매뉴얼대로 따르지 않고 임의대로 투자를 감행하면서 숨겨진 정보로 더 큰 수익을 내거나 아니면 막대한 투자 손실을 입고 최고부자 명단에서 사라질 것이다. 정리해보면, 피케티는 기업가의 활동이 없는 세상에서 부익부가 가능하다고 주장하는 것이 아니다. 투자 받기를 원하는 기업가와 투자를 연결해주는 금융시장이 발달할수록, 기업가정신이 미미한 자본소득자라고 하더라도 부익부를 실현할 수 있음을 매우 현실적으로 이야기하는 것뿐이다. 피케티는 금융시장의 관점에서 기업가의 활동을 매우 현실적으로 고려했다.

여전히 부익부 논쟁이 남는다. 상속자가 막대한 자산을 위탁 운용하면 과연 부에 대한 수익률(r)이 경제성장률(g)을 넘어설 수 있을까?• 우리는 재산을 탕진하거나 투자에 실패해서 부자 명단에서 사라지는 사람들을 어렵지 않게 찾을 수 있다. 마찬가

• $r>g$ 부등식이 불평등의 근본 요인이며 자본수익률 r이 오랫동안 성장률 g를 웃돌면 부의 분배에서 양극화 위험이 매우 커진다는 것이 피케티의 이론이다.

지로 직장을 잃고 중산층에서 하위층으로 떨어지는 가정도 있을 것이다. 반면에 새롭게 명단에 입성하는 부자들이 있고, 스티브 잡스나 빌 게이츠처럼 중산층이 초부유층이 되기도 한다. 그러나 눈대중으로 이러한 이동성을 이야기하는 것은 큰 의미가 없다. 과연 막대한 자산을 체계적으로 위탁 운용했을 때, 이러한 부는 장기적으로 제대로 된 수익을 낼 수 있는 것일까? 규모가 막대한 자산을 금융시장을 통해 투자했을 때, 한 세대 이상의 기간에서 부를 더하는 것이 가능한 일인지 살펴보자. 언뜻 생각해서는, 부 (피케티의 자본 정의에 해당하는)의 규모가 커질수록 부에 대한 수익률은 떨어질 것이라고 생각할 수도 있기 때문이다.

피케티 비판에서 자본수익률 비판과 관련하여 재미난 점은, 초기 비판에서는 부의 규모가 커질수록 한계수익률이 떨어지므로 자본수익률(r)은 성장률(g)보다 높을 수 없다는 비판이 주를 이루었다. 하지만 이후 살라이마틴의 비판부터 읽어보면, "수익률은 성장률보다 당연히 높아야 하지만, 피케티가 설명한 이유 때문은 아니다"로 바뀌어 있다(살라이마틴, 2014, 5, 18).[1] 즉, 초기에는 $r>g$ 자체가 틀렸다는 비판이었다면 나중에는 $r>g$는 맞는데 피케티가 제시한 이유 때문은 아니며 피케티가 예상한 동학대로 움직이지도 않을 것이라는 주장으로 요약할 수 있다. 그런데, 피케티는 $r>g$라는 부등식에서 멈추지 않고, 실증적으로는 상속의 규모가 거대할수록 수익률이 떨어지기보다는 오히려 증가하는 경향을 보인다고 주장한다. 즉, 부가 투자되는 과정에서 한계수익률이 체감되기보다는 규모의 경제가 작동하기 때문에 초기 부의 규모가 클수록 수익률도 크다는 주장이다. 즉 쉽게 말해 1억을 가진 사람이 투자를 통해서 얻을 수 있는 수익률보다 1조를 가진 사람이 투자를 통해 얻을 수 있는 수익률이 더 높다는 말이다. 수익률이 무한히 높아질 수는 없지만, 어느 정도까지는 그랬다는 것이다. 예를 들어 재테크를 통해 1억을 2억으로 늘리는 것보다 1조를 2조로 늘리는 것이 더 빨랐다는 말이 된다. 상속자의 개인적 능력과 기업가정신 등 인간적 능력이나 개인차를 제하고, 포트폴리오 매니저들에 의해서만 관리되는 거대한 위탁기금에 대한 수익률 통계가 존재할까? 패밀리오피스나 가족 기금은 사설이라 이에 관한 체계적인 수익률은 명시되어 있지 않다. 피케티는 미국의 대학 기금들과 그 수익 통계에서 매우 체계적인 수치를 찾아 제시했다.

도표 8.1. 미국 대학 기금의 자본수익률, 1980~2010 •

	연간 평균 실질수익률(인플레이션과 전체 관리 비용 및 금융수수료 차감 후) (%)
전체 대학(850)	8.2
하버드대, 예일대, 프린스턴대	10.2
10억 달러 이상 기금(60)	8.8
5~10억 달러 기금(66)	7.8
1~5억 달러 기금(226)	7.1
1억 달러 이하 기금(498)	6.2

1980년과 2010년 사이 미국 대학은 기금 자본으로 연평균 8.2퍼센트의 실질수익률을 올렸고 규모가 큰 기금에서는 수익률이 더욱 높았다. 여기서 보고된 모든 수익률은 물가상승률(1980~2010년 연 2.4퍼센트) 및 관리 비용과 금융 수수료를 차감한 것이다.

출처: piketty.pse.ens.fr/capital21c

• 『21세기 자본』, 534쪽.

첫 번째 결론은 미국 대학 기금의 수익률이 최근 수십 년 동안 상당히 높아졌다는 것인데, 1980~2010의 연평균 수익률이 8.2퍼센트였다. (…) 분명히 표에 예시된 수익률은 자본이득과 물가상승률 그리고 전반적인 세금(비영리 기관에게는 거의 존재하지 않는), 운용수수료(이는 기관의 투자 전략을 기획하고 운용하는 데 관련된 대학 내부나 외부의 인원에게 지급된 급료도 포함한다)를 뺀 순실질수익률이다. 따라서 이 수치들은 이 책에서 규정한 자본에 대한 순수한 수익을 반영하는 것이다. 다시 말하면 이는 단순히 자본을 소유하는 데서 나오는 수익이며, 그것을 관리하는 데 필요한 노동에 대한 보수는 제외된다 (『21세기 자본』, 533~534쪽).

이는 대학 기금처럼 상속된 부가 관리될 때 그 부가 상당히 오랜 기간 유지될 뿐만 아니라 빠르게 증가할 수 있음을 보여준다.

800개 이상의 대학 기금을 모두 다루면서 30년이라는 장기적 자료를 살폈다는 점에서 이 자료는 사례가 아닌 통계다. 살라이마틴이 비판했던 『포브스』의 세계 억만장자 명단을 이용한 계산과는 달리, 대학 기금 명단은 명단의 주체가 거의 바뀌지 않으므로 수익률 계산이 정확하다. 또한 상속 주체의 기업가정신과 같은 개인차를 배제한 상태에서 상속 주체(대학)가 포트폴리오 매니저들로 구성된 대학 기금팀에 투자를 위탁해서 벌어들인 순수익률을 측정할 수 있다는 장점이 있다. 위에서 언급했듯이 이 투자금이 여러 경로로 기업에 흘러들어가면 전통적 의미의 자본으로 변신하여 사용될 것이다. 이런 대학 기금의 운용에 기업가정신이 깃들었다고 보기는 어렵다. 물론 펀드매니저들의 재능이 투입되었을 텐데, 위의 수익률은 그러한 노력에 대한 보상을 모두 제외한 후의 실질수익률이라는 점에서 더욱 주목할 만하다. 게다가 이것은 인플레이션도 제외한 수치다. 피케티는 800개 이상의 대학 기금의 중장기적 수익률을 통해서 상속 주체가 굳이 기업가로 활동하지 않더라도 상당한 수익을 지속적으로 얻을 수 있음을 매우 효과적인 통계로 제시했다. 물론 개인의 부에 대해서는 다음과 같은 입장을 덧붙이고 있다.

> 가족은 기관이 아니다. 예를 들어 방탕한 자녀가 가족의 재산을 낭비할 때가 늘 있는데, 이 같은 일이 하버드대 이사회에서 발생하기는 어렵다. (…) 가족의 재산은 이런 유의 무작위적 '충격'에 직면하기 때문에, 개인적인 수준에서는 부의 불평등이 무한히 증가하기 어려우며 부의 분배는 어떤 균형 수준으로 수렴될 것이다(『21세기 자본』, 538쪽).

하지만 이러한 수렴이 언제 이루어질지에 대해서는 아무도 예측할 수 없고 방탕한 자녀가 부를 탕진하기를 기다리는 것도 어리석은 일이라고 피케티는 말한다.

두 번째 결론은 대학 기금의 규모가 클수록 기금 수익률이 급속히 높아진다는 사실이다. (…) 흥미로운 것은 기금 규모가 가장 큰 대학들이 규모가 작은 대학들보다 연간 수익률의 변동성이 더 높지는 않아 보인다는 사실이다. 즉, 하버드대나 예일대의 수익률은 평균치를 중심으로 분명히 변동을 보이기는 하지만 규모가 작은 대학의 수익률보다 변동성이 더 큰 것은 아니다. (…) 즉 최대 규모 기금이 높은 수익률을 올리는 것은 기본적으로 위험을 감수하기 때문이라기보다 일관되게 더 높은 수익률을 올리는 정교한 투자 전략을 취하기 때문이다(『21세기 자본』, 534~536쪽).

현실에서 자본의 수익이 체감되기보다는 규모의 경제를 따르는 이유는 무엇일까? 어느 상품을 생산하는 회사에서 자본을 활용할 때에는 그 회사가 필요한 적정 자본의 수준을 초과하면 추가적인 자본의 효용이 감소할 것임을 알 수 있다. 대학 기금이나 막대한 부는 여러 곳으로 분산 및 대체 투자되므로, 운용 비용은 규모의 경제를 경험하면서도 한 회사로 자본이 비효율적으로 몰려야 하는 제약은 적다. 방대한 대학 기금의 수익률 통계는 상속 주체가 설령 기업가로 변모하지 않더라도 부익부가 가능할 수 있음을 실증적으로 보여준다. 부익부의 현상을 뜯어보면, 기업가의 활동으로 인해서 새롭게 창출된 가치도 있고 대학 기금의 통계가 보여주듯이 다른 기업(가)들의 활동에 투자하여 수익을 향유한 부분도 있을 것이다. 부익부가 난센스라고 말하려면, 미국 800여 개 대학 기금이 지난 30년 동안 경험한 높은 수익률이 부익부가 아니라 다른 무엇인지를 설득력 있게 말할 수 있어야 한다. 대학 기금을 운용하는 이들은 성격상 기업가가 아니라 투자가로 보아야 하고 그들의 성과가 투자에 대한 감각과 능력에 의한 것이건 아니면 그것도 기업가정신이건 간에, 이에 대한 모든 금전적 보상을 다 지불하고 난 이후에 대학기금이 보인 수익률은 당연히 부익부로 인식할 만하다. 물론 이는 지금까지 부가 부를 지속적으로 낳았다는 통계이므로 앞으로도 그러리라는 것을 보장하지는 않는다.

피케티는 기업가의 활동을 단지 부익부의 과정이라고 폄하하지 않는다. 그는 자유시장의 원칙을 받아들이며 재산권을 중시한다. 피케티가 말하는 부익부의 포트폴리오가 수익을 내는 이유도, 따지고 들어가면 금융시장을 통해 기업가들의 활동에 투자했기 때문이라고 파악한다. 그러나 모든 자본의 축적을 기업가정신의 결과로 해석하지도 않는다. 스티브 잡스의 부를 치켜세우지만, 초부유층으로 쏠린 부가 꼭 기업가적 활동의 결과라고 볼 수는 없다. 최근 30년은 빌 게이츠와 스티브 잡스로 대표되는 혁신적인 기업가들이 주도하여 이룩한 역사이지만, 부의 축적에는 기업가적인 공헌과 부익부의 동학이 공존하므로 둘 다 이야기할 수 있어야 한다는 것이다. 다른 사람과 마찬가지로 피케티 역시 사회에서 기업가, 발명, 혁신이 중요하다는 사실을 부인하지 않는다. 벨 에포크 시대에도 오늘날과 마찬가지로 자동차, 영화, 전기 같은 혁신이 많이 등장했다. 하지만 그는 부의 불평등이 기업가적인 노력의 결과라는 주장만으로 부의 모든 불평등을 정당화할 수는 없다는 사실에 주목한다.

기업가의 부를 대표하는 진정한 화신인 빌 게이츠의 재산은 1990~2010년에 40억 달러에서 500억 달러로 증가했다. 『포브스』에 따르면 동시에 로레알의 상속녀인 릴리앙 베탕쿠르의 재산도 20억 달러에서 250억 달러로 증가했다. (…) 달리 말하면, 살아오면서 하루도 일하지 않은 릴리앙 베탕쿠르의 재산도 정확히 빌 게이츠의 재산만큼이나 빠르게 늘어난 것이다. (…) 스티브 잡스는 빌 게이츠보다 충분히 더 그 재산에 걸맞은 존경을 받고 재능도 있는 사업가의 전형이었는데, 최고 전성기이자 애플의 주가가 최고에 이른 2011년에 80억 달러 정도의 재산이 있었을 뿐이다. (많은 사람이 게이츠가 잡스보다 혁신적이지 못하다고 보지만) 잡스의 재산은 마이크로소프트 사 창립자가 가진 부의 6분의 1, 프랑스 화장품 회사의 상속녀 릴리앙 베탕쿠르가 가진 부의 3분의 1에 불과하다. 『포브스』 순위 명단은 상속받은 재산이 잡스의 재산보다 더 많은 수십 명의 사람을 보여준다. 분명 재산은 능력만의 문제는 아닌 것이다(『21세기 자본』, 524~525쪽).

피케티는 기업가의 활동을 단지 부익부의 과정에 불과한 것으로 폄하한 것이 아니다. 부를 누가 소유하느냐에 따라서, 타인의 기업가정신을 활용한 부익부의 동학 역시 존재해왔다는 사실을 함께 이야기할 뿐이다.

제 9 장

맨큐와 크루그먼의 논쟁에 비추어본 상속의 경제학

피케티는 책에서 불평등이 지금처럼 계속 심화되면, 세습자본주의가 도래할 수 있다고 경고한다. 그는 현재 심화되는 노동소득의 불평등이 통제되지 않을 경우, 21세기 중반 즈음 세습자본주의가 강력하게 발현될 수 있다고 본다. 그가 누진적 세제를 제안하는 이유는 복지국가로 나아가기 위해서가 아니며, 노동운동을 지지하기 위함도 아니다. 부가 최상위층으로 극심하게 편중되지 않도록 함으로써, 20세기의 사회적 혁신인 중산층을 유지하고 세습자본주의로 돌아가지 않기 위함이다. 세제의 누진성은 상속세를 살펴보면 명확히 알 수 있는데, 그의 자료에 따르면 미국의 경우 1930년대부터 1980년대까지 최고상속세율이 70~80퍼센트였다. 소련이 아니라 자본주의의 종주국인 미국에서 이와 같았다는 점을 주지시키면서 피케티는, 그럼에도 불구하고 당시 미국의 경제성장률은 지금보다 훨씬 높았다는 점을 강조한다.

상속에 대해서 경제학계의 거장들은 어떻게 이해하고 있을까? 맨큐-크루그먼의 논쟁을 사안별로 따라가면서 상속의 경제학을 이해해보자. 맨큐가 『뉴욕타임스』에 먼저 칼럼을 썼고, 크루그먼이 답했다. 이러한 논의가 이루어진 미국에서는 지난 30년 동안 최고상속세율이 절반에 가깝게 떨어졌다.

하버드대 경제학 교수인 그레고리 맨큐는 「상속재산은 어떻게 경제성장을 돕는가」라는 칼럼(『뉴욕타임스』, 2014. 6. 21)에서 우선 '피케티 교수가 제안한 세습자본주의는 추측에 불과하다'고 선을 긋는다. 피케티 역시 자신의 시나리오는 법칙으로 정해진 것이 아니며, 미래에 관해서는 누구도 어떻게 될 것이라고 단언할 수 없다고 밝히고 있다. 맨큐는 상속이 차지하는 비중이 부유층에서 높아진다고 한들, 상속은 그 자체로 문제가 되지 않을 뿐만 아니라 사회에 경제적인 공헌을 하고 있다고 설명한다. 상속하려는 이유는 세대 간 이타주의의 발로 때문인데, 부유한 부모 세대는 평균으로의 수렴에 의해 자신의 후손들이 자신들보다는 경제적으로 덜 번영할 것임을 알고 있으며 후손에게 상속이나 증여를 통해서 안정적 소비가 가능하도록 도와주고 싶어한다고 설명한다. 특히 고소득자들이 상속 재산을 남기는 데 강한 동기가 있다고 말하는데, 초부유층의 상속이 누진세의 주요 대상이어서인지 맨큐-크루그먼이 논하는 상속의 경제학은 자연스럽게 초부유층의 상속에 관심을 집중한다. 맨큐가 위와 같이 설명하는 상속의 이유 자체는 타당해 보이며 크루그먼 역시 여기까지는 별다른 이의를 달지 않는다.

맨큐는 정책 결정자의 입장에서 상속이 경제 전반에 미치는 간접적인 영향을 분석하는데, 상속은 다음 세대가 새로운 사업을 시작하기 위한 투자금의 역할, 혹은 기존 사업을 확장할 수 있는 자본의 역할을 한다고 설명한다. 낙수효과에 따르면, 부자에게 축적되는 부가 투자의 형태로 사회에 다시 환원되면서 노동의 생산성을 높여주고 결과적으로 임금도 높여주는데, 맨큐는 이러한 논리가 상속된 부에도 적용된다고 말한다. 이는 상속 재산이 소수에게 편중되는 경향이 있더라도 경제적 위협이 되지는 않으며 사회의 대다수에게 간접적인 혜택을 주고 있음을 시사한다.

크루그먼은 사흘 뒤 「상속 대변인에 대한 안타까운 심정」이라는 칼럼(『뉴욕타임스』, 2014. 6. 24)을 통해 맨큐가 상속을 논증하면서 경제학의 기본인 기회비용조차 고려하지 않았다고 비판한다. 그는 증여세나 상속세를 예전의 미국처럼 누진적으로 재조정하면, 정부가 부자로부터 추가적인 세수를 거둘 수 있고 이를 활용하여 재정적자만 메워도 상속자가 일부를 저축하는 것과 달리 전부를 저축하는 효과를 얻을 수 있다고 설명한다. 또한 정부가 세수를 사회보험이나 공익을 위해 사용하더라도, 노동에게 돌아가는 혜택이 낙수효과보다 클 가능성이 높다고 말한다.

필자의 생각으로는, 맨큐가 기회비용을 언급하지 않았다는 크루그먼의 지적은 적절하지만 세수의 활용 방안으로 사회보험 등을 이야기하다보면 기업가정신 대 정부의 역할이라는 논쟁구도가 생길 수 있다. 여기서 기업가정신 대 기업가정신의 정책 비교도 가능하다. 보충 설명을 위하여, 버클리대 경제학 교수 이매뉴얼 사에즈가 예시한 기업가적인 대안을 들어보자(『캘리포니아 매거진』, 2014. 8. 21).

사에즈는 맨큐와 비슷하게 기업가정신의 시각으로 이야기한다. 새로운 사업을 시작하기 위한 자본금은 초부유층인 0.1퍼센트의 자녀들에게도 중요하겠지만 나머지 99.9퍼센트의 자녀들에게도 중요하다. 예전의 미국처럼 상속세(기사에서 사에즈는 상속세만이 아니라 좀더 광의의 누진세를 논의한다)를 누진화하여 미래에 추가적인 세수를 확보하면, 이를 99.9퍼센트에 속한 젊은 기업가들이 자본에 좀더 쉽게 접근하는 데 사용할 수 있다고 말한다. 누진적 상속 및 증여 세제를 통해서 머리는 뛰어나지만 자본이 부족한 잠재적 젊은 기업가들이 좀더 쉽게 새로운 사업을 시도할 수 있도록 지원하자는 것이다. 경제적인 효용만 고려하면 사에즈의 제안이 맨큐의 설명보다는 자본주의의 강점인 기업가정신을 사회 전반에서 고취시킬 수 있다는 점에서 바람직해 보인다.

맨큐가 논증에서 기회비용을 고려하지 않은 점을 논외로 하면 그의 주장 자체에는 설득력이 있을까? 맨큐의 주장이 설득력을 얻으려면, 낮은 세제를 통해 부자에게 추가적으로 흘러들어가는 부가 사회에 간접적 혜택으로 환원된다는 이른바 낙수효과가 작동해야 한다. 문제는 친기업적 성향의 스탠더드&푸어스조차도 분배의 불평등이 성장에 방해가 되고 있다는 연구결과를 최근 발표했듯이, 낙수이론에 대해서는 보수진영에서도 회의적인 시각을 나타내고 있다는 점이다. 한국의 경제정책에서도 낙수효과라는 용어는 이미 자취를 감추었다.

맨큐의 칼럼에 대한 크루그먼의 가장 통렬한 비판은 맨큐의 글이 많은 시민이 부의 집중을 걱정하는 핵심적 이유를 간과했다는 점에 대해서다. 크루그먼은 부의 집중이 정치와 경제를 왜곡시키고, 결과적으로 민주주의를 훼손시킬 수 있다는 우려를 나타낸다. 그는 그러한 염려는 진보 성향과 거리가 먼 사람들도 이미 공감하는 내용이며, 피케티가 책에서 언급하듯이 한 세기 이전의 미국 경제협회 회장인 어빙 피셔나 대통령 루스벨트 또한 같은 우려를 공개적으로 표명했다고 말하면서 맨큐의 외면을 비판한다. 크루그먼은 집중된 부가 민주주의 제도를 장악하는 금권적 포획 현상이 심각하다는 점을 밝히면서, 그러한 문제는 맨큐가 주장한 낙수효과 같은 주장으로 대처할 수 있는 사안이 아니라고 말한다. 맨큐 정도의 거물급 경제학자에게 저 정도로 일갈을 날릴 수 있는 학자가 크루그먼 외에 또 있을까 하는 생각이 들 정도의 강도 높은 비판이었다.

마지막으로, 맨큐가 이야기한 평균으로의 수렴mean reversion 법칙에 대해 좀더 생각해보자. 이 법칙은 부모가 막대한 부를 자녀에게 상속하더라도 자녀들이 뛰어난 부모만큼은 부를 유지하거나 축적하기 어려울 것임을 시사한다. 피케티는 상속 자녀의 수가 많아도 부는 자연스럽게 분산되고, 자녀들이 방탕하거나 잘못된 판단으로 부를 탕진할 수도 있다고 말한다. 맨큐가 이야기하는 평균으로의 수렴은 부가 분산되는 동학에 대한 이해를 도와주지만, 그렇다고 피케티가 이야기하는 자본축적의 동학이 이론적으로 약화되는 것은 아니다. 부의 증가에 관하여 맨큐와 피케티의 시각은 서로 상충하지 않고 양립할 수 있다. 또한 맨큐가 설명하는 평균으로의 수렴은 상속 자녀들이 부모들만큼 많은 부를 창출하지는 못할 것임을 알려주지만, 피케티가 지난 2세기에 걸쳐 꾸준히 높았던 자본수익률과 대학 기금의 통계를 들어 보여주었듯 막대한 부의 평균수익률은 사회 전체의 평균 자본수익률보다 높게 유지될 수 있다. 특히, 부가 주식의 형태로 증여되거나 금융 재산이 고액자산관리회사 등 전문가들에 의해 관리될 경우 상속된 재산의 수익률은 자녀의 능력과 무관하다. 때문에 맨큐가 이야기하는 평균으로의 수렴 법칙이 작동하더라도 상속자녀들의 평균수익률은 사회 전체의 평균 자본수익률(r)보다 높게 유지될 수 있다. 뛰어난 부모가 올렸을 매우 높은 수익률(r'')이 자녀의 수익률(r')보다 높을 때 $r''>r'>r>g$의 관계가 성립될 수 있는 것이다. 따라서 막대한 부를 가진 자녀의 수익률(r')은 사회의 자본수익률(r)보다 여전히 높을 수 있는데, 이는 맨큐의 설명과도 상치되지 않는다.●

● 물론 현실에는 다양한 r이 존재하는데, 여기서는 논의를 위해 평균수익률을 상정하여 논했다. 피케티를 비판하는 입장에서도 r이 g보다 높거나 낮다는 비판을 위해 이러한 상정을 한다. 또한 평균으로의 수렴은 자녀들의 능력이 평균에도 못 미칠 수 있다는 점을 시사하지만, 여기서는 자녀들에게 상속되는 막대한 부가 금융시장을 통해 관리될 경우 그들의 타고난 능력과 무관하게 운용될 수 있다는 점에 주목하여 평균으로 수렴하더라도 평균수익률보다는 높게 유지되는 가능성만 논했다.

세습사회란 부의 집중도가 매우 높고 대대로 상당히 꾸준히 유지되는 사회를 의미한다. 특히 19세기의 유럽에서 이런 조건이 성립했다. 이 시기에 대부분의 부가 유산에서 나왔으며, 경제적 활력이 대단했고, 금융이 놀랄 만큼 발전했음에도 불구하고 상속하는 자본이 이렇게 우세를 보인 것은 $r>g$라는 기본적인 부등식이 미치는 동태적인 영향으로 설명된다(『21세기 자본』, 419쪽).

즉 맨큐가 이야기하는 평균으로의 수렴은 피케티가 미래에 부의 불평등을 설명하기 위해 주장하는 $r>g$에 대해 별다른 이론적 시사점을 제공하지 못한다.

재벌회장이 자녀들 명의로 비상장 자회사를 차려주고 모회사의 일감을 몰아주는 행태도 마찬가지다. 최소한, 맨큐가 언급한 평균으로의 수렴은 시장경쟁을 가정하고 있다. 뛰어난 부모보다 능력이 부족한 자녀들이 시장경쟁에서 부모만큼의 역량을 발휘하지 못하면서 부가 평균으로 수렴한다는 것이다. 그런데 모회사로부터 수의계약으로 일감을 물려받는 자회사는 시장체제 안에서 경쟁을 통해 일감을 따낸 것이 아니다. 따라서 평균으로의 수렴이 적용된다고 보기 어렵고, 재벌 자녀가 운영하는 자회사는 법적 제제를 받거나 모회사가 흔들리지 않는 한 이러한 수익률을 유지할 수 있다. 모회사에서 일하던 임원이 직업사장hired help으로 회사를 운영하는 경우도 흔해서, 어떤 경우에는 재벌 자녀가 직접 운영을 할 필요도 없다. 맨큐가 말한 평균으로의 수렴은 한

동안 작동하기 어려울 것이다. 한국은 이미 대표적 세습형 경제인데, 재벌가문의 증여 시기 또한 갈수록 빨라지고 있다.

> 주가 하락을 틈타 재벌들의 주식 증여가 크게 늘어나고 있다. 이에 따라 미성년자 억대 주식갑부도 269명으로 늘어났다. (…) 정치권 일각에서는 미성년자 주식갑부들에 대해 세금을 제대로 걷을 수 있도록 상속세 및 증여세법 개정을 추진하고 있어 주목된다(『연합뉴스』, 2014. 11. 9).[1]

세법 개정을 할 때 상속세를 낮추더라도 증여세를 큰 폭으로 높임으로써 부가 개인의 능력에 기반한다는 믿음을 제고해볼 시점이라고 생각된다.

제 10 장

세습자본주의에 관한
피케티의 주장 바로 알기

세습이라는 용어를 자본주의 앞에 사용하는 것이 과연 적절할까? 미 보스턴대의 경제학자 로런스 코틀리코프는 1퍼센트 부자가 늘 같은 사람이 아니라 계속 바뀌고 있다는 점을 지적하면서 세습자본주의로의 회귀를 우려하는 피케티가 이러한 역동성을 간과했다고 말한다(『매일경제』, 2014. 9. 4). 미 콜럼비아대 경제학 교수인 살라이마틴 역시 1987년과 2013년 세계 억만장자 명단을 비교할 때 명단에 속한 인물이 대부분 바뀌었다는 사실을 지적하면서, 상속이 과연 중요한지 의구심을 제기한다. 세습자본주의라고 말할 수 있으려면, 부자 명단의 인물이 바뀌지 않아야 납득될 것 아닌가?

　이런 류의 지적은 보수진영 경제학자인 울퍼스가 다른 보수진영 경제학자들을 자체적으로 비판했듯이, 피케티의 저서를 읽지 않고 주장하거나 읽었다면 오독을 한 것으로 생각된다. 피케티는 세습자본주의가 이미 도래했다고 주장하지 않기 때문이다. 피케티의 이론이 맞다 하더라도 피케티는 세습자본주의가 21세기 중반에 강력히 발현될 수 있다는 시나리오를 상정했다. 아래는 간단한 사고실험으로, 이미 세습자본주의 성향을 보이는 한국을 제외한 다른 나라에서 세습적 성향이 나타날 때 이를 어떻게 규명해볼지에 관한 내용이다.

1퍼센트 부자가 늘 같은 사람이 아니라 계속 바뀌고 있다면, 그 사회의 이동성은 그만큼 높을 것이다. 문제는 위에서처럼 눈대중으로 어림잡는 분석으로는 앞으로도 한 사회가 과연 역동적인지 아닌지 알 길이 없다. 비교 대상이나 수치가 없는 것이다. 세습자본주의와 연관 지어 생각해보면 논의가 더 명확해진다. '1퍼센트 부자가 늘 같은 사람이 아니라 계속 바뀌므로, 따라서 세습적 성향은 반증되었다!'라고 우리는 과연 자신 있게 말할 수 있을까? 정말 거의 그런 것 같아 보이는데, 사실은 그렇지 않다.

1퍼센트 부자 명단이 있다고 하고 인구가 1000명인 조그만 도시국가를 가정해보자. 그리고 1퍼센트 부자인 상위 10명이 경쟁에 의해 계속 바뀐다고 가정하자. 이때, 새로 유입되는 부자들의 부가 세습에 기반을 두지 않았고 이들이 기업가정신을 대변하는 인물들이라면 우리는 세습적 성향이 반증되었다고 자신 있게 말할 수 있을 것이다. 그런데 만약, 새로 입성하는 부자들이 그저 또 다른 상속자들이라면 어떨까? 변화하는 부자 명단을 채우는 이들이 줄곧 상속자들이며 이들끼리 치고받는 경쟁이라면 이는 무엇을 의미할까? 피케티의 우려가 공감되기 시작할 것이다. 다시 말해서, 기준이 애매한 머릿수 변화를 눈대중으로 살피고 세습이 반증되었다고 주장할 것이 아니라, 좀더 엄밀하게 변화의 성향이 세습적인지 아니면 기업가적인지를 따져봐야 한다는 것이다. 초부유층으로 새로 유입되는 인물들이 결국 또 다른 상속자들이라면, 새로운 상속자들로 바뀌는 만큼 역동적일지는 몰라도 갈수록 세습화된 사회라고 인식하는 것이 맞을 것이다.

상위 부자로 랭크되는 인물이 변화한다는 사실에 역점을 둔 코틀리코프의 주장은 전제(1퍼센트는 늘 같은 사람이 아니라 계속 바뀌고 있다)와 결론(세습적 성향이 반증되었다) 사이에 강한 가정 (1퍼센트로 새롭게 유입되는 부자들이 세습보다는 기업가정신으로 대변되는 인물들로 구성된다)이 필요한데 현재는 이 부분이 결여되어 있어서 미래의 세습 성향을 가늠하는 분석틀로도 부족하다. 1퍼센트가 늘 바뀐다는 사실이 의미 있는 반증의 근거로 인정되려면, 변화의 성질이 갈수록 증여·상속에 기반을 둔 인물들로 바뀌어가고 있는 것인지 아니면 기업가정신으로 대변되는 인물들로 바뀌어가고 있는 것인지를 말할 수 있어야 한다. 한국은 억만장자의 84퍼센트가 이미 세습형이라 이러한 통계가 무의미하지만, 그렇더라도 1조원 클럽에 새로 가입하는 인물이 (다음카카오의 김범수와 같이) 자수성가형인지 아니면 재벌 3세인지를 가끔씩 따져볼 수는 있을 것이다.

현재 상속에 대한 체계적인 연구는 미진한 것으로 알려져 있다. 피케티는 『21세기 자본』 제11장에서 프랑스에서 상속의 중요성이 지난 2세기 동안 어떻게 변해왔는지에 관한 경향성을 상세히 보여주고 있다. 여기서 그는 1970년부터 상속의 중요성이 다시 커지기 시작했고 최근 들어서는 상위 1퍼센트에서 상속의 경향적 중요성이 상당히 커졌음을 추정하는 여러 자료를 제시한다. 반면 미국의 경우는 상속보다 높은 연봉이 불평등을 가늠하는 데 더 중요했고, 피케티는 이들의 자녀 세대에서 상속이 중요해질 것이라는 가설을 세웠지만 아직 결정된 것은 없다.

　　데이터 있는 토론을 위해서 어떠한 연구를 해볼 수 있을까? 최상위 부자 명단에서 나고 드는 인물들이 상속자인지 아닌지를 따져야 하는데, 문제는 상속자가 기업인과 겹치는 경우가 많다는 것이다. 상속자라 할지라도 자본소득자로 머물기보다는 자신의 능력을 보태서 가업을 잇거나 새로 창업할 수 있다. 그렇다면 세습 논쟁을 판가름할 수 있는 정보는 단순한 인물의 변화가 아니라, 최상위권에 축적되는 부의 성향이 새로운 기업가에 의해 창출된 부로 채워져가는지 아니면 상속에 의한 올드머니old money가 섞여 있는지, 섞여 있다면 얼마나 섞여 있는지를 구별하여 그 경향을 살피는 것이 필요할 것이다. 데이터 있는 논쟁으로 끌고 가려면, 프레임을 상대적으로 다수인 1퍼센트에서 좀더 초부유층으로 국한할 필요가 있다. 피케티가 1퍼센트를 고수하는 이유는 『21세기 자본』 제11장에서 알 수 있듯이 자료의 일관성을 통해 19세기와 비교하기 위함인 것 같다. 그러나 1퍼센트는 그 수가 많아 성향을 규명해 반증하거나 관련된 확증을 얻기가 더 어려운 부분이 있다. 피케티에 따르면, 부의 편중과 상속의 중요성은 초부유층으로 올라갈수록, 즉 1퍼센트보다는 0.1퍼센트에서, 또 그보다는 0.01퍼센트에서 훨씬 더 극명하게 나타날 것이다. 따라서 불특정 다수인 1퍼센트에 대한 데이터 없는 논쟁을 극복하고 최상위 0.01퍼센트 또는 인물 수준에서 계산이 가능한 국가별 억만장자 명단을 체계적으로 연구하면 상속의 중요성에 관한 피케티의 의구심과 이론을 입증 및 반증하는 데 효과적일 것으로 생각된다.

이러한 초부유층의 성향 논쟁이 한국에서 증여 또는 상속의 중요성을 이해하는 데에는 어떠한 도움이 될 수 있을까? 한국은 모건스탠리에 의해 이미 대표적인 상속·세습형 경제로 규정된다. 한국에 대한 적용은 재벌 시스템과 재벌가문을 빼놓고는 생각하기 이려울 것이다. 그리고 그들의 특수한 상황도 고려해야 한다. 한국의 재벌 현상은 생산수단으로의 재벌 시스템과 기업을 승계하는 재벌가문이 기업지배구조로 연결되어 있고, 그 안에서 재벌 3세는 기업가이면서 상속자다. 이는 기업가와 상속자의 구분이 명확하지 않은 경우이므로, 코틀리코프의 머릿수 논리로만 따지면 한국은 '세습자본주의다'라는 단순한 사실만 알게 될 뿐 추가적으로 파악해야 할 변화의 방향성에 대한 정보를 얻을 수 없다. 코틀리코프의 지적대로 100명 중 재벌기업인과 일반창업인의 머릿수와 부의 비중이 어떻게 변해가는지를 살펴볼 필요도 있겠지만, 재벌 시스템이 재벌가문에 의해 세습·승계되는 한국의 기업지배구조를 고려할 때 이러한 성향이 빠르게 변할 것으로는 생각되지 않는다. 또한 상속받은 부를 사업을 통해 키운 경우도 있을 텐데 이를 모두 상속 재산으로 여긴다면 억울한 기업가도 있을 것이다.

한국의 경우는 재벌가문의 수보다는 증여의 형태를 살펴봄으로써 이미 상속·세습형인 경제 안에서도 더욱 세습적 성향이 짙어지는지 아닌지를 따져야 할 것으로 보인다. 예컨대 상속자녀들에게 그들 소유의 자회사를 주고 모회사의 일감을 수의계약으로 몰아주는 행태는 기업가정신이 아닌 증여의 돌연변이로 봐야 할 것이다. 국세청이 증여세를 물리기 시작한 것을 보면 이는 충분히 타당한 평가로 볼 수 있는데, 이러한 변종 자회사들의 수익률 계산을 따로 해보면 성장률을 상회할 것으로 생각된다. 또한 재벌가문 단위에서 부의 변화를 연구하면, 살라이마틴이 세계 억만장자 명단에서 인물이 자꾸 바뀐다고 지적했던 문제 역시 극복할 수 있을 것이다. 가문 단위로 연구할 경우 분석의 대상이 바뀌지 않아 부가 늘어나는 정도를 집체적으로 관찰할 수 있으므로, 과연 상속·증여세 50퍼센트에 맞게 재산이 실제로 경감하였는지 그렇지 않다면 왜 아닌지를 언론, 지식인, 국세청, 공정거래위원회 등에서 함께 추적하는 데 유용성이 있을 것이다.

그동안 언론에서는 재벌에게 경제력이 편중되는 것을 우려하면서 재벌 시스템이 생산영역에서 차지하는 비중을 계산하는 데 종종 관심을 두었다. 수출에서 차지하는 비중이나 주식시장에서 어느 재벌그룹의 평가총액이 어느 정도로 늘었다는 사실이 언급되었다. 재벌가문의 재산 중 윤곽이 드러난 부분을 꾸준히 측정해온 싱크탱크think tank도 있는데, 피케티의 관점에서는 재벌가문에서 변화하는 부가 사회에서 차지하는 비중이 더 중요할 것으로 보인다. 결론적으로, 재벌 후계자들로 이미 빼곡히 순위가 채워진 한국 부자 명단에서는 코틀리코프처럼 명단의 이름 변화에 집중하기보다는 재벌가문의 구성원들이 집체적으로 소유한 부가 국가의 자본총량이나 국민소득에서 차지하는 비중이 어떻게 변화하는지를 모니터링하자는 것이다.

이러한 연구의 중요성은 제4장과 제7장에서 디턴의 언어로 설명하였다.

제11장
한국과 중국의 경제성장은
피케티의 주장을 반증하는가?

중국에서 중산층이 쏟아져나오고 있다. 인도나 다른 신흥경제대국에서도 마찬가지다. 이는 글로벌 불평등을 해소시켜주는 경제성장의 힘이 자본주의 시스템 안에서 작동하고 있다는 이야기인데, 그 중요성에 대해 살펴본 뒤 그러한 사실이 피케티의 연구나 주장을 약화시키는지 생각해보자.

중국을 중심으로 한 개발도상대국들의 따라잡기 성장과 더불어 전 세계 인구를 고려했을 때, 세상은 갈수록 평평해지고 있다. 수많은 글로벌 시민이 디턴이 말하는 '위대한 탈출'에 성공하면서 기아로부터 벗어나고 있는 것이다. 자본주의의 저력인 성장의 힘이 작동할 때 많은 이가 절대적인 빈곤에서 벗어나고 불평등도 완화된다는 점은, 피케티 또한 책에서 상세히 논하고 있다.

"중국은 대단히 빠른 성장을 통해 선진국들이 1945~1975년에 그랬던 것과 똑같이 세계적인 차원에서 불평등을 줄일 효과적인 힘을 보여줄 수 있다(『21세기 자본』, 26쪽)." 피케티의 세계관에서 중국의 성장은 분명 활기 넘치는 일이지만 특별하지는 않다. 그는 이러한 현상을 이미 자본주의를 통한 고성장을 맛보았던 선진국들의 선례를 따르는 것으로 파악하기 때문이다. 중국에서 문화대혁명이 일어나고 기아에 허덕이던 시절, 한국은 전 세계적으로 유례없는 기록적인 성장을 구가했다. 여러 선진국 역시 미국을 따라잡고자 했고 성장의 혜택을 누렸다. 고성장과 함께 누진적인 정책과 임금의 상승이 동반되면서 불평등은 완화되고 상속도 큰 의미를 띠지 못했던 시절이 있었다. 아직도 많은 이가 그때에 대한 강한 향수를 갖고 있다고 피케티는 말한다. 그러한 시기에는 지식과 기술의 확산을 통해 생산성을 높여나갔고, 이를 잘 보여주는 것이 바로 지금 중국을 비롯해 예전에 가난했던 신흥국들이 선진국을 따라잡는 현상이다(『21세기 자본』, 33쪽). 이렇듯 피케티는 중국이 성장을 통해 세계적인 차원에서 불평등을 줄일 효과적인 힘을 보여줄 수 있다고 분명히 밝히고 있다.

"피케티는 틀렸다. 한국과 중국의 경제성장을 보라(『한국경제』, 2014. 9. 19)."[1] 자유시장 경제학자들의 모임 '몽 펠르랭 소사이어티Mont Pelerin Society' 홍콩 총회에서 미 카네기멜론대 경제학 교수 앨런 멜처Allen H. Meltzer가 한 말이다. 예전의 한국과 지금의 중국처럼, 잘 살지 못하던 국가들이 경제발전을 이루고 불평등도 완화되었다는 점을 근거로 자본주의 선진국에서 국내적인 불평등이 심화되고 있음을 실증한 피케티가 틀렸다고 주장하는 것이다. 피케티는 책에서 다양한 주장을 펴고 있다. 한국의 성장이 피케티의 어떤 주장을 반증한다는 것일까? 필자의 분석으로 피케티의 책에는 한국과 중국의 기록적인 성장을 통해 반증할 수 있는 주장이 들어 있지 않다. 피케티는 경제성장의 혜택을 매우 잘 이해하고 있으며, 선진국에서 심화되는 불평등 역시 성장 시기가 끝난 국가들에서 도드라진다는 점을 실증했다. 위에서 언급했듯이 피케티는 중국의 기록적인 성장이 글로벌 불평등을 완화시켜주는 효과를 낳을 뿐만 아니라 중국 내 불평등 또한 다른 연구에서 제시하는 수치보다 오히려 낮은 것으로 추정하고 있다. 피케티의 이론에서 $r>g$라는 부등식을 보면 알 수 있듯이, 피케티가 생각하는 불평등의 동학은 저성장 체제로 접어들어 성장률이 수익률보다 낮아지는 국가들에서 작동할 것으로 상정되고 있다. 기록적인 성장 기간은 높은 성장률(g)을 기록하므로 $r>g$라는 조건으로부터 자유롭다. 때문에 이런 국가라면 피케티가 연구를 집중하는 범주에서 한동안 벗어나 있을 것이다.

　'성장이 먼저다'라고 주장하는 것은 좋다. 그런데 성장은 피케티가 말하는 누진세율과 상치되는 이야기가 아니다. 강한 누진세율을 적용하고 성장을 일군 미국이나 유럽의 역사적 사례를 통해 피케티는 누진세율을 적용하면 성장이 멈춘다는 식의 주장을 효과적으로 반박했다. 제1장과 제5장에서 상세히 다루었듯이, 성장을 위해서 현재의 극심한 불평등을 완화해야 한다는 보고서가 친기업 성향의 기관에서도 나오고 있는 상황이다. 피케티가 제안하는 누진세는 성장을 방해하는 것이 아니다. 오히려, 1980년 이후 이미 장기적으로 침체된 성장과 극심한 불평등으로 얼룩진 현재의 상황을 위한 해결책에 해당한다.

피케티는 따라잡기 성장을 마친 선진국에서 심화되고 있는 불평등에 대해 자세히 실증했다. 또한 선진국이 저성장 체제로 전환하는 것은 따라잡기 과정을 마치고 일어나는 자연스러운 현상임을 상세히 제시했다. '기적의 성장을 다시 한 번 쓰자'는 구호는 여전히 우리의 향수를 자극하지만, 747 공약을 생각하면 씁쓸할 뿐이다. 한국을 방문한 피케티는 여러 인터뷰를 통해서 '한국은 세계 경제사의 성공 사례이지만 무엇보다 우선, 5퍼센트 성장률은 영원히 지속될 수 없다. 최선의 정책을 편다고 해도 그렇다. 앞으로도 계속해서 5퍼센트 성장을 유지하기는 어렵다고 보기 때문에 부의 불평등 문제가 주요한 의제가 될 것'이라고 강조했다(『조선비즈』, 2014. 9. 19).[2]

실제로 이미 한국의 실질 성장률은 5퍼센트가 아닌 3퍼센트대 후반으로 떨어졌고, 1960년 이후 빠른 성장을 구가하여 아시아의 네 마리 호랑이라 불렸던 대만, 싱가포르, 홍콩, 한국은 선진국의 문턱으로 들어서면서 따라잡기 성장을 끝낸 것으로 보인다. 최근에는 아시아 성장 상위 10개국 중 6~10위를 놓고 서로 다투는 형국으로 변했고, 2013년 한국은 대만을 제친 9위 정도로 예상된다(『연합뉴스』, 2014. 1. 19).[3] 중요한 것은 싱가포르, 홍콩에 뒤졌거나 대만을 제쳤다는 점이 아니라, 네 마리 호랑이가 모두 저성장체제로 접어들었다는 사실이다. 피케티는 선진국이나 그 문턱에 도달한 국가들이 과거의 영광에 대한 향수에 빠지기보다는, 1퍼센트대의 성장률이라도 지속적으로 추구하면서 그에 걸맞은 정책을 고민하도록 제안한다. 그렇다면 이런 상황에서 가능한 높은 성장률을 유지하기 위한 최선의 정책은 무엇일까? 앞서 말했듯 피케티의 대답은 교육과 건강에 대한 투자다. 그러려면 세수가 필수적이며, 이를 통해 공교육을 강화해야 한다.

피케티의 요점은 '성장하지 마라'가 아니다. 성장은 바람직하지만 마음대로 되는 것은 아니며, 따라잡기 성장의 과정을 마친 국가는 낮은 성장률이라도 지속적으로 추진하는 방향으로 전략을 세워야 한다는 것이다. 이는 주류경제학자들 사이에서도 한국을 진단하는 하나의 흐름이다. 배리 아이켄그린Barry Eichengreen, 드와이트 퍼킨스Dwight Perkins 그리고 신관호 교수에 따르면 한국은 낮은 성장률을 정상으로 받아들이고 서서히 그에 맞는 저성장 모델을 준비해야 한다(『한국경제매거진』, 2012. 12. 3).[4] 피케티는 그와 동시에 지난 30년 동안 성장을 빌미로 탈규제, 부자 감세 등을 시행했지만 성장률은 떨어졌고 불평등이 심화되었다는 점을 지적한다. 한국과 중국의 성장은 피케티의 주장을 반증하지 않는다. 오히려 피케티는 한국과 중국의 성장을 다음과 같이 효과적으로 설명한다.

피케티의 역사적 시각에서, 중국은 지금의 한국이나 예전의 선진국들처럼 따라잡기 과정을 마치고 나면 자본주의 선진국들이 마주하는 불평등의 심화를 직면할 수 있는 또 하나의 신흥경제국이다. 그에 따르면 한국은 이러한 과도기적 단계를 경험하고 있다. 피케티의 실증연구와 이론은 서로 상반되어 보이는 글로벌 불평등의 완화와 국가별 불평등의 심화가 성장률의 차이에 주로 기인하고 있음을 명쾌하게 알려주며, 또 다른 요인들은 무엇인지 상세히 설명한다. 이렇듯 다른 두 현상이 왜 한 시대에 공존하는 지를 효과적으로 설명할 수 있는 이론적 정합성을 갖추고 있다는 것이 피케티 이론의 장점이다.

중국에서 쏟아져나오는 중산층은 피케티의 결론을 약화시키지는 못하지만, 유용한 시사점은 제시한다. 불평등은 전 세계 차원에도 존재하고 각 국가 안에도 존재한다는 점이다. 세계에는 절대적 기아를 벗어나야 하는 문제와 막대한 부의 편중을 염려해야 하는 문제가 공존한다. 우리 사회가 당면한 불평등은 어느 쪽일까? 한국은 앨런 멜처가 이야기했듯이 절대적 기아로부터 탈출하는 데 성공했고, 디턴이 말하듯이 뒤에 남겨진 전 세계의 탈주자들을 염려해야 한다. 한국 역시 절대적 빈곤을 겪고 있는 최하위소득층이 있다. 그와 동시에, 따라잡기 성장이 사실상 마무리된 국가로서 피케티가 말하는 부의 편중과 국내의 불평등을 염려하지 않을 수 없다. 물론 이러한 염려가 성장의 동력과 상충되지 않도록 정책을 고안해야 하지만, 방한 시에 피케티가 말했듯이 심각한 불평등 자체를 부정하고 외면하는 것은 보수진영의 좋은 전략으로 보이지 않는다. 자본주의적 성장은 글로벌 불평등을 완화시켜주고 위대한 탈출이 이루어지도록 도와주었다. 그러한 성장을 구가하면서도 누진적 세제를 통해서 막대한 부의 편중과 소득불평등까지 완화할 수 있었던 1945~1975년 선진국들의 경험은 그래서 유용한 경제사적 지침이 될 수 있다고, 피케티는 강조한다.

그렇다면, 불평등의 정도는 왜 국가마다 다를까? 국가에 따라 불평등 수준에 차이가 난다는 사실은 제도와 정치적 차이가 중요한 역할을 한다는 점을 확인시켜준다고 피케티는 말한다(『21세기 자본』, 287쪽). 부의 분배에 관한 합의는 다분히 정치적이고 따라서 불평등은 국가라는 정치공동체 안에서 비로소 현실성을 갖는다는 것이다. 피케티는 불평등을 주로 국내적 관점에서 분석한다. 또한 국민계정의 회계적 관점에서 보면, 국민소득이 생각보다 국내적 성질을 띠고 있다는 점을 알 수 있다.

대외 경상계정의 순포지션이 대부분 국가의 경우 국내총생산의 1~2퍼센트 내에 머무른다는 사실을 통해 피케티는 불평등의 국가별 연구가 세계화된 시대에도 유효하다는 사실을 1차적으로 포진시킨다. 미국과 중국 간에도 글로벌 불균형에 대한 우려가 있지만, 한 국가가 다른 국가 모두에 대해 자본을 소유하고 소유당하는 정도를 나타내는 순포지션 수치에 비추어보면 이는 생각보다 그리 크지 않다. 피케티는 세계화가 진행되면서 국가 간의 교차소유도는 높아졌지만, 해외에서 벌어들인 순소득이 부유한 국가든 신흥 국가든 대부분의 국가가 이따금 상상할 수 있는 것보다 훨씬 더 균형 잡힌 상황에 있다고 말한다.

프랑스와 미국, 독일과 영국, 중국과 브라질, 일본과 이탈리아에서 국민소득은 국내생산과 단 1~2퍼센트의 차이를 보인다.

(…) 끈질기게 살아남았던 근거 없는 믿음과 달리 프랑스는 캘리포니아 연금기금이나 중국런민은행의 소유가 되지 않았고 미국도 일본과 독일 투자자들 손에 넘어가지 않았다(『21세기 자본』, 59쪽).

즉, 자본 소유에 관한 불평등의 문제는 국제적 사안이라기보다는 국내적 사안의 성격이 강하다. 미미한 해외순소득과 더불어 국민소득은 국내적 성질을 띠고 있으며 각 국가 내 소득계층 사이의 불평등에 초점을 맞춘 피케티의 분석 범위에 적절성을 더해주는 역할을 한다.

하지만 균형 잡힌 시각을 위해, 국가별 불평등뿐만 아니라 글로벌 불평등에도 관심을 가져야 한다. 이에 대한 연구로 하비에르 살라이마틴의 기존 논문(살라이마틴, 『NBER』, 2002)[5]과 좀더 최근의 연구인 살라이마틴과 핑코프스키Maxim Pinkovskiy의 논문을 살펴보고자 한다(살라이마틴과 핑코프스키, 『NBER』, 2009, 2010).[6] 미국 컬럼비아대의 살라이마틴 교수는 세계화에 따른 급속한 경제발전으로 국가 내 불평등은 증가했지만 국가 간 불평등이 더 큰 폭으로 감소하면서 전 세계 소득불평등을 완화시켰다고 설명한다. 세계은행의 정의에 따라 연 소득 495달러(약 52만 원)를 빈곤선poverty line으로 정의할 경우, 빈곤층 비율은 1970년 세계인구의 15.4퍼센트에서 2000년에는 5.7퍼센트로 감소했다. 또 전 세계에서 하루 1달러(940원) 이하의 소득을 올리는 사람들의 숫자가 통상 알려진 12억 명보다 40퍼센트 정도 적다고 살라이마

틴 교수는 추정했다(『조선닷컴』, 2007. 1. 16).[7]

그런데 일부에서는 살라이마틴의 연구를 인용하면서 마치 그의 연구가 선진국에서 불평등이 심화되고 있다는 피케티의 실증연구를 반박한 것처럼 주장하는 경우가 있다. 하지만 이는 사실이 아니다. 왜 그런지 분석해보자.

우선 필자는 살라이마틴의 연구에 이견을 달지 않고 이것이 100퍼센트 맞다는 가정 아래 논의를 진행하겠다. 살라이마틴의 연구에 따르면, 피케티의 연구가 보여준 대로 국가 내 불평등은 심화되었지만 중국과 인도 등 신흥경제대국의 따라잡기 성장으로 국가 간 불평등은 더 감소했고 따라서 전 세계의 소득불평등은 완화되었다. 디턴이 이야기하듯이 빈곤선을 탈출한 비율은 지난 세대 동안 현격히 감소한 것이다.

첫째, 살라이마틴의 이러한 연구 결과는 피케티의 연구와 전혀 모순되지 않는다. 살라이마틴은 국가 내 불평등이 심화되고 있다는 사실을 인정하고, 피케티는 글로벌 불평등은 완화되는 경향이 있다는 사실을 인정한다. 국가 내 상대적 불평등과 세계적인 절대적 빈곤선의 탈출은 둘 다 중요한 사안인 것이다. 그리고 살라이마틴의 연구는 누진세율의 적용 문제는 전혀 다루지 않고 있다. 살라이마틴의 연구에 기대 '따라서 피케티는 틀렸다'라고 말하려면, 구체적으로 살라이마틴의 어떤 연구내용이 피케티의 어느 주장을 반증하는지 설명해야 정당한 논의가 될 것이다.

둘째, 이러한 절대적 빈곤에서의 탈출은 1980년대 이후의 특별한 결과가 아니라, 자본주의적 경제성장의 결과라고 보는 것이 타당하다. 여기에는 별다른 이견이 없을 것이라고 생각한다. 미 국가빈곤센터National Poverty Center의 통계자료를 통해 살펴보자.[8] 미국과 같은 선진국에도 상대적 빈곤뿐 아니라 절대적 빈곤을 벗지 못한 계층이 존재한다. 미국에서 1950년대 후반의 절대적 빈곤층 비율은 미국 자체 내의 정의로 따졌을 때 전체 인구의 22.4퍼센트였다. 1960년대를 거치면서 이 비율은 1973년 11.1퍼센트까지 하락했다. 1980년대 이전의 미국은 1980년대 이후의 미국보다 더 높은 성장을 구가했는데, 그러한 성장의 혜택으로 절대적 빈곤층의 비율이 급격히 줄어든 것이다. 이는 성장을 중시하는 살라이마틴 및 디턴의 주장과 일관성을 보인다. 그런데 미국은 1970년대까지 높은 누진적 세율을 적용했기 때문에, 이 시기에는 피케티가 관심을 갖는 국가 내 상대적 불평등 역시 줄어들어 역사적 저점을 유지했다. 그럼에도 불구하고 누진적 세율이 미국의 성장을 가로막지는 않았다. 1980년 이전의 30년이 그 이후 30년보다 더 강력한 자본주의적 성장을 구가한 것은 경제사적 사실이다. 흥미로운 사실은 1980년 이후 미국에서는 피케티가 말하는 상대적 불평등뿐 아니라 절대적 빈곤층의 비율 역시 오히려 다시 증가했다는 것이다. 미 국가빈곤센터에 따르면, 조지 H. W. 부시 집권 말기인 1993년 15.1퍼센트까지 증가했다. 절대적 빈곤층 비율은 클린턴 집권 말기인 2000년 다시 11.3퍼센트까지 하락했다가, 조지 W. 부시 집권 1기의 끝 무렵인 2004년엔 다시 12.7퍼센트로 높아졌다. 1980년 이후 미국은 클린턴 집권기를 제외하고는 상대적 불평등뿐만 아니라 절대적 빈곤층의 비율을 줄이는 데에도 사실상 실패한 것이다. 미국 국민들이 불평등을 왜 우려하게 되었는지 공감할 수 있는 부분이다. 성장도 더 높고 상대적 불평등 및 절대적 빈곤층의 비율까지 더 낮았던 1980년 이전의 미국 자본주의는 현재의 미국에 시사하는 바가 매우 크다고 생각한다.

셋째, 이제 살라이마틴의 연구가 100퍼센트 맞다는 가정을 거두고, 비판을 첨가해가며 내용을 살펴보자. 살라이마틴의 연구와 마찬가지로 글로벌 시민 모두를 한 사회의 구성원으로 파악하여 불평등을 연구한 브란코 밀라노비츠Branko Milanovic의 최근 논문은 살라이마틴과 다른 결론을 내리고 있다. 전 세계 시민을 한 사회의 구성원으로 파악했을 때 글로벌 불평등에 뚜렷한 변화가 없었다는 것이다. 2002년 살라이마틴이 글로벌 불평등이 분명히 감소하고 있다는 센세이셔널한 논문을 냈을 때 논쟁의 대척점에 섰던 학자는 당시 세계은행의 이코노미스트였던 밀라노비츠였다. 둘의 이견은 방법론의 차이에서 비롯됐는데, 살라이마틴은 국민계정을 이용해 인구 당 국민총생산 등을 가계소득의 평균으로 잡고 가계조사 분포, 핵밀도함수kernel density function, 로그정규분포 lognormal distribution 등을 활용하여 국가 내 불평등의 분포를 추정한 후 국가 간 불평등을 지니계수화했다. 이에 반해, 밀라노비츠는 각국의 가계조사 데이터를 직접 사용해서 가계소득의 평균과 분포를 파악했다. 살라이마틴이 사용한 국민계정을 이용한 방식은 가계소득의 평균과 다른 내용의 평균을 측정하여 체계적인 편차가 생기는 문제가 발생한다. 밀라노비츠의 가계조사 방식은 불평등 분포도를 직접 볼 수 있다는 장점은 있지만, 제3장에서 논의했듯이 고소득층이 체계적으로 누락되는 문제점이 발생한다. 최근의 논문에서 밀라노비츠와 크리스토프 라크너Christoph Lakner 는 이 문제를 보완했다(밀라노비츠와 라크너, 『세계은행』, 2013).[9] 파레토보간의 추정을 통해 가계조사에서 고소득층의 체계적 누락을 보완했고, 국민계정을 활용함에 있어 디턴이 언급한 자료의 편차를 보완해서 다음과 같은 주장을 도출한다. 1970~2000년 기간 중 전 세계 시민을 한 사회의 구성원으로 파악했을 때 글로벌 불평등에 뚜렷한 변화가 없었다는 점을 반박할 만한 충분한 증거가 없다는 것이다.

이 논문을 인용하는 이유는, 밀라노비츠와 대척점에 서 있는 상대 진영에서도 이를 일정 부분 인정하기 때문이다. 밀라노비츠에 따르면, 글로벌 불평등에 관한 대표적인 논문으로 인용되는 연구(살라이마틴과 핑코프스키, 『NBER』, 2009 & 2010)를 진행한 핑코프스키가 위의 주장에 동의했고 밀라노비츠가 이를 논문에서 밝혔다(밀라노비츠와 라크너, 『월드뱅크』, 8쪽, 2013).[10] 핑코프스키 역시 이러한 편차들을 자신의 방법으로 독립적으로 연구하고 보완하여 논문을 발표했는데, 1970~2006년 기간에 전 세계적으로 후생은 분명히 향상되었지만 전 세계 시민을 한 사회의 구성원으로 파악해 글로벌 불평등을 측정한 결과 밀라노비츠의 위의 주장이 반박되지 않았다(『FRB』, 2013).[11] 글로벌 불평등에 대한 논의가 국가 내 불평등보다 실증적인 면에서 논쟁의 여지가 많은 것은 분명해 보인다. 또한 그 결과가 어찌되었든, 이러한 글로벌 불평등 관련 논쟁으로 피케티의 주장이 반박되지는 않는다. 다른 현상에 대한 연구이기 때문이다.

끝으로, 살라이마틴의 연구 결과는 중국과 인도 등 개발도 상대국의 성장에 의존하고 있다. 때문에 그의 연구는 해당 국가의 국내적 현상에 기대서 자본주의가 글로벌 불평등을 완화시켜 준다는 통계적 결론을 도출하고 있다. 또한 자유방임적 시장체제를 지지하는 영국의 『이코노미스트』는 중국의 성장이 자유방임적 시장체제의 결과가 아닌 정부주도형 국가자본주의라고 비판을 쏟아내는데, 이러한 중국의 성장방식에 기대서 자본주의가 글로벌 불평등을 완화시켜준다는 결론을 도출하는 것은 아이러니컬하게 느껴지기도 한다.

제12장

피케티 이론에 대한
기술적 비판 분석

제2~11장에서는 개념적 비판에 대한 논의를 다루었다. 『워싱턴포스트』와 저스틴 울퍼스가 지적했듯이, 개념적 비판의 목소리를 높인 경제학 교수들조차도 실제로는 저서를 제대로 읽지 않아서 오해가 발생하는 경우가 많았다. 앞에서는 이러한 비판을 해설하며 필자의 의견을 덧붙였다면, 제12장에서는 피케티의 주요 이론에 대한 기술적인 비판을 주로 다루었다. 경제학을 전공하지 않은 독자들을 염두에 두고 쓰되 전공 독자들은 각 이론 비판에 대한 다양한 분석을 한눈에 파악할 수 있도록 고려했다.

대체탄력성 비판

『21세기 자본』에서 피케티는 자본/소득 비율(β)이 높아져도 자본 수익률(r)이 충분히 낮아지지 않을 수 있고 그 결과 국민소득에서 자본의 몫(α)이 낮아지기보다는 오히려 증가할 수 있다고 주장했다. 피케티의 자본 개념은 우리가 이해하는 부wealth와 거의 같으므로, 이러한 주장은 부익부 논리가 강력히 작동할 수 있다는 주장이기도 하다. 그런데 이 주장이 성립하려면, 자본과 노동의 대체탄력성이 1보다도 훨씬 높아야 함을 의미한다. 그리고 피케티는 대체탄력성이 1보다 높다고 주장했다. 먼저, 대체탄력성이라는 개념을 짚어보자.

대체탄력성이란, (이윤극대화를 추구하는 회사가 생산활동에 기여한 가치만큼 노동임금과 자본수익을 지급한다고 가정할 때) 노동과 자본의 상대가격에 대비해서 자본/노동 비율의 변화율을 측정한다. 대체탄력성 논쟁은 피케티의 주장이 이론적으로 성립할 수 있는가를 따지는 데 핵심적인 사아이다. 피케티의 선명을 들어보자.

중요한 문제는 노동과 자본 사이의 대체탄력성이 1보다 큰가, 아니면 작은가 하는 것이다. 대체탄력성이 0과 1 사이라면 자본/소득 비율 β의 증가는 자본의 한계생산성을 충분히 많이 감소시켜 자본의 몫을 감소시키는 결과(자본수익률이 자본의 한계생산성에 의해 결정된다고 가정할 때)를 초래한다. 반면 대체탄력성이 1보다 크면 β의 증가는 자본의 한계생산성을 제한적으로 감소시켜 자본의 몫을 증가시키는 결과(이 또한 자본수익률과 한계생산성이 같다고 가정할 때)를 초래한다(『21세기 자본』, 262쪽).

대체탄력성이 1보다 크면 그만큼 탄력적으로 노동을 자본으로 대체할 수 있다는 의미가 된다.

이러한 대체탄력성은 어떻게 결정되는 것일까? 기술의 변화나 관찰 기간에 따라서도 대체탄력성이 달라질 수 있다. 예를 들어보자. 타일러 코웬이 주장한 것처럼 기술의 변화는 노동 대비 자본의 가격을 절감시켜주거나 로봇으로 노동자를 직접 대체할 수 있도록 하는데, 이러한 변화는 자본과 노동의 대체탄력성을 높여준다. 기업가가 이러한 변화를 도입하더라도, 생산양식을 로봇(자본)집약적으로 변경하는 데에는 시간이 소요될 수 있으므로 대체탄력성은 1~2주 보다는 10~20년에서 관찰할 때 더 높게 측정될 것이다.

피케티가 추정하는 대체탄력성의 크기는 얼마일까?

21세기에 노동에 대한 자본의 대체탄력성이 1을 넘어 얼마나 더 커질 것인지를 예측하는 것은 분명 매우 어려운 일이다. 역사적 자료에 따르면, 1.3~1.6으로 추정할 수 있다. 하지만 이 추정치는 불문명하고 부정확하다. 뿐만 아니라 미래의 기술이 과거와 같은 탄력성을 보여주리라 장담할 수도 없다. (…) 분명히 자본수익률 r은 β가 증가함에 따라 하락할 가능성이 크다. 하지만 역사적 경험에 따르면, 결국 물량효과가 가격효과를 능가할 가능성이 훨씬 더 높다. 이는 자본축적의 효과가 자본수익률 하락의 효과를 능가할 것임을 의미한다(『21세기 자본』, 267쪽).

하지만 미 하버드대 경제학자 서머스는 대체탄력성이 1보다 높다는 피케티의 주장은 주류경제학에서는 듣도 보도 못한 소리라고 일축한다. MIT의 박사과정생 매튜 로그네리Matthew Rognlie가 피케티 주장의 문제점을 효과적으로 비판했는데, 파워블로거인 보수진영의 코웬과 중도 진보인 드롱이 선정한 가장 효과적인 피케티 비판으로 여겨지고 있다(로그네리, 2014. 6. 15).[1] 로그네리의 비판이 효과적인 이유는 '따라서 피케티는 틀렸다'고 주장하기보다는, 피케티 이론의 취약점을 정밀한 분석에 입각하여 있는 그대로 그리고 기술적으로 비판하기 때문이다.

로그네리는 그동안 주류경제학계에서 연구된 수많은 논문에서 자본과 노동의 대체탄력성은 1에 수렴하거나 대부분 1보다 작았다는 점을 언급한다. 또한 피케티의 주장대로 β가 높아질 때 자본소득의 몫도 함께 커지려면 1보다 훨씬 높은 대체탄력성을 필요로 하며 그 정도는 피케티가 추정한 1.3~1.6보다 훨씬 높아야 한다고 지적한다. 그 이유는 자본소득에서 자본을 지속적으로 유지하는 데 필요한 감가상각비용을 제외한 순자본소득만이 자본축적에 더해지기 때문이다. 즉, 피케티의 동학에 중요한 순자본과 노동 간의 순대체탄력성은 기존 논문들의 안 그래도 적은 수치보다 더 낮아질 수 있는 것이다. 서머스 역시 이 문제점을 개념적으로 비판했다. 요점은 피케티의 주장과는 달리 대체탄력성은 1보다 작을 것으로 생각되므로, 성장률이 낮아질 때 자본수익률은 훨씬 더 많이 떨어지고 그 결과 자본의 몫은 커질 수 없다는 것이다.

보수진영의 의견을 종합한 헤리티지 비판 역시 이 지점을 공략한다. 먼저 피케티가 제시한 대체탄력성 수치 1.3~1.6은 치열한 계산에 의해 (바텀업bottom-up으로) 얻어낸 수치가 아니라, (탑다운top-down 방식의) 추측에 불과하다는 점을 들어 수치의 불안정성을 지적한다. 그리고 피케티가 주장한 부익부의 동학이 실현되려면 3이 넘는 수치가 필요하다고 자체적인 분석(피케티가 3이라는 수치를 제시한 적은 없다)을 내놓으며 이는 극단적인 시각이라고 평한다(『페더랄리스트』, 2014. 9. 16).[2] 헤리티지 비판을 개진한 헤리티지 재단The Heritage Foundation은 미국의 보수주의적 성향을 강하게 드러내는 워싱턴 소재의 싱크탱크다. 기업의 자유와 작은 정부를 지향하며, 레이건행정부 때부터 미국 정부의 정책 결정에 영향력을 끼치고 있다. 헤리티지 비판은 재단 소속 연구원 살림 퍼스Salim Furth와 커티스 두베이Curtis Dubay의 시각에서 피케티 비판 중 논쟁에서 살아남았다고 생각되는 설득력 있는 비판들을 일목요연하게 정리하고 이를 해설한 작업이다. 이에 관해서는 핵심 사안들 위주로 정리한 버전(『페더랄리스트』, 2014. 9. 16)이 있고, 더욱 상세한 비판은 재단의 웹사이트에서 읽어볼 수 있다(Dubay & Furth, The Heritage Foundation, 2014. 9. 12).[3] 이는 매우 보수적인 시각에서 피케티의 이론을 비판하므로, 어떠한 비판점들이 있는지 효과적으로 파악할 수 있다. 이 장에서는 주요 이론 비판에 대한 해설을 몇 가지 소개했다.

피케티 역시 그의 주장과 기존 연구 간의 괴리를 잘 알고 있을 텐데, 그럼에도 그는 사회 수준에서 노동과 자본의 대체탄력성이 높다는 주장을 전혀 굽히지 않는다. 서머스는 서평에서 피케티가 기존 논문들을 오독한 것이라고 말하면서 피케티의 대체탄력성 가정이 너무 높다는 점을 비판했다. 하지만, 피케티가 오독을 하여 실수로 높은 대체탄력성을 주장한다고 보기에는 이 부분은 그의 이론이 성립하기 위해서 반드시 필요한 조건이다. 그렇다면 이러한 견해의 차이는 어디서 오는 것일까? 공정한 성장을 위한 워싱턴 센터Washington Center for Equitable Growth 연구원인 마셜 스타인바움Marshall Steinbaum이 유용한 시각을 제공한다. 필자는 지난 봄 스타인바움 박사와 서신을 교환하면서 피케티 논쟁 중 영미권의 시각에서 해결된 부분과 해결되지 않은 부분을 재확인하는 데 도움을 얻었고, 필요에 따라 그의 견해 전문을 본서에 자유롭게 인용하도록 동의받았다. 그는 피케티 이론에 대한 기술적인 비판들에 대해 가장 효과적이고 직관적으로 답해오고 있는 학자라고 생각되는데, 이론에 대한 비판과 함께 비판에 대한 재반박을 이해하는 것이 필수적이다.

스타인바움은 대체탄력성에 대한 기존 연구의 범위가 제한적이라는 사실을 통해 기존 논문들과 피케티 수치의 차이를 이해한다. 대체탄력성을 연구한 대다수의 논문은 자본과 노동의 대체탄력성이 1보다 작다는 실증연구를 보여주었는데, 스타인바움은 이에 대해 그들의 연구 범위가 공장이나 회사, 또는 산업 단위에서 이루어졌고 그것도 단기간의 대체탄력성을 연구했다는 차이를 언급한다. 회사 단위에서 그것도 단기에서 측정된 대체탄력성은 고정된 자본비용이 발생하고 기술의 변화나 비용절감 차원의 회사 이전 등을 포함하기 어려우므로, 대체탄력성은 상대적으로 낮아진다. 반면에 피케티는 사회 수준에서, 그것도 장기에서 연구를 했기 때문에 미시적으로 연구한 기존 연구의 수치를 사용하기에는 문제가 있다는 지적이다(스타인바움, 2014. 9. 2, 7~8쪽).[4]

  그런데 최근, 기존 연구의 틀 안에서도 로그네리의 비판을 반박하는 연구가 NBER에서 발표되어 피케티 관련 담론가들이 주목하고 있다(『NBER』, 2014. 10).[5] 루카스 카라발부니스Loukas Karabarbounis와 브렌트 니먼Brent Neiman은 감가상각이 노동의 몫 그리고 자본과 노동의 대체탄력성 측정에 어떤 영향을 주는지를 상세히 연구했다. 두 연구자는 1975년 이후처럼 기술 변화에 따라 노동이 가져가는 몫이 변화한 경우에는 세전이나 세후 노동의 몫은 모두 같은 방향으로 움직인다는 점을 입증했다. 더욱 중요하게는, 기술의 변화로 자본의 단가는 낮아지고 감가상각은 크지 않아서 1975년 이후 노동과 자본의 대체탄력성은 순으로 따지든 그냥 따지든 둘 다 1보다 컸다는 점을 밝혔다.

  사회 수준에서의 대체탄력성은 어떻게 변했을까? 스타인바움은 대체탄력성이 1보다 크다는 피케티의 주장은 저서의 실증연구와 부합하다는 점을 주지시키며, 아래의 도표에서 피케티가 저서에서 실증한 미국의 자본/소득 비율(β)과 자본소득의 몫(α)의 변화를 함께 보여준다. 대체탄력성이 1보다 크다면, α와 β는 도표처럼 같이 상승하거나 같이 하락하게 된다. 대체탄력성 논쟁의 핵심은 지난 수십 년 동안 도표와 같이 변화한 α와 β의 관계가 미래에도 성립할 수 있을지 그 가능성을 이론적으로 다루는 것이다.

하지만 헤리티지 비판은 실증적으로 나타난 α와 β의 그럴듯한 관계가 '생산자본'이 아닌 거주용 부동산 가치 변화에 따른 결과라고 말하며, 이를 상세히 제시한 로그네리의 부동산 비판을 소개한다.

도표 12.1. 미국의 자본/소득 비율(β)과 자본소득의 몫(α)의 변화, 1929~2009●

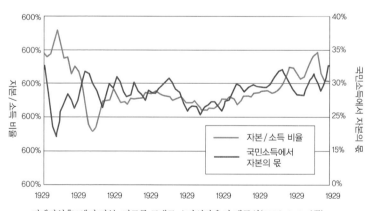

● 피케티의 『21세기 자본』 자료를 토대로 스타인바움이 재구성(2014. 9. 2, 6쪽).

부동산 비판: 21세기 부동산

로그네리는 α와 β의 상관적인 변화를 피케티의 이론에 따른 결과로 파악하지 않는다. 로그네리는 피케티가 1970년대 이후 β가 증가했다는 점을 (적어도 유럽에서) 부익부 동학의 중요한 근거로 다루었다는 점, 그리고 이를 통해 부의 불평등이 중요해지고 있다는 사실을 부각시켰다는 점을 상기시킨다. 문제는 이러한 β의 변화가 피케티가 열거한 다양한 자본에서 일어난 것이 아니라, 단지 거주용 부동산 한 항목에서 일어났다는 사실이다. 이러한 사실이 왜 문제가 될까? 이 문제를 먼저 제기한 프랑스 경제학자들의 설명을 들어보자. 오단 보넷Ordan Bonnet 등에 따르면, 프랑스에서 거주용 부동산 가격의 상승이 β의 상승을 주도했고 '생산적 자본'은 가격이 전혀 오르지 않았다. 또한 피케티는 부동산 가격의 변화로 자산을 평가했지만, 임대료는 그만큼 상승하지 않아서 β의 상승은 임대료 수익에 따른 자본 축적의 결과라기보다는 단지 부동산 거품의 결과일 수 있다는 것이다. 이들은 임대료를 기반으로 계산할 경우, 프랑스에서 β는 오르지 않았다고 말한다(보넷 등, 2014. 4. 17).[6] 즉, 어느 가치평가 방식을 썼느냐에 따라서 β가 증가했다는 사실 자체를 문제 삼을 수 있다는 점이 첫 번째 포인트다. 두 번째 포인트는, 피케티의 부동산 가치평가 방식을 따른다 해도 β의 상승은 수많은 중산층이 소유하는 거주용 부동산 부분이 증가한 것이지 자본소득자들이 얻은 자본수익률로 인한 부익부의 결과가 아니라는 점이다.

실제로 가치평가 방식은 다양해서 언제나 논쟁을 낳는다. 부동산뿐만 아니라 주식의 가치평가 방식 또한 다양해서, 예를 들어 회계회사가 재벌가문의 전환사채를 양도하는 데 어느 가치평가 방식을 적용해야 유리할지를 고심하는 경우도 있고 차후에 그 적절성을 두고 법원에서 편법증여의 유무를 판단하기도 한다. 피케티의 시장가치평가 방법의 장점은 모든 자본의 종류에 대해서 일관성 있는 방법을 적용했다는 점이다. 물론, 시장가치로 평가했기 때문에 내재가치를 훨씬 넘어서는 부동산 거품이 포함되는 시기도 발생했다. 하지만 피케티가 워낙 장기간을 조망했기 때문에 거품이 생겼다가 빠지는 과정까지 추세의 일부로 포함됨을 쉽게 파악할 수 있다. 일본의 경우를 보면 거품이 들어갔다 빠지는 과정을 볼 수 있는데, 전체적으로는 40년에 걸쳐 민간자본의 가치가 우상향하고 있다.

로그네리는 부동산 부문의 가치상승은 자본이득capital gains 의 결과라고 파악했다(로그네리, 2014. 6. 15, 14쪽). 그는 자본이득이 자본축적이 아니라고 말하지 않고, 단지 거기서 멈춘다. 정기적으로 발생하는 자본소득과 비정기적으로 발생하는 자본이득은 서로 대체·보완적인 개념인 만큼 분리하여 생각하기 어렵기 때문이다. 회사의 주식을 예로 들어보자. 회사의 이익이 배당금 형태로 주주에게 지급되면 이는 자본소득이 된다. 이익이 배당금으로 지급되지 않고 사내유보금으로 쌓이거나 재투자되어도, 주주가 들고 있는 주식의 가치에 반영되어 주식을 매매할 때 자본이득으로 취할 수도 있을 것이다. 그런 후, 자본이득을 취할 때까지 소요된 시간과 비용을 고려하여 투자에 대한 자본수익률을 계산할 수 있다. 이처럼 두 개념은 밀접히 연결되어 있고 자본의 축적을 가능하게 해주는 두 가지 방식이다.

거주용 부동산은 중산층에게는 대부분의 재산인 만큼 중요하지만, 초부유층에게는 추가적인 중요성이 있다. 중산층에게 있어 집이 제공하는 서비스는 귀속임대료로 자신이 소비하기 때문에 자본으로 축적되지 않는다. 따라서 중산층이 소유하는 부동산에서 부의 축적은 잠재적인 자본이득으로만 발생하며 자본소득이 추가적으로 발생하지 않는다. 반면에, 부유층의 경우에는 여러 채의 부동산을 소유할 개연성이 큰데, 이를 임대하는 사업을 할 경우 임대료라는 자본소득이 발생하며 보유한 부동산이 생산적 자본으로 변모한다. 부동산이 귀속된 소비가 아닌 투자가 되는 것이다. 민간자본의 가치가 지난 40년처럼 우상향을 그린다면 추후 매매 시 추가적인 자본이득까지 취할 수 있다. 금융위기 전까지만 하더라도 부동산 및 임대료는 부자들이 확실한 소득을 얻는 방법으로 여겨졌다. 『부자 아빠 가난한 아빠』(황금가지, 2000)를 집필한 로버트 기요사키는 도널드 트럼프와 함께 『기요사키와 트럼프의 부자』(리더스북, 2007)이라는 책을 썼는데, 둘 다 부동산으로 어마어마한 돈을 모았기 때문인지 부동산이 가져다주는 부익부 효과를 한참이나 설파한다. 부동산은 여기에 관심이 있는 초부유층에게는 꽤나 오랫동안 자본이득뿐 아니라 자본소득까지 가져다주는 효자 노릇을 했다. 물론 2007년에 나온 이 책은 이후 부동산 시장이 폭락하면서 베스트셀러에서 함께 추락했다. 피케티의 장기간 자료는 이렇게 부동산 시장의 거품이 반복되는 과정을 보여주는데, 그러한 부침에도 불구하고 민간자본의 가치가 40년에 걸쳐 꾸준히 우상향하고 있다는 점을 분명하게 나타냈다. 로그네리가 이야기하듯이 중산층은 부동산을 보유하더라도 집이 한 채라서 그 자신이 주로 소비하는 귀속임대료 개념에 해당한다면, 이와 대조적으로 부유층에게 부동산은 소비뿐 아니라 추가적인 부동산을 통해 실질적인 임대료 수익을 창출할 수 있는 투자의 개념이라는 현실적인 차이가 있다.

스타인바움은 일부 비판에서 보수진영이 부동산을 자본으로 포함시킨 것이 마치 큰 문제인 것처럼 취급하면서 부동산을 제외한 다른 자본이 상승하지 않았다는 점을 중점적으로 부각시킨

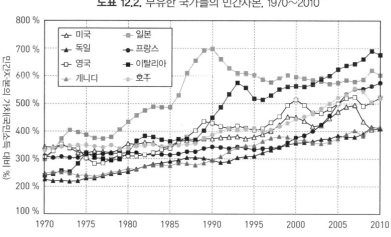

도표 12.2. 부유한 국가들의 민간자본, 1970~2010•

• 『21세기 자본』, 208쪽.

다고 지적한다. 하지만 부동산을 막상 제외할 경우, 나머지 자본 내에서 부의 편중은 훨씬 더 심각해져서 보수진영의 논리가 무색해진다는 것이다. 중산층의 부가 주로 부동산의 형태로 존재하는 만큼 나머지 자본에서 중산층의 규모는 상대적으로 급격히 줄어들 것임은 쉽게 알 수 있다. 물론 상위층 가구는 평균적으로 중산층 가구보다 훨씬 더 높은 가치의 부동산까지 소유하고 있겠지만, 초부유층으로 갈수록 대부분의 자산은 중산층이 얼마 소유하지 못하는 주식 등 금융자산의 형태로 존재한다. 중산층이 얼마간의 부를 소유하게 되었다는 사실이 지금의 불평등이 19세기 세습자본주의와 다른 유일한 점이라고 피케티는 말했고 스타인바움은 이 지점을 다시 상기시킨다. 부동산을 제외한 나머지 부의 극심한 불평등이 시사하는 바가 크기 때문인데, 이것이 중산층이 사라지고 세습자본주의가 다시 도래할지 모르는 미래에 부의 불평등이 어느 정도로 극심할 수 있는지를 효과적으로 나타내준다고 스타인바움은 말한다. 그리고 다시 묻는다. 부동산을 제외하고 계산하기를 원하느냐고(스타인바움, 2014. 6. 24).[7]

부동산 비판과 대체탄력성 비판

로그네리는 부동산과 대체탄력성 개념을 효과적으로 연결하여 세 번째 비판을 가한다. 중산층도 부동산을 많이 소유하고 있다는 사실보다도, 부동산 자본의 낮은 대체탄력성이 문제라는 것이다. 그는 피케티가 연구하는 사회 수준에서는 많은 국가에서 부동산이 자본의 절반을 차지하는데 부동산과 노동은 상식적으로도 대체성이 낮다는 점을 효과적으로 지적했다. 로그네리는 이 점이 피케티의 이론과 실증 간의 괴리를 드러낸다고 말한다. 헤리티지 비판 역시 부동산은 ATM이나 로봇과 달라서 노동 인력을 전혀 대체시켜주지 못한다고 해설한다. 즉, 주택이 노동자의 직장을 위협하지는 않는다는 것이다.

사회에서의 부와 공장에서의 자본은 근본적으로 어떻게 다를까? 스타인바움은 사회 수준에서의 부는 공장에서의 자본과 다르게, 노동과의 직접적인 대체성이 떨어진다고 해도 그 가치가 떨어지지 않는다는 점을 지적한다. 공장이나 산업 단위에서 자본을 이해하는 기존 경제학의 틀에서는 노동과의 직접적인 대체성이 떨어지면 추가적인 자본의 가치도 그만큼 떨어지지만, 사회 수준에서의 부는 그렇지 않다. 부동산의 경우도 노동자와 얼마나 대체성이 있느냐를 가지고 평가되는 것이 아니라 부동산이 그 자체로 부자들의 가치를 저장해주기 때문에 선호된다는 것이다. 이렇듯 분석의 차원이 하나만 더해져도, 노동과의 대체성과 한계생산성으로만 가치를 평가하는 기존 모델은 현실에서 작동하지 않는다고 스타인바움은 말한다(스타인바움, 2014. 6. 24).

『이코노미스트』는 정치경제학적인 분석을 하지 않는 신고전주의 모델만으로는 부동산 자본의 가치가 떨어지지 않는 현상을 제대로 이해하기 어렵다고 지적한다. 지난 수십 년 동안 기술의 변화는 고등교육을 받은 이들이 모여 있는 대도시의 프리미엄을 높였는데, 주택의 공급은 제한되어서 프리미엄은 결국 주택 소유주에게 돌아갔다는 것이다. 그리고는 자본이 더 많은 몫을 가져가는 협상력의 증가는 회사에서뿐만 아니라 부동산 시장에서도 일어났을 개연성이 높다는 점을 언급한다(『이코노미스트』, 2014. 6. 17).[8] 시장체제의 수호자 격인 『이코노미스트』에 기고된 글로서는 상당히 급진적인 이야기다.

피케티는 저서에서 불평등을 이해하는 데 필요한 정치경제학의 중요성을 강조했지만, 막상 시장체제를 둘러싼 힘의 논리에 대해서는 적극적으로 기술하지 않았다. 대신, 피케티는 철저하게 주류경제학의 용어와 모델 안에서 불평등을 이야기했다. 그래야만 주류경제학계 안에서 담론이 형성되리라고 생각했을 것이다. 자본과 노동이 한계생산성만으로 수익과 임금을 나누지 않는다고 이야기하기는 쉽다. 하지만 그렇게 말하는 순간 주류 담론과 연결되기는 어려워진다. 학문의 언어가 달라지기 때문이다. 그는 그동안의 논문들도 자본이라는 말 대신 부wealth라는 주류경제학계의 용어를 사용하여 학계의 탑 저널에만 게재했다. 초부유층의 사회포획현상을 우려하면서도, 정작 원서로 900쪽이 넘는 『21세기 자본』에서는 이 용어를 단 두 차례 등장시킨 것도 같은 이유라고 필자는 생각한다. 기존의 틀이 완벽하지 않더라도, 그 안에서 문제점을 논의할 수 있어야 한다. 피케티는 주류 학계의 틀로 실증을 해낸 데이터만 가지고, 불평등을 주류경제학에서 완벽하게 담론화시켰다.

저축성향 비판

피케티는 『21세기 자본』에서 자본주의 제2법칙을 소개하며 장기적으로는 자본/소득 비율이 순저축률을 성장률로 나눈 수치, 즉 $\beta=s/g$를 따르는 경향성을 보인다고 주장했다. 순저축률이 10퍼센트이고 성장률이 2퍼센트면, 장기적으로 β는 5로 수렴하는 경향을 보일 것으로 예측하는 것이다. 피케티는 21세기에 성장률이 지금보다 하락세를 보일 것으로 예측하고, 저축 성향은 변하지 않고 현재 상태에서 비교적 안정적으로 유지될 것으로 파악한다.

스톡홀름대의 퍼 크루셀Per Krusell과 예일대의 토니 스미스Tony Smith는 저축 성향에 대한 피케티의 가정이 극단적이고 비현실적이라고 비판한다. 피케티는 순저축률이 일정하다고 가정하는데, 그러면 성장률이 제로로 낮아질 경우 저축률은 100퍼센트라는 비상식적인 수치가 되어버린다. 기존의 솔로우 모델 등에서는 성장률이 제로로 낮아지면 순저축률도 제로로 수렴한다는 점에서 이는 기존 주류경제학계의 모델들과도 일관성이 없다. 피케티의 이론은 실증에도 부합하지 않는데, 피케티의 이론과 달리 주류경제학계의 모델은 성장률이 떨어져도 β는 조금 상승하는 정도에서 그친다고 예측한다(크루셀과 스미스, 2014. 5. 28, 10. 21).[9] 두 저자는 전후 미국 자료를 토대로, 순저축률이 제로에 가깝게 떨어졌고 저축률과 성장률은 양의 상관관계를 가지고 있음을 보여주었다. 즉 피케티가 주장한 안정된 저축률은 관찰되지 않았다는 것이다.

하지만 『이코노미스트』는 두 학자가 계산을 진행하면서 감가상각률을 자신들의 결과에 유리하게 상정했다는 문제제기(드롱, 2014. 6. 2)[10]를 소개하며, 또한 두 학자가 제로성장의 극단적인 경우를 지나치게 부각한다고 자체적으로 문제를 제기했다.(감가상각률을 10퍼센트로 높게 설정하면 성장률이 떨어질 때 β가 적게 상승하는 효과가 있다. 드롱의 지적에 대해 두 학자는 감가상각률을 낮추어 조정하여 다시 모델을 돌렸고, β가 여전히 조금만 올랐다고 주장했다.) 『이코노미스트』는 두 학자가 일례로 보여준 저축률과 성장률의 상관관계는 피케티의 가설을 반증하지 못한다고 평가했다. 두 학자가 인정하듯이 그들의 전후 자료로 패턴은 나타낼 수 있어도, '성장률과 저축률의 변화가 양의 관계를 갖는다'는 그들의 가설을 입증할 수는 없기 때문이다. 하지만 두 학자가 지적한 대로 지난 수십 년 동안 순저축률이 하락했고, 피케티는 자신의 이론에서 왜 저축률이 10퍼센트 정도에서 안정될 것인지를 보강해야 할 것이라고 비판적으로 평가했다. 미래에는 소득불평등이 더 심화될 수 있지만, 이는 인구 변화와 기술의 변화 때문일 수 있고 피케티가 주장했듯이 저축률과 성장률 때문일 필연성은 없다는 지적이다(『이코노미스트』, 2014. 6. 4).[11]

스타인바움은 크루셀·스미스와 피케티 사이의 괴리가 저축에 대한 가정의 차이에서 기인한다고 보았다. 크루셀과 스미스는 대표적 경제주체 모형representative agent model*을 상정하고 항상소득가설permanent income hypothesis**을 적용하는데, 피케티는 이러한 모델과 가정이 특히나 불평등을 연구하는 데에는 부적합하여 사용하지 않는다고 설명했다. 사업이 망한 경우가 아닌 다음에야 초부유층은 일생동안 부를 다 소진하기보다는 자녀에게 물려주고 떠난다. 초부유층과 별로 가진 부가 없는 일반인이 증여를 어느 정도 할 것인지는 다를 수밖에 없고, 이는 피케티의 저서에서 매우 중요한 사항이다. 스타인바움은 두 학자가 보여준 전후 미국 자료를 토대로 한 실증연구에도 문제가 있음을 지적하는데, 저성장에서 순저축률이 제로에 가깝게 떨어졌다는 상관관계는 저성장 체제에서는 저축할 돈조차 없는 대표적 경제주체를 조사했기 때문이라는 것이다. 저축률은 소득이 올라갈수록 당연히 올라갈 것으로 생각할 수 있고, 두 학자는 이러한 점을 무시했으며 저성장 체제에서 고소득층의 저축성향은 대표적 경제주체와 달리 높을 개연성이 크다고 지적한다. 또한 1980년 이후의 미국처럼 가계부채가 쌓인 대표적 경제주체는 버는 대로 소비하는 상황으로 몰려서, 항상소득가설이 적용되기 어렵다고 설명한다. 항상소득가설에 따르면 소비는 이러한 현실과 달리 경기에 따라가지 않을 것으로 상정한다(스타인바움, 2014. 9. 2, 9~10쪽).

● 대표성이 있는 개인을 상정하여, 경제는 상정된 개인과 동일한 인물들로 구성되어 있고 이들의 결정을 바텀업bottom-up 방식으로 더하면 집체적인 결정을 파악할 수 있다는 가정이다. 경제주체의 기대를 합리적으로 반영해야 정책적 예측이 현실성을 가진다는 루카스 비판 이후, 거시경제학 모델에서 중시되고 있다. 하지만 개인에게는 합리적이어도 집체적으로는 비합리적인 구성의 오류에 취약하고, 스티글리츠는 이러한 모델에서는 모든 개인이 동일하다고 가정되어, 예를 들어 누가 누구에게 돈을 빌려준다는 분석이 불가능한 모델이라는 점을 언급했다.

●● 미국 경제학자 밀턴 프리드먼이 제창한 소비함수이론으로 실질소득 가운데 정기적인 항상소득의 비중이 클수록 소비성향이 높아지고 불규칙적인 소득의 비중이 클수록 저축성향이 높아진다고 분석했다.

피케티의 핵심이론 *r>g* 비판

피케티의 핵심이론인 *r>g*에 대해서 보수진영은 두 가지 다른, 상충되는 주장을 한다. 한쪽에서는 자본수익률 *r*이 성장률 *g*보다 높을 수 없다는 주장을 한다. 그리고 또 다른 한편에서는 *r*은 당연히 *g*보다 높은데, 그러한 사실이 불평등을 의미하는 것은 아니라고 말한다. 즉, *r>g*에 대한 비판 가운데서도 아직 어느 것이 분명히 맞는지 결론이 나지 않은 상태다.

　먼저 첫 번째 비판부터 살펴보자. 이 부분은 로그네리와 서머스가 주장했고 위의 대체탄력성 논의에서 이미 설명한 내용이다. 자본과 노동의 대체탄력성 논쟁이 *r>g* 비판과 밀접히 연결되는 것이다. 다시 정리해보면, 로그네리는 기존 연구를 봤을 때 자본과 노동의 대체탄력성이 1보다 작을 개연성이 높기 때문에 β가 커질 경우 *r*은 급격히 떨어져서 *r>g*가 성립하기 어려울 것이라고 주장한다. 이에 대해 스타인바움은 *r>g* 여부는 이론보다는 실증적으로 답을 내야 하는데, 피케티가 저서에서 실증한 역사적 사실을 놓고 보면 피케티가 주목한 20세기의 예외적인 시기를 제외하고는 *r>g*가 유지되었다는 점에서 피케티에게 유리하다고 말한다. 과거와 상관없이 미래에는 결국 *r*이 낮아질 것이라는 로그네리의 주장 역시 신빙성이 떨어지는데, 미래를 포함하는 더욱더 긴 기간에서 대체탄력성이 높아지지 않고 낮아진다고 주장하기 때문이다. 즉 대체탄력성이 장기적으로 더욱 커지는 이치와 부합하지 못하는 점을 지적하는 것이다. 또한 스타인바움은 로그네리가 자본수익률이 마치 한계생산성에 맞춰 지급될 것처럼 모형 안에서만 협소하게 해석하고 있다고 말했다. 현실에서는 자본소유자의 요구나 협상력 또한 수익률을 결정하는 데 중요하다는 것이다(스타인바움, 2014. 9. 2, 5쪽).

이제 두 번째 비판을 살펴보자. 실증적으로는 $r>g$가 맞지만, 이는 불평등과는 상관이 없다는 비판이다. 뉴욕대 경제학교수인 데브라즈 레이Debraj Ray는 $r>g$에 대해 비판적으로 생각할 만한 점들을 시사한다. 그는 피케티의 $r>g$ 법칙은 지난 50년 동안 경제학자들에게 이미 잘 알려진 내용이지만 누구도 이를 가지고 심화되는 불평등을 설명하지 않았다고 말한다. 설명할 수 없었던 이유는, 이러한 결과는 소득과 부의 안정적인 불평등과 충분히 공존할 수 있는 현상이기 때문이다. 우선 자본수익률 r은 수익 수준을 측정하는 개념이라 성장률 g하고는 직접적인 비교가 어렵다. 비교가 어려운 두 개념을 연결해줄 수 있는 매개가 부자의 저축률인데, 부자가 자본수익을 저축으로 가져갈 경우에 한해서 $r>g$가 비로소 불평등을 유발하는 것이지 $r>g$ 자체로 불평등이 유발되는 것은 아니라는 해설이다. 또한 레이는 $r>g$는 세계화나 기술의 변화 등 불평등을 유발시킨 근본 원인이 아니라고 본다. $r>g$는 그러한 불평등의 결과를 담아낸 겉모습이지 본질이 아니라는 것이다. 결국 불평등을 유발한 원인은 다른 데 있고, $r>g$는 예를 들어 솔로우 모델에서 상정하는 동태적 효율성의 결과로도 발현된다고 설명한다.

레이는 이렇게 여러 이야기를 통해 $r>g$가 심화되는 불평등을 설명하지 못한다고 주장하는데, 이에 대해 스타인바움은 그의 논증을 숙고해보면 자본수익률의 혜택이 경제성장률의 혜택보다 더 불평등하게 분배될 분명한 이유가 없다는 점을 암묵적으로 상정하고 있다고 지적한다. 그리고 이는 논증의 세계에서는 사실일지 모르나 적어도 피케티가 실증한 내용에서 따졌을 때에는 대단히 몰역사적인 주장이라고 비판한다(스타인바움, 2014. 9. 2, 13쪽).

피케티의 이론은 지속적인 비판과 검증을 받아야 한다. 그 과정에서 피케티의 이론 부분이 결국 틀린 것으로 판명된다면, 그가 주장하는 글로벌 자본세 도입의 이론적 근거 또한 약화될 것이다. 그때까지는 불평등에 대한 데이터가 유의미하게 업데이트될 때마다, 피케티의 이론에 대한 논쟁 또한 재점화될 것으로 예상된다.

그런데, 피케티는 책을 통해 이론 부분과 상관없이 다양한 주장을 펼친다. 즉, 이론의 옳고 그름의 여부와 관계없이 효과적인 주장이 최소한 세 가지 있는데 이는 피케티 담론을 정확히 이해하는 데 있어 중요하다. 여기서 핵심은 이러한 주장이 피케티의 이론과는 독립적인 사안이라는 점을 이해하는 것이다. 피케티의 주장 중에서 실제로 현실에 영향을 끼칠 수 있는 부분이기 때문에, 진보나 보수 모두 눈여겨 볼 필요가 있다.

첫째로, 피케티는 국제공조를 통해서 각국 납세의무자가 조세피난처나 타국에 자산을 숨겨놓지 못하게끔 금융 정보의 투명성을 철저히 높여나가자고 주장하고 있는데 이를 반박하기는 어려울 것으로 생각된다. 이미 OECD와 G20 등 국제 경제협력을 조율하는 기구들에서 금융 투명성을 위한 국제적 협조를 강화하는 방향으로 정책들이 흐름을 타고 있으며, 피케티는 이러한 국제 공조가 점차적으로 실현 가능하다고 본다. 한국의 경우 이는 조세피난처에 숨겨진 국부에 대한 국세청의 추적이 활성화되는 정책으로 연결될 수 있다. 조세피난처로 흘러들었던 부에 대해 유예기간을 주고 자진해서 신고하도록 한 뒤 벌금을 더해 과세를 하면 된다. 일단 유예기간이 끝나면 현재 미국이 추진하는 것처럼 미신고 해외계좌에 대해서는 형사처벌을 추진하는 등 강한 제재를 추진함으로써 유예기간 때 스스로 가지고 들어오도록 유도하는 방법이 가능할 것이다(『채널A』, 2013. 11. 22).[12] 이러한 흐름은 피케티의 이론과는 별개의 사안이다.

둘째로, 피케티는 부와 소득의 불평등이 실제로 어떻게 진행되고 있는지 모니터링할 필요가 있다는 학문적인 요구를 하고 있다. 다시 말하면 정확한 정보에 기반을 둔 민주적 토론을 위해서 각국의 국세청이 더 정확한 자료를 제공할 필요가 있다는 '알 권리'의 요구다. 민주적 토론을 위한 알 권리는 권리장전의 성격을 지닌다. 이미 전 세계적으로 불평등이 주류 담론임을 고려할 때, 이러한 요구는 한국의 정치권에서도 점차 고려할 만한 의제가 될 것이다. 이러한 주장도 피케티의 이론과 독립적이다.

셋째로, 피케티는 초부유층의 사회포획 현상을 우려하며, 초고소득층에게는 가파른 누진적 소득세를 그리고 초부유층에게는 높은 증여·상속세율을 부활시켜 소득과 부의 불평등을 완화할 것을 제안한다. 글로벌 자본세 도입은 피케티의 이론에 근거한 주장이지만, 강력한 누진세의 부활은 이론이 아닌 경제사적 경험에 근거한 주장이다. 피케티는 20세기 초 루스벨트 대통령이 도입했던 매우 누진적인 정책이 성장을 방해하지 않으면서도 그 이후 50여 년간 미국의 불평등을 통제했다는 점을 강조한다. 더욱이 미국 불평등의 경우 그의 주요 이론인 $r>g$(자본수익률이 경제성장을 능가함)로 인해 심화되었다고 주장하지도 않는다는 점에서, 누진세에 관한 그의 주장은 어떤 이론에 기반하는 것은 아니다.

한국에서도 초부유층의 사회포획 현상에 대한 우려는 진영을 떠나 대체적으로 공감을 얻고 있다. 그러나 이를 해결하기 위해 초부유층에게 강력한 누진세를 도입하자는 해결 방안에 대해서는, 성장이 멈춘다며 반대 의견이 많다. 이미 소개하였듯이, IMF 같은 시장체제를 지지해온 국제기구에서도 이러한 주장을 반박하기 시작하였다는 점에 우리는 주목해야 한다. 피케티의 일갈대로, 누진세가 도입될 때 성장이 멈춘다는 주장은 경제사적 근거와 전혀 부합하지 않는다는 사실을 거듭 인지할 필요가 있다. 한 치의 양보가 어려운 것이 세금문제다. 피케티가 제안한 강력한 누진적 소득세와 높은 증여세는 그가 자신의 이론에 근거하여 주장했던 자본세와는 다른 개념이라는 점을 이해하도록 하자. 이론과 상관없이 효과적인 주장이 무엇인지 정리하면, 피케티가 현재를 위해 제안하는 정책들과 미래를 위해 제안하는 자본세를 나누어서 파악할 수 있고 이는 그의 책을 올바로 이해하는 데 도움이 될 것이다.

　필자와의 면담에서 피케티는 여러 원인이 결부되어 결과적으로 부의 편중이 지나치게 확대되면 이는 그 자체로서 우려할 만하며 그러한 극심한 불평등의 발현 자체가 불평등을 완화시켜야 할 당위적 근거가 된다고 말했다. 불평등이 경제적인 사안일 뿐 아니라 정치적인 사안이기 때문이다. 루스벨트 대통령은 바로 부의 지나친 편중 자체를 문제 삼았고, 그러한 동기에 입각하여 자본주의 종주국 미국에서 강력한 누진세율과 증여·상속세를 도입했다. 이로써 뚜렷한 성장과 불평등 완화를 동시에 성공시킨 그는 20세기 미국에서 가장 존경받는 대통령으로 여겨지고 있다.

보론

세제 개혁은
어떻게 가능한가?

여기서는 물려받을 상속재산이 없는 젊은 세대의 관점에서, 현재 한국의 무상복지 논쟁을 어떻게 바라보면 좋을지 간단히 살펴보고자 한다.

상속재산이 없는 이에게 삶은 녹록치 않다. 학자금 대출로 대학에 진학해도 취업은 갈수록 어려워진다. 사회에 진출하기 전에 빚부터 쌓이며 결혼자금을 모으기 위해 결혼을 늦추는 것은 그렇다 치더라도, 가족이 중병이나 지병을 앓으면 국민건강보험만으로는 병원비도 감당하기 힘들다. 실손보험은 사보험이라서 지병이 있는 가족은 애초부터 가입이 되지 않는다. 사보험의 약관은 향후 더욱 상업화될 것으로 예측된다. 높은 육아비용으로 저출산이 뚜렷해지고, 인구 변천으로 연금이 노후를 보장해주기도 어려워졌다. 상시적 해고로 40, 50대에 직장을 그만두는 일은 삶의 과정이 되어가고 있다.

초기의 경제적 제약은 삶에 지속적인 영향을 줄 수 있다. 상속재산이 없다는 것은 우선 물려받을 집이 없다는 것이다. 그럴 경우 삶의 목표는 집 장만으로 축소돼버린다. 이런 상황에서 다양하게 시도하고 실패도 해보라는 멘토들의 조언은 위안에 그친다. 무상속자에게 한 번의 실패는 상당한 트라우마다. 실패가 용인되지 않는 여건에서는 새로운 것을 시도하고 창의성을 고취시키기 어렵다.

상속 없는 자의 삶이 경제적 충격에 견딜 수 있는 제도적 방안은 없는 것일까? 이 지점에서 가진 자들은 불평등이 욕구를 고취시켜 사회계층 간 이동이 더 활발히 일어난다는 논리를 제시한다. 이는 기회의 균등이 어느 정도 보장된다면 사실일 수 있다. 하지만 교육 기회의 불평등으로 인해 자녀의 교육 수준이 부모의 생활수준과 높은 상관관계를 보이는 경향은 스웨덴 같은 복지국가보다는 미국에서 더 극명하게 발현되었다. 이는 개척시대의 미국에서 사회계층의 이동이 활발했던 '미국 예외주의'와 극명한 대비를 이룬다고 피케티는 말한다(『21세기 자본』, 577쪽). 피케티는 스웨덴과 미국을 비교했는데, 시장체제에 입각한 미국만 하더라도 복지에 관해서는 한국보다 훨씬 선진국이다.

상속재산이 없는 계층에게 복지는 핵심적인 정책이슈다. 사회가 경제적 충격에 대항해 함께 싸워주기 때문이다. 경제적 위험에 공동으로 대처함으로써 삶의 방식을 바꿀 수 있다.

하지만 피케티에 따르면, 한국처럼 국민총소득의 15~20퍼센트 정도만을 세수로 거두어들이는 중진국 경제구조에서 무상복지(무상보육, 무상급식, 반값등록금, 무상의료)는 불가능하다고 봐야 한다. 서유럽 복지국가들의 국민소득 대비 세수는 약 45~50퍼센트에서 안정된 것으로 보이는 데 비해 미국과 일본의 경우 이 비율이 약 30~35퍼센트 수준에 고정되어 있다. 확실히 경제발전 수준이 같아도 다른 선택이 가능한 것이다. 역사적인 증거를 보면 국민소득의 10~15퍼센트에 불과한 세수로는 국가가 전통적으로 수행했던 기본적인 책임 이상을 수행하는 것이 불가능하다(『21세기 자본』, 585~586쪽). 국민소득 대비 30~35퍼센트의 세수를 거둬들이는 미국은 자국민이 저렴하게 다닐 수 있는 주립대학교 교육시스템은 갖추고 있지만, 40~45퍼센트의 세수를 거둬들이는 서유럽 국가들처럼 내용이 충실한 전 국민 의료보험을 갖추지는 못했다. 최근에 들어서야 혼합형인 오바마 케어를 현실화했다.

피케티는 복지국가(그는 사회적 국가social state라는 용어를 선호한다)를 적극적으로 주장하지 않는다. 신흥경제국이나 중진국이 복지국가로 변모하는 데 따르는 저항이 클 것을 알기 때문이다. 다만 재정 부담에 대한 논쟁이 아무리 뜨거워져도, 선진국들 내부에서 국민소득의 10~20퍼센트에 불과한 세수로 유지되는 국가로 돌아가자는 주장은 나오지 않는다고 피케티는 말한다(『21세기 자본』, 573쪽). 복지국가로의 거대한 변화는 부유층과 중산층의 세금 부담이 함께 높아져야 가능한데, 이럴 경우 조세 저항의 주체가 부유층에서 중산층까지 확산된다. 경제사를 살펴보면, 대단히 큰 경제적 위기(미국의 대공황)나 대단히 빠른 경제성장(유럽)이 진행되는 과정에서 교육, 의료 및 연금에 대한 사회적 합의가 이루어졌다. 더 잃을 것이 없는 대공황 이후 또는 급속한 성장을 하여 재분배에 대한 저항이 적을 때에 미국과 유럽 국가들은 사회적 합의를 이끌어낸 것이다. 하지만 이제는 조세 저항이 크기 때문에 선진국에서도 중산층에 대한 더 이상의 세수 확대는 힘들다. 이에 비해 누진적 세율을 적용하자는 피케티의 주장은, 중산층이 유지되도록 도와주면서도 중산층의 현실적인 지지까지 얻을 수 있다. 따라서 이러한 변화는 중진국이 복지국가로 변모를 모색하기 이전에 먼저 이루어질 수 있다.

박근혜 대통령은 대선 후보시절 세제 투명화를 통해 증세 없이도 세원을 확보하겠다는 방침을 내놓았지만, 그동안 세제 투명화가 유의미하게 진행되지도 세원이 확보되지도 않았다. 김종인 전 새누리 국민행복추진위원장은 다음과 같이 진단했다.

박근혜 당시 후보가 내세운 복지 공약이라는 게 크게 무리가 있는 공약들이 아닙니다. 그러니까 처음에 공약을 제시하고 집권한 다음에, 지금으로 보자면 지난해부터 복지 수요를 정확하게 예측해서 세제에 대한 근본적인 변화를 시도했어야 해요. 그래서 올해 정기국회쯤에 세제를 변화시켰어야 하는데 그걸 안 한 거죠. 안 하고 손쉽게 주민세, 담뱃값 인상 이런 식으로 나오기 때문에 여러 가지로 복잡하게 전개되고 있는 겁니다. 이

정권 내에서 세제 개혁은 내가 보기에 불가능하다고 봅니다
(JTBC 뉴스룸, 2014. 10. 14).[1]

김종인 위원장의 지적대로, 대통령이 공약을 이행하고자 하
는 진정성이 있다면 세제 개혁을 위한 어려운 토론을 시작했어야
한다. 복지에 대한 수요는 확인했으니, 세제 개혁에 대한 민주적
토론을 유도하고 세제 투명화는 바로 추진했어야 하는 것이다. 법
인세만 예로 들더라도, 정부가 나서서 우리나라 법인세는 OECD
에서 높은 편이라고 호도할 것이 아니라 GDP에서 법인세수가 높
지만 실효 법인세율은 낮은 편이라는 사실을 함께 밝힌 뒤, 이러
한 격차가 나타나는 이유는 외환위기 이후 국민소득에서 기업소
득이 차지하는 비중이 확대되었기 때문이라는 사실을 그대로 전
달하고 법인세에 대한 여론을 수렴했어야 한다. 다국적 재벌기업
일수록 이미 오래 전부터 조세피난처를 통해 세금 납부를 회피해
왔다. 지하경제를 근절하겠다고 공약한 정부로서, 퇴직자가 로비
스트로 로펌에 들어가는 국세청에 대한 개혁부터 단행했어야 하
는 것이다.

세율 자체를 바꾸는 세제 개혁과는 달리, 세제 투명화는 대
통령의 의지만으로도 바로 시작이 가능하다. 집권 초기에는 법을
어긴 재벌 총수들도 실형을 살게 함으로써 제법 유의미한 변화가
시작되는가 싶더니, 지금까지도 국세청 개혁 등에 대한 의지는 전
혀 보이지 않고 있다. 그러한 상황에서 복지 공약까지 파기하는
것이 작금의 현실이다. 지금부터라도 초부유층의 사회포획 및 정

책포획 현상을 대대적으로 발본색원하여 조세 및 시장체제를 정비해야 한다. 피케티의 관점에서 이러한 과정은 복지국가로 나아가기 위한 초석이다.

> 상류층에 대한 과세가 더욱 역진적으로 바뀌면 (…) 상위계층보다 더 많은 세금(세율)을 내야 한다는 것을 당연히 받아들이기힘든 중산층의 지지가 감소할 것이다. 조세제도가 전체적으로불공정한데, 왜 다른 사람을 위해 계속 세금을 내야 하는가?따라서 현대적인 사회적 국가가 계속 유지되려면, 기초가 되는세금제도가 최소한의 누진성을 지니거나 어쨌든 명백히 상류층에게 역진적이지는 않도록 하는 것이 필수적이다(『21세기 자본』, 594쪽).

세제 투명화 이후에는 누진세율을 담론화할 필요가 있다.개혁된 국세청이 적극적으로 추징할 경우, 조세 저항은 낮아지게된다. 조세피난처는 개혁의 명확한 시작점이 될 수 있다. 돈이, 특히 문제가 있는 자금들이 몰려 있는 곳이기 때문이다. 형사처벌규정도 마련되어 상당한 효과를 낼 수 있을 것으로 보인다. 정부가 국세청만 제대로 활용해서 탈세자들을 처벌해도, 정부에 대한국민의 신뢰를 상당히 회복할 수 있다. 조세피난처에는 이미 막대한 자금이 몰려 있다. 국세청이 아무리 인력과 비용을 들이더라도 투자 대비 징수액은 충분히 높을 것이다.

제1장

1) *The New York Times*, "The Piketty Panic", 2014. 4. 24. http://www.ny-times.com/2014/04/25/opinion/krugman-the-piketty-panic.html?_r=0

2) *The Financial Times*, "Piketty findings undercut by errors", 2014. 5. 23. http://www.ft.com/intl/cms/s/2/e1f343ca-e281-11e3-89fd-00144feab-dc0.html#axzz3FRHxlJTD; *The Guardian*, "Thomas Piketty accuses FT of dishonest criticism", 2014. 5. 26. http://www.theguardian.com/busi-ness/2014/may/26/thomas-piketty-financial-times-dishonest-criti-cism-economics-book-inequality

3) 『조선비즈』, 「북리뷰: 피케티의 21세기 자본 바로읽기」, 2014. 9. 21. http://biz.chosun.com/site/data/html_dir/2014/09/21/2014092101970.html

4) CNBC, "Don't fear my book, fear reality: Piketty" http://www.cnbc.com/id/101764583

5) *The New York Times*, "Wealth over work", 2014. 3. 23. http://www.ny-times.com/2014/03/24/opinion/krugman-wealth-over-work.html

6) *The Guardian*, "Why is Thomas Piketty's 700-page book a bestseller?", 2014. 9. 21. http://www.theguardian.com/money/2014/sep/21/-sp-thomas-piketty-bestseller-why

7) 『조선비즈』, 「피케티 "경계해야 할 것은 내 책 아닌 불평등 심화"」, 2014. 9. 19. http://biz.chosun.com/site/data/html_dir/2014/09/19/2014091903827.

html?Dep0=twitter

8) 『매일경제』, 「조세회피 해외 페이퍼컴퍼니 해체」, 2014. 9. 17.

9) IMF, Fiscal Monitor, October 2014. http://www.imf.org/external/pubs/ft/
fm/2013/02/pdf/fm1302.pdf

10) The Forbes, "IMF lays the groundwork for global wealth confiscation",
2014. 10. 15. http://www.forbes.com/sites/billfrezza/2013/10/15/the-in-
ternational-monetary-fund-lays-the-groundwork-for-global-
wealth-confiscation/; The Forbes, "Why the IMF's 10% wealth tax sim-
ply will not work", 2014. 10. 23. http://www.forbes.com/sites/tim-
worstall/2013/10/23/why-the-imfs-10-wealth-tax-simply-will-not-
work/

11) The Financial Times, "IMF warns on threat of income inequality", 2014.
1. 19. http://www.ft.com/cms/s/0/b3462520-805b-11e3-853f-00144fe-
ab7de.html#axzz3Glo9GFJi

12) 『월스트리트저널』, 「IMF "불평등이 경제성장 방해한다"」, 2014. 3. 17. http://
kr.wsj.com/posts/2014/03/17/imf-불평등이-경제성장-방해한다/

13) 『중앙일보』, 「IMF, 차세대 경제학계 이끌 학자 피케티 등 25명 선정」, 2014. 8.
29. http://mnews.joins.com/news/article/Article.aspx?ctg=mobile_02&
total_id=15674423

14) https://www.aeaweb.org/honors_awards/clark_medal.php

15) Democracy, "The inequality puzzle", Issue #33, Summer 2014. http://
www.democracyjournal.org/33/the-inequality-puzzle.php

16) S&P, "How increasing income inequality is dampening U.S. economic
growth, and possible ways to change the tide", 2014. 8. 5. https://www.
globalcreditportal.com/ratingsdirect/renderArticle.do?articleId=1351366
&SctArtId=255732&from=CM&nsl_code=LIME&sourceObjectId=874103
3&sourceRevId=1&fee_ind=N&exp_date=20240804-19:41:13

17) *The Wall Street Journal,* "The Billionaire Guide to World Growth", 2014. 10. 8. http://online.wsj.com/articles/ruchir−sharma−the−billionaire− guide−to−world−growth−1412808953; 『월스트리트저널』의 기고문을 『조 선일보』가 재기사화, 「각국 억만장자 보면, 그 나라 경제상황 보여」, 2014. 10. 14. http://news.chosun.com/site/data/html_dir/2014/10/11 /2014101100126.html

18) 『한겨레』, 「상위 1%가 배당소득의 72% 가져갔다」, 2014. 10. 8. http://www. hani.co.kr/arti/economy/economy_general/658834.html

19) *The Economist,* 'Housing in the twenty−first century', 2014. 6. 17. http:// www.economist.com/blogs/freeexchange/2014/06/thomas−pikettys− capital

제 3 장

1) *The Financial Times,* "Data problems with Capital in the 21st Century", 2014. 5. 23. http://blogs.ft.com/money−supply/2014/05/23/data−prob− lems−with−capital−in−the−21st−century/

2) *The New York Times,* "Is Piketty all wrong?", 2014. 5. 24. http://krug man.blogs.nytimes.com/2014/05/24/is−piketty−all−wrong/?_ php=true&_type=blogs&_r=0

3) *The Guardian,* "Piketty, Chris Giles, and wealth inequality: It's all about the discontinuities", 2014. 5. 29. http://www.theguardian.com/news/dat− ablog/2014/may/29/piketty−chris−giles−and−wealth−inequality−its− all−about−the−discontinuities

4) *The Financial Times,* "Data problems with Capital in the 21st Century", 2014. 5. 23. http://blogs.ft.com/money−supply/2014/05/23/data−prob−

) *The Financial Times*, "Piketty response to FT data concerns", 2014. 5. 23. http://blogs.ft.com/money—supply/2014/05/23/piketty—response—to—ft—data—concerns/

6) Piketty, "Addendum: response to FT", 2014. 5. 28. http://piketty.pse.ens.fr/files/capital21c/en/Piketty2014TechnicalAppendixResponsetoFT.pdf

7) *The New York Times*, "Thomas doubting refuted", 2014. 5. 30. http://krugman.blogs.nytimes.com/2014/05/30/thomas—doubting—refuted/?_php=true&_type=blogs&_php=true&_type=blogs&_r=1

8) Piketty, "Addendum: response to FT", 2014. 5. 28. http://piketty.pse.ens.fr/files/capital21c/en/Piketty2014TechnicalAppendixResponsetoFT.pdf

9) *The Financial Times*, "Criticism of the errors is enough", 2014. 6. 2. http://www.ft.com/cms/s/0/f30a2ba4—e66b—11e3—9a20—00144feabdc0.html#axzz3FRHxlJTD

10) *The Financial Times*, "Shortlist unveiled for FT and McKinsey Business Book of the Year", 2014. 9. 24. http://www.ft.com/cms/s/0/f8009f8e—43ff—11e4—8abd—00144feabdc0.html#axzz3FRHxlJTD

11) Wolfers, NBER presentation, p25, 2014. 6. 12. http://users.nber.org/~jwolfers/papers/Comments/Piketty.pdf

12) Tyler Cowen, 2014. 6. 13. http://marginalrevolution.com/marginalrevolution/2014/06/more—matt—rognlie—on—piketty—2.html

13) *The New York Times*, "Thomas doubting refuted", 2014. 5. 30. http://krugman.blogs.nytimes.com/2014/05/30/thomas—doubting—refuted/?_php=true&_type=blogs&_php=true&_type=blogs&_r=1

제 4 장

1) 『한국경제』, 「피케티 '21세기 자본' vs 디턴 '위대한 탈출' 누가 맞을까」, 2014. 9. 12. http://www.hankyung.com/news/app/newsview. php?aid=201409122322g

2) 『한국경제』, 「'좋은 불평등'은 경제를 성장시키고 삶을 개선시킨다」, 2014. 9. 17. http://www.hankyung.com/news/app/newsview.php?aid=2014 091772651

3) 김낙년, 「한국의 소득집중도 추이와 국제비교, 1976~2010: 소득세 자료에 의한 접근」, 한국은행 경제연구원 『經濟分析』 제18권 제3호 (2012. 9)

4) 『한국경제』, 「'좋은 불평등'은 경제를 성장시키고 삶을 개선시킨다」, 2014. 9. 17.

5) Bloomberg, "Economist Thomas Piketty on Wealth and Inequality", 2014. 6. 13. http://www.bloomberg.com/video/economist-thomas-piketty-charlie-rose-06-13-ySxQogYMQEGPOWI0Tklylg.html

6) Kenneth Rogoff, "Where Is the Inequality Problem?", 2014. 5. 8. http://www.project-syndicate.org/commentary/kenneth-rogoff-says-that-thomas-piketty-is-right-about-rich-countries--but-wrong-about-the-world

제 5 장

1) 『한겨레』, 「피케티 "한국 누진세 강화 가능... 그래야 부와 권력 집중 막는다"」, 2014. 9. 21. http://www.hani.co.kr/arti/economy/economy_gener-al/656150.html

2) 『한겨레』, 「상위 1%가 배당소득의 72% 가져갔다」, 2014. 10. 8.

3) 『조선비즈』, 「피케티 "경계해야 할 것은 내 책 아닌 불평등 심화"」, 2014. 9. 19.

4) 『한겨레』, 「피케티 "한국 누진세 강화 가능... 그래야 부와 권력 집중 막는다"」, 2014. 9. 21.

5) 『연합뉴스』, 「세계 3위 조세피난 한국 유령회사 5천개 육박」, 2012. 7. 24. http://www.yonhapnews.co.kr/economy/2012/07/23/0302000000AKR20120723170700002.HTML

6) 『매일경제』, 「21세기 자본 저자 토마 피케티 방한」, 2014. 9. 4. http://news.mk.co.kr/newsRead.php?no=1166101&year=2014

7) 『매일경제』, 「경제칼럼: 피케티가 남긴 공헌과 과제」, 2014. 10. 6. http://m.mk.co.kr/news/headline/2014/1281965

8) *The Washington Post*, "Top economists say Piketty is wrong about wealth inequality. They misunderstood him.", 2014. 10. 15. http://www.washingtonpost.com/blogs/wonkblog/wp/2014/10/15/top-economists-say-piketty-is-wrong-about-wealth-inequality-they-misunder-stood-him/

9) Emmanuel Saez & Gabriel Zucman, 2014. 10. http://gabriel-zucman.eu/files/SaezZucman2014.pdf

10) 김낙년, 「한국의 소득집중도 추이와 국제비교, 1976~2010: 소득세 자료에 의한 접근」, 한국은행 경제연구원『經濟分析』제18권 제3호 (2012. 9)

11) 『조선일보』, 「OECD도 몰랐던 사실... 한국은 심각한 소득불균형 국가」, 2014. 7. 14. http://pub.chosun.com/client/news/print.asp?cate=C01&mcate=M1003&nNewsNumb=20140715204

12) 강두용·이상호, 「한국경제의 가계·기업 간 소득성장 불균형 문제: 현상, 원인, 함의」, 2012. 12월. http://www.kiet.re.kr/kiet_web/?sub_num=8&state=view&idx=35671

13) 『한겨레』, 「상위 1%가 배당소득의 72% 가져갔다」, 2014. 10. 8.

14) 『한겨레』, 「배당 많은 대기업 주식, 재벌가 손안에」, 2014. 10. 8. http://www.hani.co.kr/arti/economy/economy_general/658836.html

15)『동아일보』,「공정과세로 가는 길: 금융소득종합과세」, 1999. 7. 6. http://www.donga.com/news/print.php?n=199907060102

16)『연합뉴스』,「피케티 "소수 기업에 의존하는 경제는 취약"」, 2014. 9. 20. http://www.yonhapnews.co.kr/economy/2014/09/19/0301000000AKR20140919192600002.HTML

17)『동아일보』,「내가 마르크스주의자? 과도한 부의 불평등 경계할 뿐」, 2014. 9. 20. http://news.donga.com/3/all/20140919/66541849/1

18) MBC 뉴스,「경제학자 피케티 한국 방문…소득 불평등 관련 논란 계속」, 2014. 9. 19. http://imnews.imbc.com/replay/2014/nwdesk/article/3528496_13490.html

19)『조선닷컴』,「불평등이 발전의 동력? 너무 심하면 성장 막아」, 2014. 9. 22. http://news.chosun.com/site/data/html_dir/2014/09/22/2014092200207.html

20)『중앙일보』,「송호근 묻고 피케티 답하다」, 2014. 9. 24. http://mnews.joins.com/news/article/article.aspx?ctg=mobile_A1&total_id=15901758

21)『동아일보』,「내가 마르크스주의자? 과도한 부의 불평등 경계할 뿐」, 2014. 9. 20.

22) Claudia Dale Goldin and Lawrence F. Katz, *The Race between Education and Technology* The evolution of US Educational Wage Differentials, 1890, 2005 (Cambridge, MA: Belknap Press, 2010) http://www.hup.harvard.edu/catalog.php?isbn=9780674035300

23) *The Financial Times*, "David Autor's guide to labour and the machine", 2014. 8. 28. http://ftalphaville.ft.com/2014/08/28/1942571/david-autors-guide-to-labour-and-the-machine/

24) Lawrence Mishel, "Broadening Agreement That Job Polarization Wasn't Present in the United States In 2000s", 2014. 8. 22. http://www.epi.org/blog/broadening-agreement-job-polarization-wasnt/

25) Bradford DeLong, "Claims that the Bulk of the Post–2008 Decline in Labor Force Participation Are "Structural" Need to Surmount a Very High Bar Indeed", 2014. 9. 5. http://equitablegrowth.org/2014/09/05/claims–bulk–post–2008–decline–labor–force–participation–structural–need–surmount–high–bar–indeed–friday–focus–september–5–2014/; *The Financial Times*, "Slacking to stand still", 2014. 9. 11. http://ftalphaville.ft.com/2014/09/11/1957671/slacking–to–stand–still/

26) 『조선비즈』, 「피케티 "경계해야 할 것은 내 책 아닌 불평등 심화"」, 2014. 9. 19.

27) *Bloomberg*, "Economist Thomas Piketty on Wealth and Inequality", 2014. 6. 13. http://www.bloomberg.com/video/economist–thomas–piketty–charlie–rose–06–13–ySxQogYMQEGPOWI0Tklylg.html

28) 『한겨레』, 「피케티 "한국 누진세 강화 가능… 그래야 부와 권력 집중 막는다"」, 2014. 9. 21.

29) S&P, "How increasing income inequality is dampening U. S. economic growth, and possible ways to change the tide", 2014. 8. 5. https://www.globalcreditportal.com/ratingsdirect/renderArticle.do?articleId=1351366&SctArtId=255732&from=CM&nsl_code=LIME&sourceObjectId=8741033&sourceRevId=1&fee_ind=N&exp_date=20240804–19:41:13

30) *The New York Times*, "Sympathy for the Trustafarians", 2014. 6. 24. http://krugman.blogs.nytimes.com/2014/06/24/sympathy–for–the–trustafarians/?_php=true&_type=blogs&_r=0

31) Bradford DeLong, "The Right's Piketty Problem", 2014. 4. 30. http://www.project–syndicate.org/commentary/j––bradford–delong–is–surprised–by–the–poverty–of–conservative–criticism–of–capital–in–the–twenty–first–century

제 6 장

1) *The New York Times*, "The Piketty Phenomenon", 2014. 4. 24. http://www.nytimes.com/2014/04/25/opinion/brooks-the-piketty-phenomenon.html, 『중앙일보』, 「뉴욕타임스 기사 번역: 피케티 현상을 어떻게 볼 것인가」, 2014. 4. 30. http://jjlife.joins.com/club/club_article.asp?mode=&ctg_id=&page=1&total_id=14567737

2) *The New York Times*, "Sympathy for the trustafarians", 2014. 6. 24. http://krugman.blogs.nytimes.com/2014/06/24/sympathy-for-the-trustafarians/

3) *The New York Times*, "Our invisible rich", 2014. 9. 28. http://www.nytimes.com/2014/09/29/opinion/paul-krugman-our-invisible-rich.html?src=me&module=Ribbon&version=context&region=Header&action=click&contentCollection=Most%20Emailed&pgtype=Blogs

4) BBC Newsnight, 2014. 4. 30. https://www.youtube.com/watch?v=Dusbw6q0NBw

5) *The Financial Times*, 「Seven ways to fix the system's flaws」, 2012. 1. 22. http://www.ft.com/cms/s/0/c80b0d2c-4377-11e1-8489-00144feab49a.html#axzz3GFIWAzF2

6) *The Financial Times*, "'Capital in the Twenty-First Century' by Thomas Piketty", 2014. 4. 15. http://www.ft.com/cms/s/2/0c6e9302-c3e2-11e3-a8e0-00144feabdc0.html#axzz3GFIWAzF2

7) 『연합뉴스』, 「세계 3위 조세피난 한국 유령회사 5천개 육박」, 2012. 7. 24. http://www.yonhapnews.co.kr/economy/2012/07/23/0302000000AKR20120723170700002.HTML

8) Joseph Stiglitz, "Joseph Stiglitz responds to Thomas Piketty", 2014. 9. 4. http://www8.gsb.columbia.edu/chazen/globalinsights/node/257

9)『중앙일보』,「개천에서 용 나기 힘들어지는 사회」, 2013. 7. 26. http://article. joins.com/news/article/article.asp?total_id=12175505

10) *The Economist*, "The 1 percent needs better defenders", 2013. 6. 17. http://www.economist.com/blogs/democracyinamerica/2013/06/inequality

11) S&P, "How increasing incom"e inequality is dampening U.S. economic growth, and possible ways to change the tide', 2014. 8. 5. https://www. globalcreditportal.com/ratingsdirect/renderArticle.do?articleId=1351366 &SctArtId=255732&from=CM&nsl_code=LIME&sourceObjectId=874103 3&sourceRevId=1&fee_ind=N&exp_date=20240804-19:41:13

12)『매일경제』,「피케티, 소득불평등 데이터로 입증 vs 코틀리코프, 최상층도 부의 이동 많다」, 2014. 9. 19. http://news.mk.co.kr/newsRead. php?year=2014&no=1215815

13) Sala-i-Martin, Xavier, "The Disturbing 'Rise' of World Income Inequality", NBER Working paper No. 8904, Issued in April 2002. http://www. nber.org/papers/w8904, "The World Distribution of Income", NBER Working paper No. 8905, May 2002. http://www.nber.org/papers/ w8933

14)『중앙일보』,「피케티 "자본 불평등 심각…민주제도 검토, 재창조해야"」, 2014. 9. 20. http://mnews.joins.com/news/article/article.aspx?ctg=mobile_ 05&total_id=15866802

15) Bill Gates, "Why Inequality Matters", 2014. 10. 13. http://www.gatesnotes.com/Books/Why-Inequality-Matters-Capital-in-21st-CenturyReview

16)『허핑턴포스트』,「빌 게이츠, 피케티가 말하는 불평등에 동의한다」, 2014. 10. 16. http://www.huffingtonpost.kr/2014/10/16/story_n_5994572.html

17) *The Washington Post*, "Top economists say Piketty is wrong about

wealth inequality. They misunderstood him.", 2014. 10. 15. http://www.
washingtonpost.com/blogs/wonkblog/wp/2014/10/15/top—econo-
mists—say—piketty—is—wrong—about—wealth—inequality—they—misun-
derstood—him/

18) *The Wall Street Journal*, "The Billionaire Guide to World Growth", 2014.
10. 8. http://online.wsj.com/articles/ruchir—sharma—the—billionaire—
guide—to—world—growth—1412808953. 『조선일보』 재기사화, 「각국 억만장
자 보면, 그 나라 경제상황 보여」, 2014. 10. 14.

19) 『조선비즈』, 「빌 게이츠, 피케티 부유세, 난 반댈세」, 2014. 10. 17. http://biz.
chosun.com/site/data/html_dir/2014/10/17/2014101701329.html?global_s

20) *The Forbes*, "Bill Gates", 2014. 10. 14. http://www.forbes.com/profile/
bill—gates/

21) *The Washington Post*, "Top economists say Piketty is wrong about
wealth inequality. They misunderstood him.", 2014. 10. 15. http://www.
washingtonpost.com/blogs/wonkblog/wp/2014/10/15/top—econo-
mists—say—piketty—is—wrong—about—wealth—inequality—they—misun-
derstood—him/

22) *Slate*, "No, Mainstream Economists Did Not Just Reject Thomas Piketty'
r Big Theory", 2014. 10. 15. http://www.slate.com/blogs/money-
box/2014/10/15/piketty_igm_forum_economists_did_not_just_reject_
capital_in_the_21st_century.html

23) *The Forbes*, "Why Economists Disagree With Piketty's "r − g" Hypothe-
sis On Wealth Inequality", 2014. 10. 17. http://www.forbes.com/sites/
jonhartley/2014/10/17/why—economists—disagree—with—pikettys—r—g—
hypothesis—on—wealth—inequality/

24) 『조선비즈』, 「빌 게이츠, 피케티 부유세, 난 반댈세」, 2014. 10. 17.

25) The New York Times, "Fellow Economists Express Skepticism About

Thomas Piketty", 2014. 10. 15. http://www.nytimes.com/2014/10/15/up-shot/fellow−economists−express−skepticism−about−thomas−piketty.
html?_r=0&abt=0002&abg=1

26) http://equitablegrowth.org/tag/thomas−piketty/

27) Bradford DeLong, "The Honest Broker: Mr. Piketty and the "Neoclassi-
cists": A Suggested Interpretation", 2014. 5. 17. http://delong.typepad.
com/delong_long_form/2014/05/the−honest−broker−mr−piketty−and−
the−neoclassicists−a−suggested−interpretation−for−the−week−of−
may−17−2014.html

28) http://marginalrevolution.com

29) *Foreign Affairs*, "Capital Punishment", 2014. May/June Issue. http://
www.foreignaffairs.com/articles/141218/tyler−cowen/capital−punish-
ment

30) *The New York Times*, "Tyler Cowen on Inequality and What Really Ails
America", 2014. 7. 30. http://www.nytimes.com/2014/07/31/upshot/ty-
ler−cowen−on−inequality−and−what−really−ails−america.
html?abt=0002&abg=1

31) 『조선비즈』, 「미국이 빠진 덫 '거대 침체'냐 '거대 격차냐」, 2011. 3. 26. http://
biz.chosun.com/site/data/html_dir/2011/03/25/2011032501496.html

32) DeLong, 2011. 3. 6. http://delong.typepad.com/sdj/2011/03/a−great−
stagnation−not.html, DeLong, 2013. 12. 3. http://delong.typepad.com/
sdj/2013/12/the−honest−broker−is−growth−getting−harder−if−so−
why−and−what−can−we−do−about−it.html

33) 『매일경제』, 「자본주의 미래…공유경제 유토피아냐 불평등 디스토피아냐」,
2014. 10. 14. http://news.mk.co.kr/newsRead.php?sc=30100065&year=2
014&no=1312002

34) Kenneth Rogoff, "Where Is the Inequality Problem?", 2014. 5. 8. http://

www.project-syndicate.org/commentary/kenneth-rogoff-says-that-
thomas-piketty-is-right-about-rich-countries--but-wrong-about-
the-world

35) *The Economist*, "Breaking the threshold", 2014. 2. 27. http://www.econ-
omist.com/news/finance-and-economics/21597933-new-research-
suggests-debts-trajectory-affects-growth-more-its-level-breaking

36)『동아일보』,「공정과세로 가는 길: 금융소득종합과세」, 1999. 7. 6. http://
www.donga.com/news/print.php?n=199907060102

37)『매일경제』,「고소득층 탈세 막고 일자리 늘려 분배문제 개선해야」, 2014. 6. 3.
http://news.mk.co.kr/breakingnews/view.php?no=854844&year=2014&
categorycode=MK200101&newstitle=%22%B0%ED%BC%D2%B5%E6%C
3%FE%20%C5%BB%BC%BC%20%B8%B7%B0%ED%20
%C0%CF%C0%DA%B8%AE%20%B4%C3%B7%C1%20%BA%D0%B9
%E8%B9%AE%C1%A6%20%B0%B3%BC%B1%C7%D8%BE%DF%22

38) *The Wall Street Journal*, "Piketty's Numbers Don't Add Up", 2014. 5. 14.
http://online.wsj.com/articles/SB1000142405270230408180457955766417
6917086

제 7 장

1) London School of Economics, "Five minutes with Angus Deaton: "If the
rich can write the rules then we have a real problem"", 2013. 12. 7.
http://blogs.lse.ac.uk/europpblog/2013/12/07/five-minutes-with-an-
gus-deaton-if-the-rich-can-write-the-rules-then-we-have-a-re-
al-problem/

2)『한겨레』,「가업상속세제 개편 덕에 박지만 아들도 공제 혜택」, 2014. 9. 22.

http://www.hani.co.kr/arti/economy/economy_general/656202.html

3) 일본세무사협회http://www.nichizeiren.or.jp/eng/pdf/GuidetoJapanese-
   Taxes2012.pdf

4) 『동아일보』, 「조세硏 "상속-증여稅 성실납부 땐 경영권세습 불가능"」, 1999. 9. 3.
   http://news.donga.com/View?gid=7467031&date=19990903

제 8 장

1) Xavier Sala-i-Martin, "Piketty y "Capital en el Siglo XXI"", 2014. 5. 18.
   http://salaimartin.com/randomthoughts/item/720

제 9 장

1) 『연합뉴스』, 「주가 하락 틈 타 재벌 집안 주식 증여 크게 늘어」, 2014. 11. 9.
   http://www.yonhapnews.co.kr/economy/2014/11/08/0301000000AKR201
   41108046800008.HTML

제 11 장

1) 『한국경제』, 「피케티 틀렸다, 한·중의 발전을 보라」, 2014. 9. 1. http://www.
   hankyung.com/news/app/newsview.php?aid=2014090162441&intype=1

2) 『조선비즈』, 「피케티 "경계해야 할 것은 내 책 아닌 불평등 심화"」, 2014. 9. 19.

3) 『연합뉴스』, 「한국 성장률 쇼크…작년 GDP 아시아 10개국중 9위」, 2014. 1. 16.
   http://www.ytn.co.kr/_ln/0102_201401161833170344_004

4) 『한국경제매거진』, 「기적은 끝났다… 저성장 모델 준비해야」, 2012. 12. 3. http://magazine.hankyung.com/business/apps/news?popup=0&nid=01& nkey=2012120600888000341&mode=sub_view

5) Sala-i-Martin, Xavier, "The Disturbing 'Rise' of World Income Inequality", NBER Working paper No. 8904, Issued in April 2002. http://www. nber.org/papers/w8904, "The World Distribution of Income", NBER Working paper No. 8905, May 2002. http://www.nber.org/papers/w8933

6) Xavier Sala-i-Martin and Maxim Pinkovskiy, "Parametric Estimations of the World Distribution of Income", NBER Working Paper No. 15433, Issued in October 2009. http://www.nber.org/papers/w15775

7) 『조선닷컴』, 「세계화가 빈부격차 줄여」, 2007. 1. 16. http://www.chosun.com/ site/data/html_dir/2007/01/16/2007011601081.html

8) National Poverty Center, The University of Michigan. http://www.npc. umich.edu/poverty/

9) Christoph Lakner & Branko Milanovic, "Global income distribution", The World Bank Policy Research Working Paper 6719, 2013. 12. http://www-wds.worldbank.org/external/default/WDSContentServer/IW3P/IB/2013/1 2/11/000158349_20131211100152/Rendered/PDF/WPS6719.pdf

10) Christoph Lakner & Branko Milanovic, "Global income distribution", The World Bank Policy Research Working Paper 6719, 2013. 12. http:// www-wds.worldbank.org/external/default/WDSContentServer/IW3P/ IB/2013/12/11/000158349_20131211100152/Rendered/PDF/WPS6719.pdf

11) Maxim Pinkovskiy, "World welfare is rising: estimation using nonparametric bounds on welfare measures", Federal Reserve Bank of New York, Staff Report No.662, 2013. 12. http://www.newyorkfed.org/research/staff_reports/sr662.pdf

제 12 장

1) Matthew Rognlie, 2014. 6. 15. http://www.mit.edu/~mrognlie/piketty_
diminishing_returns.pdf

2) *The Federalist*, "Six Demonstrably False Claims In Thomas Piketty's The-
ory Of Wealth", 2014. 9. 16. http://thefederalist.com/2014/09/16/six−de-
monstrably−false−claims−in−thomas−pikettys−theory−of−wealth/

3) Salim Furth and Chris Dubay, "Understanding Thomas Piketty and His
Critics", 2014. 9. 12. http://www.heritage.org/research/reports/2014/09/
understanding−thomas−piketty−and−his−critics

4) Marshall Steinbaum, 2014. 9. 2. http://ms.techprogress.org/ms−content/
uploads/sites/10/2014/09/Piketty−explainer−WP1.pdf

5) Loukas Karabarbounis & Brent Neiman, "Capital Depreciation and Labor
Shares Around the World: Measurement and Implications", 2014. 10.
http://www.nber.org/papers/w20606#fromrss

6) Ordan Bonnet et al, "Does housing capital contribute to inequality?",
2014. 4. 17. http://spire.sciencespo.fr/hdl:/2441/30nstiku669glbr66l6n7m
c2oq/resources/2014−07.pdf

7) Marshall Steinbaum, "Is Piketty's treatment of housing an excuse to ig-
nore him?", 2014. 6. 24. http://equitablegrowth.org/research/pikettys−
treatment−housing−excuse−ignore/

8) *The Economist*, "Housing in the twenty−first century", 2014. 6. 17. http://
www.economist.com/blogs/freeexchange/2014/06/thomas−pikettys−
capital

9) Per Krusell & Anthony Smith, "Is Piketty's Second Law of Capitalism
Fundamental?", 2014. 5. 28. http://aida.wss.yale.edu/smith/piketty1.pdf

10) Bradford DeLong, 2014. 6. 2. http://delong.typepad.com/sdj/2014/06/

department—of—huh—i—dont—understand—more—and—more—of—piket-

tys—critics—per—krusall—and—tony—smith.html

11) *The Economist*, "The relationship between saving and growth", 2014. 6.
4. http://www.economist.com/blogs/freeexchange/2014/06/piketty—
and—future—inequality

12) 채널A, 「전 세계 '역외탈세' 차단…2014년부터 미신고 해외계좌 형사처벌」,
2013. 11. 22. http://news.ichannela.com/economy/3/01/20131122/
59083225/1

보론

1) JTBC 뉴스룸, 「김종인 "박근혜 정부 경제정책 일관성 없어"」 2014. 10. 14
http://news.jtbc.joins.com/article/article.aspx?news_id=NB10605983

피케티 패닉

© 김동진 2014

초판 인쇄	2014년 11월 17일
초판 발행	2014년 11월 24일

지은이	김동진
펴낸이	강성민
편집	이은혜 박민수 이두루
편집보조	유지영 곽우정
마케팅	정민호 이연실 정현민 지문희 김주원
온라인 마케팅	김희숙 김상만 한수진 이천희

펴낸곳	(주)글항아리	출판등록 2009년 1월 19일 제406-2009-000002호
주소	413-120 경기도 파주시 회동길 210
전자우편	bookpot@hanmail.net
전화번호	031-955-1934(편집부) 031-955-8891, 1933(마케팅)
팩스	031-955-2557
ISBN	978-89-6735-139-7 03300

글항아리는 (주)문학동네의 계열사입니다.

이 도서의 국립중앙도서관 출판시도서목록(CIP)은 e-CIP 홈페이지(http://www.nl.go.kr/ecip)에서 이용하실 수 있습니다.(CIP제어번호: CIP2014031505)